Kohlhammer *Krankenhaus*

Für
Brigitte
Christine
Maximilian

Wilfried von Eiff

Führung und Motivation
in Krankenhäusern

Perspektiven und Empfehlungen
für Personalmanagement und Organisation

Verlag W. Kohlhammer

Die Deutsche Bibliothek – CIP-Einheitsaufnahme

Eiff, Wilfried /von:
Führung und Motivation in Krankenhäusern : Perspektiven und Empfehlungen
für Personalmanagement und Organisation / Wilfried von Eiff. – Stuttgart ; Berlin ;
Köln: Kohlhammer, 2000
   ISBN 3-17-016689-1

Alle Rechte vorbehalten
© 2000 Verlag W. Kohlhammer GmbH
Stuttgart Berlin Köln
Verlagsort Stuttgart
Umschlag: Data Images GmbH
Gesamtherstellung W. Kohlhammer GmbH
Druckerei GmbH + Co. Stuttgart
Printed in Germany

Prolog

Der Wettkampf
oder:
Ein ernst gemeintes Gleichnis über Führungsverhalten
und Motivation

> Wenn Du die Menschen führen willst,
> musst Du hinter ihnen gehen.
> Laotse

Dass im direkten sportlichen Kräftemessen mitunter ungeahnte Leistungsreserven mobilisiert werden, ist keine neue Erkenntnis und spricht für die These von der motivierenden Wirkung herausfordernder Ziele sowie der Stimulanz durch Leistungsvergleich. Und nicht wenige Unternehmen setzen gezielt die Instrumente der Belohnung und Bestrafung ein, um ihre Mitarbeiter durch „Motivierung" leistungsorientiert zu führen.

In der betrieblichen Realität dominiert mitunter ein eher fragwürdiges Verständnis über Motivationsstrukturen, Motivationsmechanismen und Motivationsmaßnahmen bzw. motivierende Rahmenbedingungen.

Die arbeitstägliche Motivationsrealität wird durch die Metapher vom Team im Krankenhaus-Renn-Achter nachdenkenswert charakterisiert. Nun zu unserer Geschichte:

Das deutsche Maximalversorgungskrankenhaus „TopMedi-Klinik" vereinbarte im Rahmen eines internationalen Benchmarking-Projekts mit einem amerikanischen „No-1-Hospital" einmal jährlich ein Wettrudern mit einem Krankenhaus-Achter auszutragen. Die beiden konkurrierenden Krankenhäuser entwickelten streng geheim ein Erfolg versprechendes sportliches Konzept und wählten die geeigneten Mitarbeiter aus. Beide Mannschaften trainierten hart um am Tage des großen Wettkampfs in höchster Leistungsfähigkeit zu sein.

Der Ausgang des ersten Rennens war deprimierend: die Amerikaner gewannen mit 1 km Vorsprung.

Nach dieser vernichtenden Niederlage war das TopMedi-Team sehr niedergeschlagen und völlig demoralisiert. In einer Krisensitzung entschied der Vorstand, dass der Grund für diese peinliche Niederlage unbedingt herausgefunden werden müsse. Ein Projektteam wurde eingesetzt um das Problem zu untersuchen und geeignete Maßnahmen zu empfehlen. Damit auch jeder Geschäftsbereich in diesem Prozess der Schwachstellenfindung angemessen vertreten war, wurden 15 Mitarbeiter aus den verschiedenen Geschäftsbereichen, insbesondere Stabsmitarbeiter aus Qualitätssicherung, Personalverwaltung, Controlling usw., für das Projektteam rekrutiert.

Die Untersuchung deckte die Ursache der Niederlage schonungslos auf: Bei den Amerikanern ruderten acht Mann und einer steuerte, während im TopMedi-Team ein Mann ruderte und acht Mann steuerten, die insbesondere darauf spezialisiert waren den Ruderer anzufeuern.

Der Vorstand bedankte sich bei dem Projektteam für die präzise Analyse und engagierte sofort eine renommierte Consulting-Firma um eine international vergleichende Best Practices-Studie über die Struktur und Teamkultur des TopMedi-Teams anfertigen zu lassen. Nach fünf Monaten intensiver Untersuchung kamen die Consultants zur entscheidenden Schlussfolgerung, (die sie sich übrigens mit 2,8 Millionen DM vergüten ließen): „Es steuern zu viele Leute und es rudern zu wenige!"

Damit das Kräftemessen im nächsten Jahr nicht wieder in einer herben Niederlage für das eigene Team endete, schlugen die Berater (für ein zusätzliches Honorar in Höhe von 1,8 Mio DM) eine völlig neue, revolutionäre Teamstruktur vor: Im Sinne von Lean-Management wurde radikal von sieben auf vier Steuerleute reduziert. Zwecks besserer Koordination schlugen die Consultants die Einrichtung von zwei Obersteuerleuten vor. Um eine bessere hierarchische Akzeptanz der neuen Organisation zu erwirken, wurde ein Steuerungsdirektor auf hoher Hierarchieebene eingerichtet; damit war die Positionsmacht für das TopMedi-Team im Krankenhaus gesichert. Weiterhin führte man ein Leistungsbewertungssystem ein, um den Mann, der das Boot rudern sollte zu größerer Anstrengung zu motivieren, damit er auf diese Weise zu einem echten Leistungsträger werde.

„Wir müssen seinen Aufgabenbereich erweitern und ihm mehr Verantwortung übertragen. Nur über Motivation lässt sich Leistung erzeugen", begeisterte sich der Personalvorstand.

Aber auch der Controllingvorstand wusste einen Beitrag zur motivationsorientierten Mitarbeiterführung zu leisten: „Wir müssen den Ruderer in unser Berichtswesen einbinden. Er muss regelmäßig in Wochen-, Monats- und Quartalsberichten über seinen Trainingszustand Auskunft geben," sprach der Controllingvorstand und war überzeugt zum Teamerfolg beitragen zu können.

Der nächste Wettkampf kam und…. wieder gewannen die Amerikaner, diesmal mit 2 km Vorsprung.

Jetzt handelte der Vorstand rasch und konsequent: Der Ruderer, der eine traumhafte Chance zur Personalentwicklung nicht genutzt hatte, wurde wegen schlechter Leistung entlassen; Boot und Ruder wurden verkauft. Darüber hinaus wurden alle Investitionen in motivierende Maßnahmen für die Mitarbeiter gestoppt. Die bereits angelaufene Entwicklung für ein neues Wunderboot wurde eingestellt.

Die Beratungsfirma wurde vom Vorstand für ihre hervorragende Arbeit öffentlich belobigt. Das eingesparte Geld wurde in Form einer Erfolgsprämie an den oberen Führungskreis ausgeschüttet. Schließlich sollte das Management nicht für die miserablen Leistungen des Mannes an den Riemen bestraft werden.

In einem Boot sitzen, reicht als Engagementgrundlage nicht aus: die Rollenverteilung muss talentgerecht, sichtlich effizient und akzeptiert sein.

„ ... "

> **Das System erzieht die Menschen zu einem bestimmten Verhalten, und dieses Verhalten verfestigt das System.**
> „The people in hospitals are human, but the system hospital is inhuman."
>
> Parker Palmer
> 10. National Forum on Quality Improvement, Orlando 1998

Den Wandel im Gesundheitssektor bewältigen: Personalmanagement ist gefordert

Die Deutsche Gesellschaft für Personalführung e.V. ist im wesentlichen eine „private Selbsthilfeorganisation" der deutschen Wirtschaft. Mit ca. 1.500 Mitgliedsunternehmen und zahlreichen außerordentlichen Einzelmitgliedern repräsentiert sie einen ganz großen Teil des privatwirtschaftlichen Personalmanagements in Deutschland. In ihrer Satzung verpflichtet sich die DGFP, das Personalmanagement in „Praxis Forschung und Lehre" zu fördern. Öffentliche Institutionen und Unternehmen sowie ehemals öffentliche Einrichtungen sind aber in der DGFP bis heute stark unterrepräsentiert. Das soll sich ändern!

Seit Jahren wächst die Erkenntnis kontinuierlich, dass professionelles Personalmanagement ganz entscheidende Beiträge zum Unternehmenserfolg leistet. Der Erfolgsdruck auf ehemals öffentliche Unternehmen und ähnlich geführte Institutionen nimmt stark zu. Vor allem Krankenhäuser und Kliniken stehen vor dem Hintergrund des medizinischen und medizintechnischen Fortschritts, steigenden (auch globalen) Wettbewerbs und der „Kostenexplosion im Gesundheitswesen" unter schnell wachsendem Druck, alle Möglichkeiten zur Rationalisierung, Leistungsverbesserung, Effizienz- und Effektivitätssteigerung zu nutzen. Krankenhäuser und Kliniken müssen nach unserer Überzeugung künftig als erwerbsorientierte Unternehmen mit einem ethisch besonders sensiblen Auftrag geführt werden.

Dazu brauchen sie besonders kompetente Führungskräfte und MitarbeiterInnen in allen Bereichen und auf allen Ebenen und dazu brauchen sie eben auch ein besonders kompetentes und leistungsstarkes Personalmanagement. In etlichen Gesprächen mit Experten haben wir den Eindruck gewonnen, dass es in diesem wichtigen Zukunftsfeld in vielen Krankenhäusern und Kliniken vielfältige und drängende Verbesserungsmöglichkeiten und -bedarfe gibt, bei deren Nutzung und Deckung wir als DGFP überzeugend helfen können.

Um unsere Einschätzungen solide zu fundieren und möglichst konkrete Informationen über die Situation von Führung Zusammenarbeit und Personalmanagement zu gewinnen haben wir Herrn Prof. Dr. Dr. von Eiff vom CKM, Münster, mit der vorliegenden Studie beauftragt. Die Ergebnisse der Studie helfen uns, unsere Einschätzungen zu konkretisieren und unsere bisherigen Vorstellungen zu ergänzen bzw. abzurunden; sie sind deshalb für uns und sicherlich auch für die Krankenhäuser und Kliniken selbst, außerordentlich hilfreich. Sie bilden für uns die Grundlage ein gezieltes bedarfsorientiertes Programm zur Kompetenzentwicklung von Fach- und Führungskräften in allen Belangen des Personalmanagements zu erarbeiten.

Darüber hinaus wollen wir Krankenhäuser und Kliniken in noch viel größerer Zahl als Mitglieder in die DGFP aufnehmen und den Personalverantwortlichen zeigen, wie direkt und wirkungsvoll sie von einer Mitarbeit in den Erfahrungsaustauschkreisen der DGFP, durch die Teilnahme an den Veranstaltungen unserer Akademie für Personalführung und durch die übrigen Dienstleistungen der DGFP in ihrer täglichen Arbeit profitieren können. Nähere Informationen hierzu finden Sie im Internet unter http://www.dgfp.de oder indem Sie einfach unsere detaillierten Informationsunterlagen anfordern (Fax: 02 11/5 97 81 19).

Wir danken Herrn Prof. von Eiff und seinem Team ganz herzlich für die geleistete Arbeit, mit der sie einen wichtigen Grundstein zur Verbesserung von Führung, Zusammenarbeit und Personalmanagement in Krankenhäusern und Kliniken gelegt haben.

Düsseldorf im September 2000   Dr. Hans Böhm

Das Gesundheitssystem im Umbruch: Erfolgsfaktor „Personalmanagement"

Das deutsche Gesundheitswesen befindet sich nicht zuletzt durch die Gesundheits-reformgesetzgebung inmitten eines tief greifenden Paradigmenwechsels bezogen auf das Verständnis von Krankenhausbetriebsführung und auf das Verhältnis von Medizin-Ethik und Medizin-Ökonomie.

Verdrängungswettbewerb zwischen Krankenhäusern, Kampf um Patienten, aber auch wachsender Kostendruck sowie zunehmende Leistungskomplexität charakterisieren das Spannungsfeld des Krankenhaus-Managers. Zwei Ursachen zeichnen im Wesentlichen verantwortlich für diese Entwicklung:

Komplexität und steigende Kosten sind zum einen auf den medizin-technischen Fortschritt zurückzuführen, der gesellschaftlich erwünscht ist und der dazu führt, dass Krankheiten, die gestern noch gar nicht bekannt waren, heute erforscht und morgen behandelt werden können. Zum anderen wird unser Patientengut immer komplexer: Auf Grund der Entwicklung der Alterspyramide müssen vom Ge-sundheitssystem zunehmend multimorbide Patienten behandelt werden. Das heißt, ein Patient, der heute wegen einer Gallenblasenoperation in das Krankenhaus ein-geliefert wird, weist gleichzeitig noch eine behandlungsbedürftige Herz-Kreislauf-erkrankung, eine Zuckererkrankung sowie alterstypische Begleiterkrankungen auf.

Man kann auch feststellen: Früher erschien ein Patient mit einer Krankheit im Krankenhaus; heute kommen mit einem Patienten gleichzeitig vier Krankheitsfälle, die um Behandlung nachsuchen. Es ist eine alte Weisheit der Führung, dass Kom-plexität nur mit Dezentralisation und Delegation von Verantwortung wirkungsvoll begegnet werden kann: sowohl wirtschaftlich als auch qualitativ:

- Kundennahe Organisation durch Center-Strukturen;
- Engagementfördernde Rahmenbedingungen für die Mitarbeiter durch Delega-tion fallabschließender Verantwortung;
- Leistungsorientierte Führung durch unternehmerische Anreizsysteme;
- Vielseitigkeitsausbildung der Mitarbeiter als Voraussetzung zur Straffung von Hierarchien und Verbreiterung von Leitungsspannen;
- Berufsübergreifende Job Rotation, konstruktives Fehlerbewusstsein und eine zielführende Streitkultur als Merkmale einer lernenden Organisation.

Wie weit sind die Krankenhäuser entfernt von diesen idealtypischen Merkmalen zukunftsweisender Unternehmensstrukturen?

Wo stehen die Krankenhäuser heute im Hinblick auf Führungsqualität, Enga-gementbereitschaft, Fähigkeit zur Selbstmotivation und Vielseitigkeitsausbildung?

Welche Empfehlungen können für einen zielführenden Weg in eine auf Dele-gation und Mitarbeiterinitiative begründete Managementzukunft abgeleitet wer-den?

Fest steht:
- In deutschen Krankenhäusern bestehen bei den entscheidungsverantwortlichen Führungskräften zum Teil erhebliche Defizite in den Bereichen Personalführung, Organisation und Kommunikation.
- Auffallend ist die nur sehr oberflächliche Kenntnis von Managementkonzepten: Begriffe wie Lean Management, schlanke Hierarchie, Verschwendungsmanagement, Reengineering, Vielseitigkeitsausbildung usw. werden von den meisten Krankenhausführungskräften nur etikettenhaft benutzt; in der überwiegenden Zahl der Fälle fehlt nicht nur die Kenntnis um Konzeptinhalte, Anwendungsvoraussetzungen und Einsatzgrenzen, sondern es mangelt auch an der Bereitschaft sich mit neuen Management-Konzepten vertieft auseinander zu setzen.
  Die Konsequenzen:
  - Mitarbeiter werden von der Führung überfordert, schlecht vorbereitet und allein gelassen;
  - Berater haben Hochkonjunktur, weil man sich von ihnen Patentrezepte erwartet.
- Geradezu irritierend ist in diesem Zusammenhang die Einstellung von Krankenhaus-Führungskräften zu der Einführung leistungsorientierter Arbeits-, Organisations- und Entscheidungstechniken: So wurde mir in einem Krankenhaus durch einen leitenden Chefarzt versichert, man habe Qualitätszirkel bereits vor mehren Monaten mit großem Erfolg eingeführt; eine Abfrage in einem Workshop mit 12 Mitarbeitern des gleichen Hauses ergab ein niederschmetterndes Bild. Aus Sicht der Mitarbeiter waren die Qualitätszirkel eher unproduktive Debattierclubs; die Mitarbeiter wurden von der Führung in diese Qualitätszirkel „geschickt"; und sie wurden vorher mit den Arbeitstechniken des Qualitätszirkel-Managements nicht vertraut gemacht.
- In deutschen Krankenhäusern wird viel und vollmundig über Qualitätsmanagement geredet, aber von einer Qualitätszirkelkultur sind die meisten Krankenhäuser weiter entfernt als vor Beginn dieser Etiketten-Diskussion.
- Ähnlich verhielt es sich mit Leitbildaktivitäten: Für die meisten Krankenhaus-Manager ist der Leitbildprozess abgeschlossen, wenn eine Hochglanzbroschüre mit markanten Worthülsen über Selbstverständlichkeiten und Utopien fertig gestellt ist. Warum, so fragt man sich, muss in einer Leitbildbroschüre fixiert sein, dass der Patient im Mittelpunkt steht?
- Bedrückend mutet die vielerorts anzutreffende Misstrauenskultur an: Auch wenn die Führung Prozesse der Partizipation einleitet, Qualitätszirkel-Programme initiiert und Kommunikationstraining anbietet, nehmen die meisten Mitarbeiter eher eine abwartende bis skeptische Grundhaltung ein: Zu lange sind sie zentralistisch und direktiv geführt worden; jetzt fehlt ihnen der Glaube an die Ernsthaftigkeit der Partizipationsbemühungen ihrer Führung.

Die vorliegende Studie will Transparenz herstellen über Situation, Trends und Einflussfaktoren im Bereich der Krankenhausführung und sie soll Einblicke vermitteln in die Motivationsstrukturen von Mitarbeitern und Führungskräften in Krankenhäusern.

Darüber hinaus soll abgeleitet werden, welche Bedeutung ein professionelles Personalmanagement für die Existenzsicherung von Krankenhäusern hat. Dabei ist auch zu klären, welche Rollenerwartungen in Zukunft an Mitarbeiter, Führungskräfte, Personalvertretungen und Personalabteilungen zu stellen sind. Personalpolitik und Handlungsempfehlungen runden die Studie ab.

Die vorliegende Publikation ist mehr als eine Studie; sie stellt eine Kombination dar aus

- Situationsbeschreibung der gelebten Unternehmenskultur in deutschen Krankenhäusern;
- Empirischen Erkenntnissen über die Ursachen des aktuell anzutreffenden überwiegenden Kommunikations- und Zusammenarbeitsstils sowie der präferierten Führungspraxis;
- Konkreten Empfehlungen für die Überwindung bzw. Vermeidung von Kommunikations- und Zusammenarbeitsproblemen.

Auch wenn die Ergebnisse der CKM-Studie zunächst erschütternd anmuten, so ist doch festzustellen, dass sich viele Krankenhäuser bereits auf den Weg zu einer Veränderung ihrer Unternehmenskultur gemacht haben, und zwar in Richtung Mitarbeiter- und Kundenorientierung.

In zahlreichen Krankenhäusern konnte ich erleben, wie die Geschäftsführung ganz bewusst Diskussionsprozesse angestoßen hat, in deren Mittelpunkt das Führungs- und Zusammenarbeitsverhalten auf dem öffentlichen Prüfstand lag. Dies ist ein erfreulich positives Signal. Denn die Bereitschaft die eigene Unternehmenskultur zum Gegenstand für einen transparenten Dialog zwischen den Berufsgruppen und Fachbereichen zu erheben ebenso der Mut das Risiko eines offenen Organisations-Entwicklungs-Prozesses einzugehen stellt einen Wert an sich dar.

Mittlerweile haben zahlreiche Krankenhausleitungen derartige Organisationsentwicklungs-Prozesse (OE) eingeleitet mit dem Ziel die Sozialqualität zu erhöhen. Und in zunehmendem Maß beginnt sich die Erkenntnis durchzusetzen, dass die Sozialqualität im Krankenhaus die wichtigste Qualitätsdimension darstellt: ohne Sozialqualität bleiben Struktur-, Prozess- und Ergebnisqualität auf Dauer ohne echte Wirkung.

An dieser stelle danke ich all den Betriebsleitungsmitgliedern, Workshop-Teams und anderen Interviewpartnern für ihre Bereitschaft, ebenso offen wie konstruktiv mit mir über Kommunikations- und Organisationsprobleme Verhaltensursachen und organisationskulturelle Konsequenzen zu diskutieren. Allein diese Offenheit ist ein Zeichen für die Aufbruchstimmung und die vorhandenen Reorganisationspotenziale im deutschen Gesundheitswesen.

Die vorliegende Studie weist eine weitere Besonderheit auf: Die für Krankenhäuser zunächst typisch erscheinenden organisationskulturellen Verhaltensmuster sind auch in anderen Unternehmen unterschiedlichster Branchen anzutreffen: zahlreiche Workshops, die ich im Rahmen von Projekten moderierte, zeigten strukturgleiche Ergebnisse im Hinblick auf Kommunikations- und Zusammenarbeitsverhalten, Umgang mit „versteckten sozialen Spielregeln" und Anreiz-Beitrags-Mechanismen. Entsprechende Trainingsprogramme und Projekte mit Reengineering-Charakter (und von daher mit hoher sozialer Sensibilität behaftet) führte ich in der Autoindustrie ebenso durch wie im Bereich von Banken, Behörden, Glas/Porzellan/Keramik und Kessel-/Maschinenbau.

Insofern gelten die herausgearbeiteten Erkenntnisse ebenso wie die Empfehlungen nicht nur für Krankenhäuser, sondern haben für **alle** zielorientierten soziotechnischen Systeme bzw. Unternehmen Bedeutung, in denen Menschen zur Erfüllung eines Kundennutzens zusammenarbeiten.

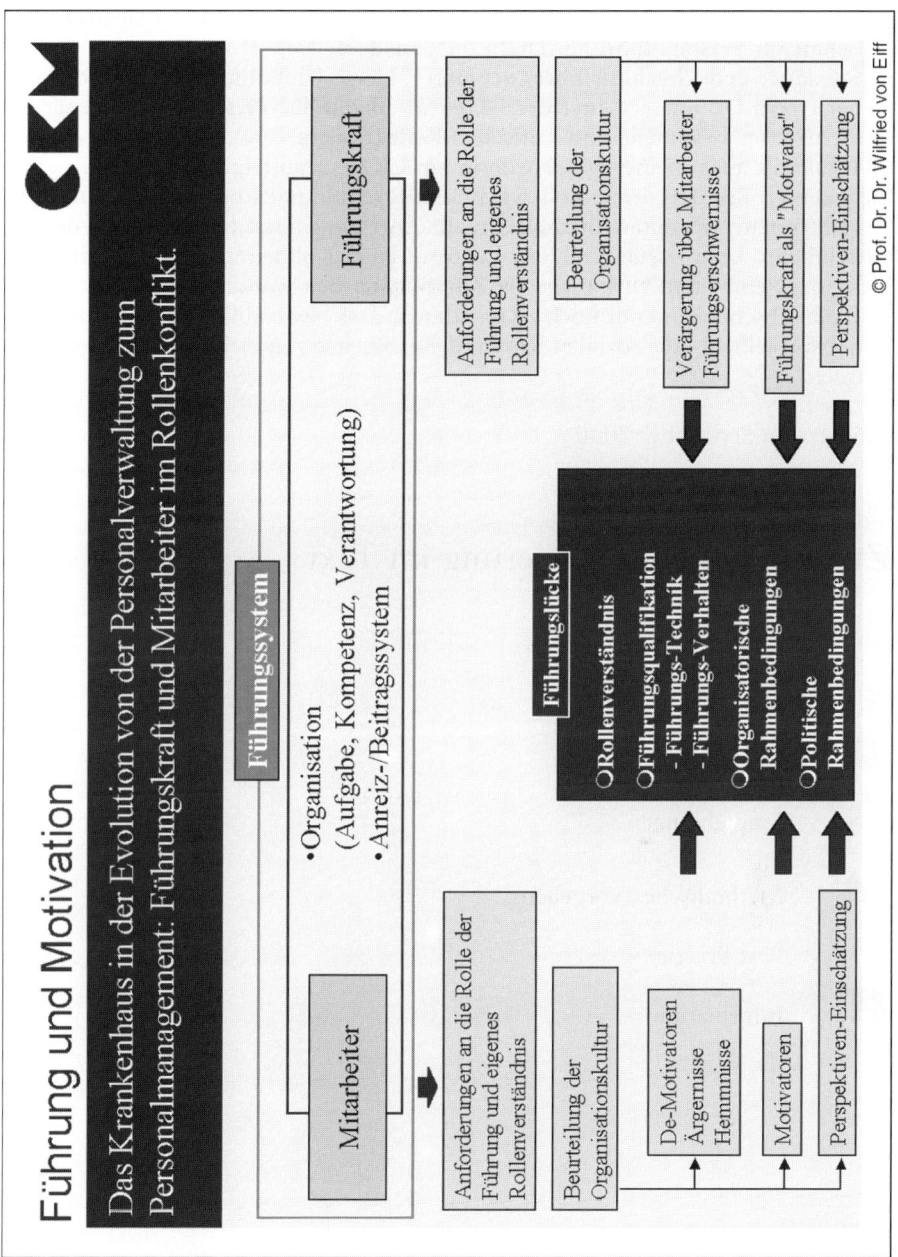

Ziel des Personalmanagements ist es Hilfestellung zu leisten um die Führungslücke zu schließen.

Das Zustandekommen dieser Studie wurde unterstützt durch die Deutsche Gesellschaft für Personalführung (DGFP), Düsseldorf.

Ich danke dem Geschäftsführer der DGFP, Herrn Dr. Böhm und dem Projektbetreuer Herrn Dr. Keese, Leiter der DGFP-Akademie für Personalführung, für die konstruktiven Gespräche und kritischen Reflektionen.

Dank gilt auch meiner Mitarbeiterin am CKM, Frau Dipl.-Kffr. Anja Koehler, die einen großen Teil der Interviews durchführte und mich bei der Strukturierung des Datenmaterials unterstützte. Wertvolle Anregungen für die Gestaltung des Buches brachte Frau Ursula Gühlert, Lektorin beim Kohlhammer-Verlag, ein; über diese angenehme und wirkungsvolle Zusammenarbeit war ich sehr erfreut.

Bleibt abschließend nur noch zu erwähnen, dass – wie üblich bei solchen Publikationsprojekten – die sozialen Kosten dieses Buches von meiner Familie getragen wurden.

Münster im September 2000   Wilfried von Eiff

Zur leichteren Orientierung im Text

„ ... "   Zitat

            Merke

            Definition

            Empfehlungen

            Methodisches Vorgehen

            Best Practice

            Information

Inhaltsverzeichnis

1 Paradigmenwechsel im Gesundheitswesen erfordert den Wandel vom Verwalten zum Managen: Die Kluft zwischen Innovationsanspruch und arbeitstäglicher Realität in den Krankenhäusern

1.1 Verschwendungsmanagement statt Planwirtschaft

In der Diskussion um die Kostenexplosion im Gesundheitswesen richtet sich die Kritik im Wesentlichen auf die Betriebsführung von Krankenhäusern, die etwa 35 % der Kosten im Gesundheitswesen verursachen.

Planwirtschaftliche Leistungsbegrenzungen je Krankenhaus, Ausgabendeckelung und Global-Budget sind die von der Politik angewendeten, umstrittenen Methoden zur Kostenbegrenzung. Dass in unserem Gesundheitssystem Rationalisierungsreserven liegen und auch Verschwendung vermutet werden darf, ist grundsätzlich unstrittig. Aber in welcher Höhe solche Reserven anzusetzen sind und durch welche Maßnahmen diese Verbesserungspotenziale mobilisierbar sind, darüber bestehen erhebliche Meinungsunterschiede.

Eine signifikante Verschwendung von Ressourcen in Unternehmen liegt offenbar in personellen, organisatorischen und führungstechnischen Unzulänglichkeiten; in besonderer Weise sind es die Defizite in der Kommunikation und Zusammenarbeit, die in vielen Krankenhäusern dazu führen, dass selbst „optimale" Organisationsstrukturen ihre Wirkungen im Hinblick auf Mitarbeitermotivation, Kundenzufriedenheit, Qualität- und Kostengerechtigkeit nicht entfalten.

1.2 Der sechste Kondratieff: Gesundheit als Wachstumsfaktor für Gesellschaft und Wirtschaft

Leo F. Nefiodow beschreibt in seinem Buch „Der sechste Kondratieff", dass nicht Arbeit und Kapital die wichtigste Quelle für Wachstum sind, sondern die Mobilisierung von Produktivitätsreserven. Da die größte Verschwendung in unserer Gesellschaft im Bereich der „Gesundheit" anzutreffen ist, scheint es nur konsequent das Gesundheitssystem und eine präventionsorientierte Lebensführung zum Treiberfaktor für die zukünftige Wirtschafts- und Gesellschaftsentwicklung zu deklarieren: Der sechste Kondratieff-Zyklus wird demnach vom Gesundheitssektor ausgehen und von einem ganzheitlichen Gesundheitsverständnis zu tragen sein (siehe Abb. 1.1).

Nefiodow sieht aber die riesige Verschwendung von Ressourcen nicht im Gesundheitssystem selbst, sondern in der Art und Weise, in der Menschen in Unternehmen, Krankenhäusern, Behörden usw. zusammenarbeiten, miteinander kommunizieren und miteinander umgehen.

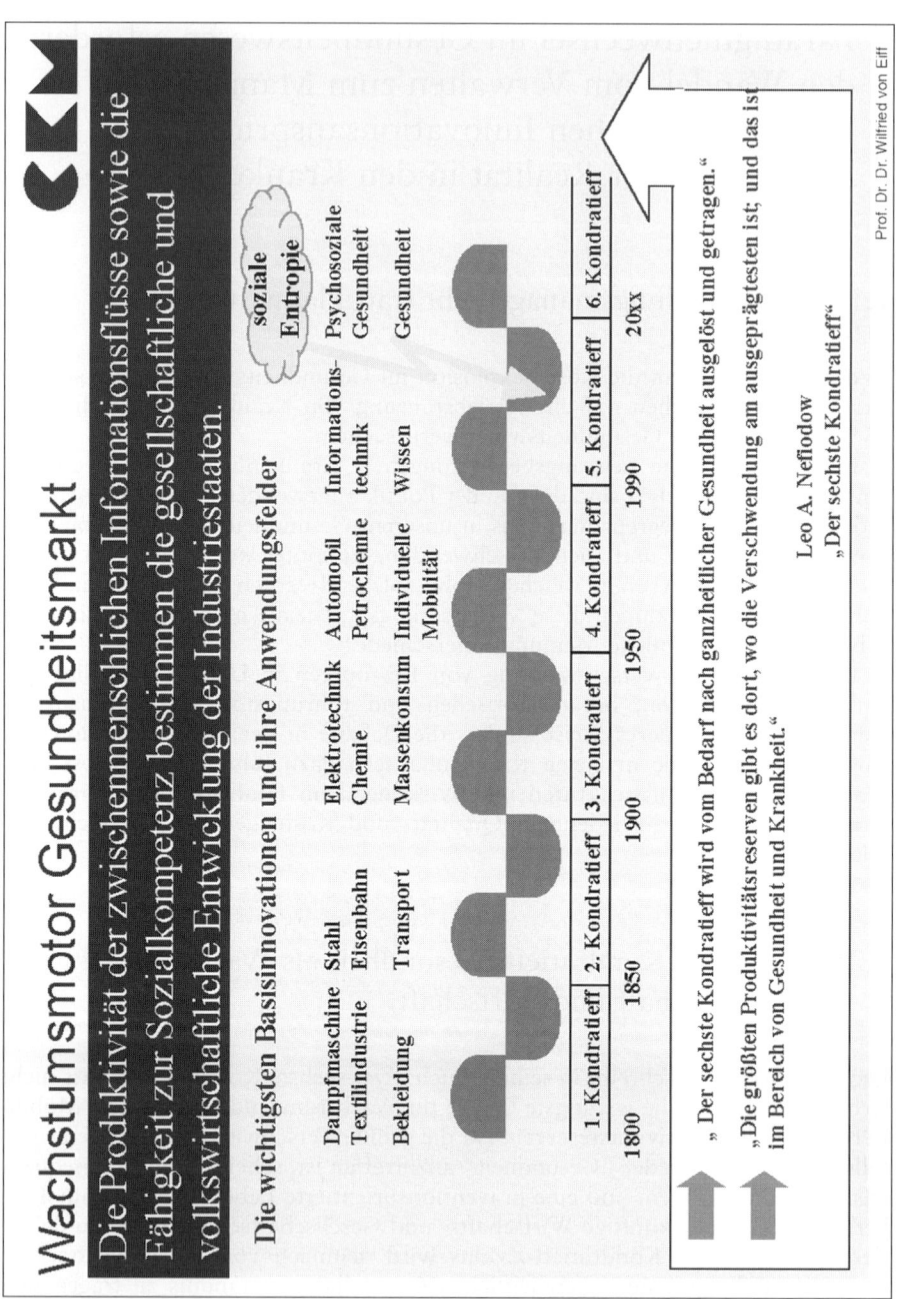

Abb. 1.1: Die Wachstumsimpulse im neuen Jahrtausend gehen vom Gesundheitssektor aus; das Erreichen psycho-sozialer Gesundheit wird zum Wachstumsmotor.

Wo Menschen zusammenarbeiten, so Nefiodow, bleibt es nicht aus, dass Meinungsverschiedenheiten aufkommen und Phänomene wie Frust, Mobbing, innere Kündigung und Informationszurückhaltung die Organisationen behindern.

Einer CKM-Recherche zufolge, beurteilen Organisations-Entwickler und Betroffene, dass in Großunternehmen mehr als 30 % der Arbeitszeit eines Mitarbeiters in unproduktiven Grabenkämpfen vergeudet wird; Führungskräfte benötigen sogar mehr als 50 % ihrer Zeit zur Absicherung ihrer Position und dieser prozentuale Anteil wächst von Hierarchie-Ebene zu Hierarchie-Ebene.

Nach einer Studie der Fachhochschule Köln kostet das Phänomen „Angst" unsere Volkswirtschaft jährlich 100 Milliarden DM und 30 Milliarden DM kostet „Mobbing" (Pansen/Stegmann 1996).

„ . . . "

> **Phänomen: Innere Kündigung**
> „40 % der Belegschaften deutscher Unternehmen haben faktisch innerlich gekündigt; diese Mitarbeiter haben mit dem eigenen Unternehmen emotional abgeschlossen, sie sind degeneriert zum Platzhalter ohne Engagement-Bereitschaft, ohne jede Unternehmensidentifikation. "
>
> Studie Andersen Consulting, BddW vom 17.4.1997

1.3 Die arbeitstägliche Realität: Entgegen den Innovationsansprüchen und Kundenorientierungsbekenntnissen

Total-Qualitiy-Management (TQM) hat die Krankenhauspforten erreicht. In den Lehrbüchern wird der qualitätsbewusste Mitarbeiter in den Mittelpunkt des TQM-Konzepts gerückt: der kundenorientiert denkende, prozessorientiert handelnde und mit unternehmerischem Selbstverständnis agierende Mitarbeiter. Der Königsweg ist schnell formuliert: durch Mitarbeitermotivation zu Patientenzufriedenheit, Kostensenkung und ökonomischem Erfolg (siehe Abb. 1.2).

Eine Best Practice auf dem Gebiet der Mitarbeitermotivation zeigt die Ritz-Carlton Hotelkette. Sie erhielt für ihre kundenfreundiche Organisation im Jahr 1994 den Malcolm Baldrige Award. Ein Detail dieser ausgezeichneten Führungs- und Organisationskonzeption war besonders bemerkenswert: ein Zimmermädchen verfügt über ein Budget von 2.000 US $ um durch eigene Entscheidung ein akutes Problem eines Übernachtungsgastes zu lösen. Vielleicht liegt in diesem Vertrauensvorschuss gegenüber den Mitarbeitern das wirkliche Merkmal einer delegationsorientierten Unternehmenskultur.

Was nützen diese Weisheiten aus TQM und Ritz-Carlton, wenn die traurige Realität in den Krankenhäusern ein eher bedrückendes Erfahrungs-Szenario aufweist? Umso ernüchternder muss die arbeitstägliche Realität auf den Betrachter und den Beteiligten in einer Organisation wirken.

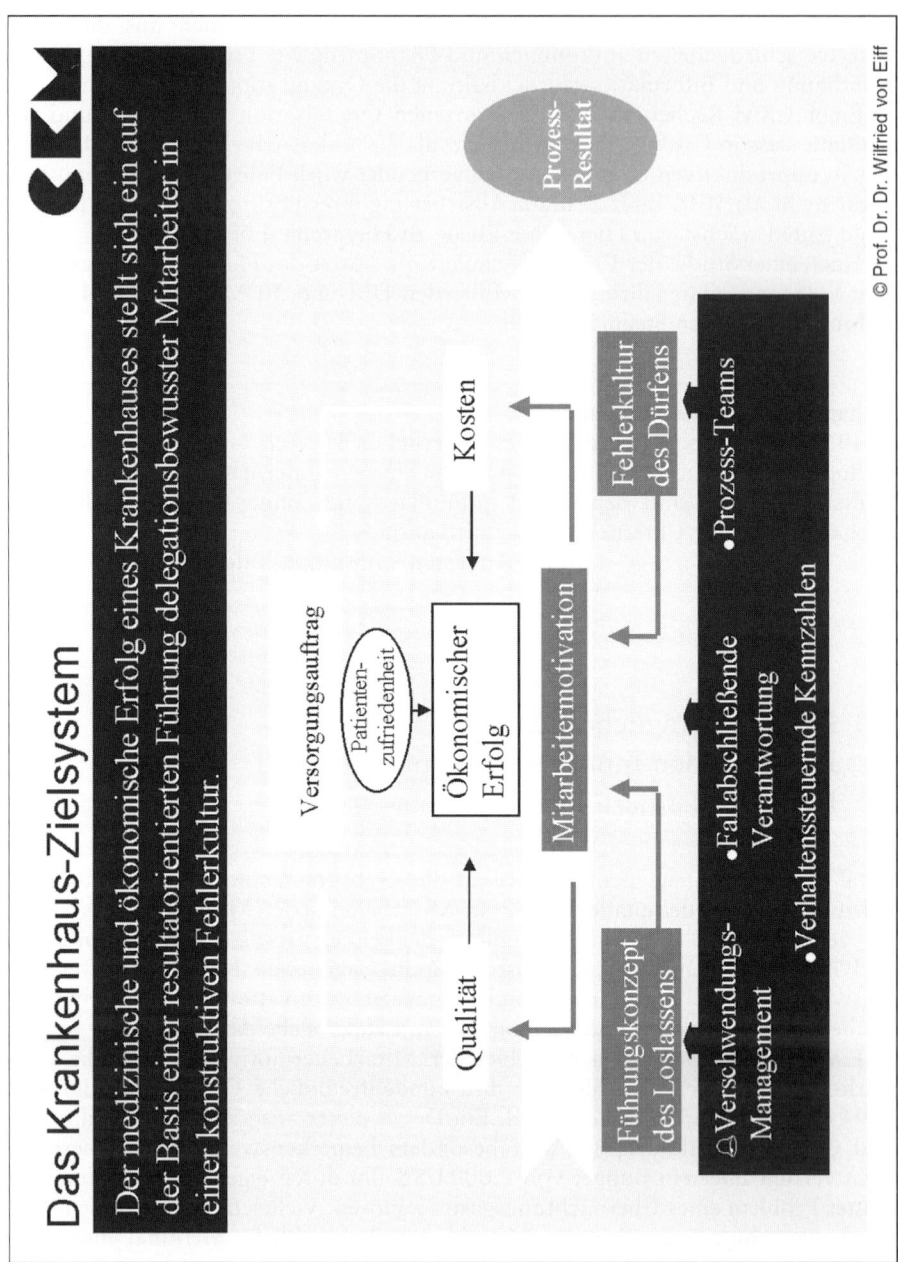

Abb. 1.2: Mitarbeiter können nicht motiviert werden, sondern entwickeln Selbstmotivation und Engagementbereitschaft in delegationsorientierten, auf kontinuierliches Lernen ausgerichteten Organisations- und Verhaltensstrukturen.

Realitäts-Schock I: Intelligente Management-Konzepte scheitern

- 80 % der Reengineeringversuche gelten als gescheitert;
- 40 % der Reengineeringaktivitäten haben die Ausgangssituation verschlechtert;
- 75 % aller Qualitätszirkel-Programme stellen vorzeitig (innerhalb von fünf Monaten) ihre Arbeit ein;
- 65 % aller TQM-Programme werden als unwirksam und kostenintensiv beurteilt;
- 70 % der ISO 9000 Zertifizierungen haben keinen aufwandsentsprechenden Qualitätsvorteil erbracht.

(BddW, 8.9.95; Manager Magazin 1994; Wyatt-Studie 1994; CKM-Studie 1995, Manager-Befragung in verschiedenene Branchen.)

, ... "

Etiketten-Manager
„Die meisten Manager setzen sich nur unzureichend mit den Inhalten und Realisierungsvoraussetzungen so genannter moderner Management-Konzepte auseinander.
Sie vertrauen den oberflächlichen Guru-Empfehlungen und folgen auf der Suche nach dem Patentrezept den Verführungskünsten eloquenter Berater.
Berater-Gurus sind wie Eunuchen: Sie glauben genau zu wissen, wie es geht, aber sie haben es selbst nie gemacht."
Wilfried von Eiff (Etiketten und Gurus, 1995)

Die Ursachen für diese Ruinenlandschaft postmoderner Managementmethoden liegen nicht in der Untauglichkeit der Konzepte, sondern sind in der mangelhaft ausgeprägten Fähigkeit der meisten Führungskräfte zum Change-Management zu suchen; also eines Entwicklungsprozesses, der mit der Visionsbildung beginnt und den organisatorischen Ist-Zustand im Rahmen einer kontinuierlichen Entwicklung der Unternehmenskultur in Harmonie mit der Unternehmensstrategie an die Vision heranführt (siehe Abb. 1.3).

Außerdem glauben die meisten Manager, es würde reichen sich oberflächlich und etikettenhaft mit neuen Organisations- und Führungskonzepten zu beschäftigen. Viel zu viele Manager suchen nach einfachen Patentrezepten und verstricken sich in ihrer Hörigkeit gegenüber den wohlklingenden Etiketten der Berater-Gurus immer mehr in einen brotlosen Konzept-Aktionismus, der von den Mitarbeitern nur noch mit peinlicher Betroffenheit zur Kenntnis genommen und abwertend beurteilt wird.

Realitäts-Schock II: Alle reden von messbaren Qualitätsresultaten, vergessen aber die Sozialqualität als wichtigsten Qualitätsförderer

Alle reden von Qualität in den Dimensionen Struktur-, Prozess- und Ergebnisqualität, aber die wichtigste Qualitätsdimension bleibt unberücksichtigt: die Sozialqualität.

Wie gehen Mitarbeiter miteinander um und wie sieht das Verhältnis zu den Führungskräften aus?

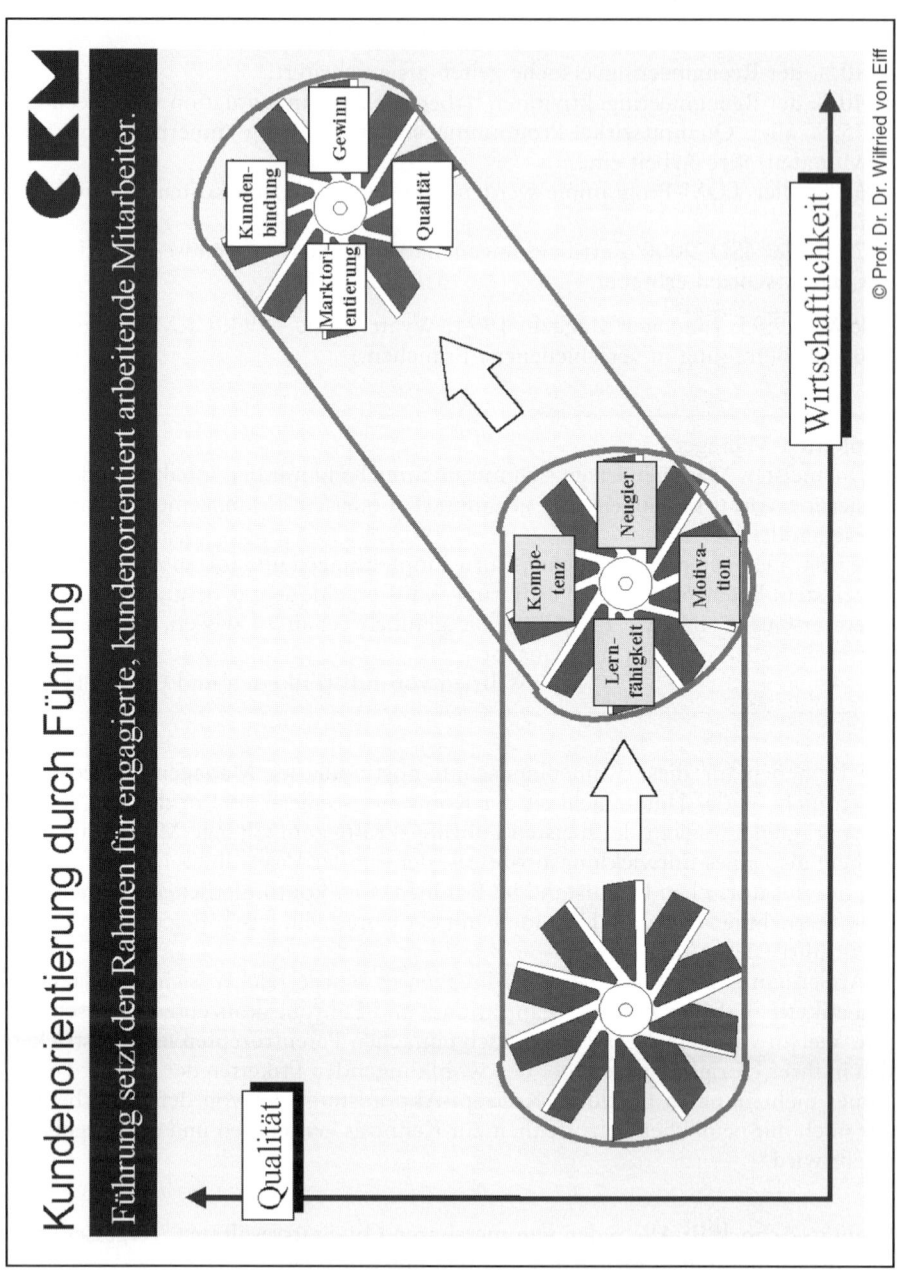

Abb. 1.3: Innovative Konzepte sind nur so wertvoll wie es gelingt, diese in die unternehmensindividuelle Organisationskultur akzeptiert zu integrieren.

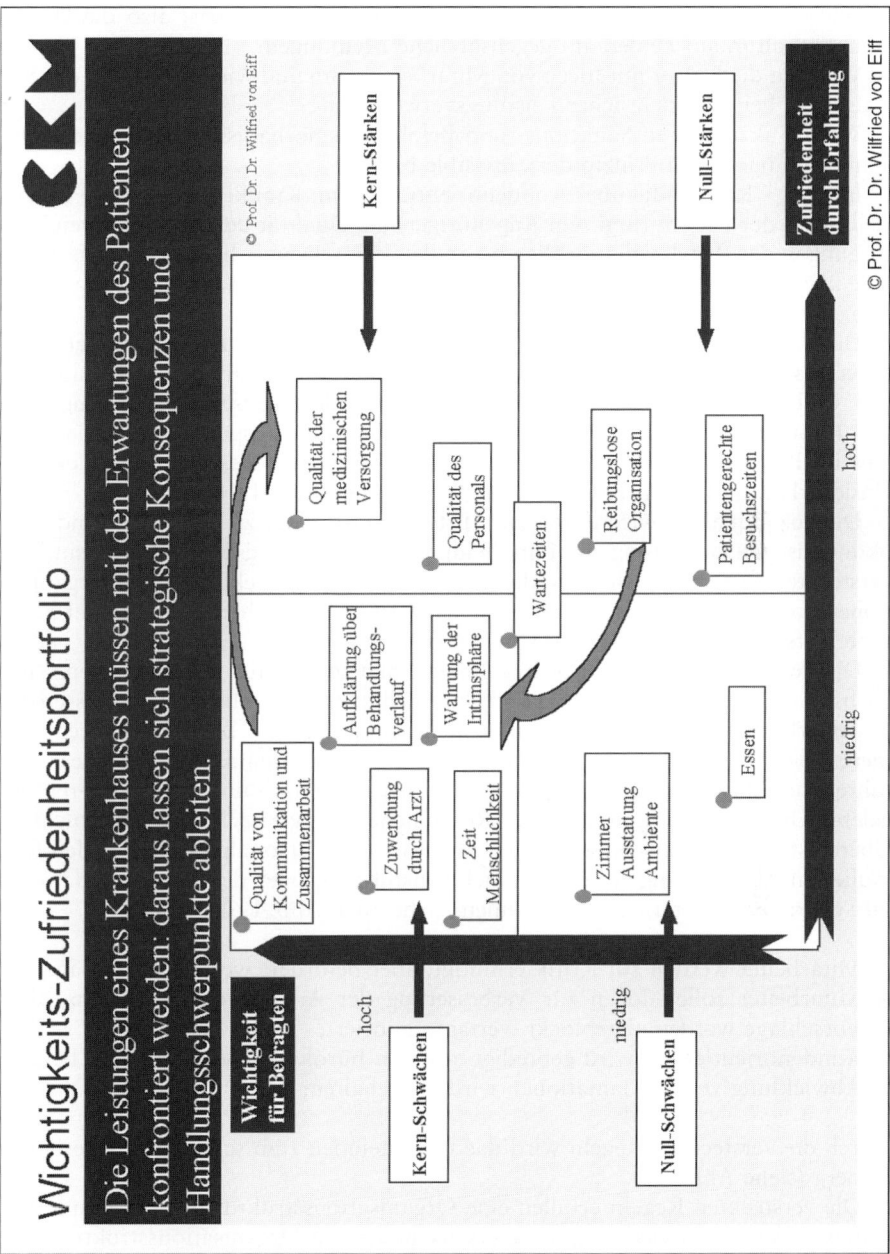

Abb. 1.4: Die Art in der Mitarbeiter miteinander umgehen beeinflusst den Patienten/Angehörigen bei der Beurteilung der medizinischen Qualität

Wie reagiert das „innere Wertesystem" eines Unternehmens, also die Unternehmenskultur, auf Fehler, auf gegensätzliche Meinungen?

Wie geht die Kultur mit Ideen von Mitarbeitern um und wie verhält sich das Sozialsystem bei offensichtlicher Leistungsverweigerung?

Welche akzeptierten Sanktions- und Belohnungsmechanismen steuern die Organisation nach dem Prinzip der „invisible hand"?

In einer CKM-Studie über Kundenorientierung im Krankenhaus wurde festgestellt, dass der Patient (und sein Angehöriger) die Qualität der medizinischen Versorgung in der Regel nicht wirklich beurteilen kann. Dennoch geben Patienten Urteile über die medizinische Leistungsfähigkeit von Arzt und Krankenhaus ab, und zwar auf der Basis von „Ersatzkriterien".

Das wichtigste Ersatzkriterium ist das Verhalten der Krankenhausmitarbeiter untereinander: Wenn der Patient den Eindruck hat, die Mitarbeiter seien unkollegial, im Umgang miteinander unfreundlich, es würde gegenseitig Schuld zugewiesen, Informationen würden zurückgehalten, Hierarchie ausgespielt, etc., dann ist dies im Beurteilungsbild der Patienten ein augenscheinliches Indiz für fachliche Unsicherheit und mangelnde Fachkompetenz (siehe Abb. 1.4).

Die Sozialqualität wird damit zum Erfolgsfaktor einer zielführenden und zeitökonomischen Gestaltung von Entscheidungs- und Leistungsprozessen. Es sind die versteckten sozialen Spielregeln, die über Effizienz und Effektivität von Organisationen sowie über die praktische Wirksamkeit theoretischer Management-Konzepte entscheiden (siehe Abb. 1.5).

Die versteckten sozialen Spielregeln sind maßgebend für Arbeitseffizienz, Betriebsklima, Kundenorientierung und Unternehmensentwicklung. Sie umfassen die in der arbeitstäglichen Realität wirksamen Sanktions- und Belohnungsmechanismen, die das tatsächliche Verhalten von Menschen in Organisationen steuern. Sie führen zur Entwicklung von sozialen Normen im Betrieb und repräsentieren die gelebte Unternehmenskultur. In der Regel stehen die versteckten Regeln nicht in Übereinstimmung mit den offiziellen Leitlinien der Personalpolitik bzw. den formulierten Anforderungen der Unternehmensführung oder den auf Hochglanzpapier gedruckten Unternehmensleitlinien (siehe auch Abb. 1.6):

– Mitarbeiter werden zur Kritik ermutigt, aber befördert werden die Ja-Sager;
– Mitarbeiter sollen Ideen zur Verbesserung der Arbeitswelt entwickeln, aber Vorschläge werden abgeblockt, vertagt, ignoriert;
– Kundenorientierung wird gepredigt, aber an bürokratischen Prozessen bei der Abwicklung von Reklamationen wird festgehalten;

Durch die versteckten Regeln wird das Unternehmen zum schwer kalkulierbaren Eisberg (siehe Abb. 1.7).

Die versteckten Regeln erfüllen eine Organisationsstruktur mit Leben und bestimmen deren Entwicklung; andererseits bildet die Organisationsstruktur wiederum den Rahmen, durch den geheime Spielregeln verfestigt werden (siehe Abb. 1.8). Organisationsstrukturen und Verhaltensregeln erzeugen Verhalten und prägen die Kultur eines Unternehmens; dieses konkrete Verhalten erfüllt die Kultur einer Organisation mit Leben. Insofern sind Kultur und Struktur Verhalten und Verhaltensregeln immer gleichwertig zu beeinflussen, wenn ein Unternehmen bewegt werden soll.

Sozialqualität

Alle reden von Struktur-, Prozess- und Ergebnisqualität und unterschlagen damit die wichtigste Qualitätsvoraussetzung.

Sozialqualität

Die Sozialqualität ist eine Qualitäts-Dimension, die den Einfluss der Unternehmenskultur auf die Effektivität (Zielorientierung) und Effizienz (Wirtschaftlichkeit) von Leistungsprozessen, Organisations- und Zusammenarbeitsformen transparent macht.

Kriterien	• Umgang mit Fehlern (Fehlerkultur) • Umgang mit Initiative/Vorschlägen • Umgang mit gegensätzlichen Meinungen und Widerspruch • Umgang mit Ressourcen • Informationsverhalten (gegenüber internen und externen Kunden) • Besprechungsverhalten
Zweck und Funktion	➡ Wichtigster Qualitätsförderer; ➡ Zentrale Voraussetzung dafür, dass Struktur-, Prozess- und Ergebnisqualität dauerhaft erreicht werden können
Messung und Beurteilung	• Sozialqualität-Fragebogen zur strukturierten standardisierten Abfrage der Kultureinschätzung durch Mitarbeiter und Führungskräfte • Sozialbilanz als offene Kultur-Diagnosetechnik und OE-Interventionstechnik (Kulturveränderungstechnik) mit vorzugswürdigem Einsatz in Workshops mit sog. Organisationsfamilien • Insightstechnik zur Diagnose und Prognose der Teampotentiale in einer Organisationsfamilie

© Prof. Dr. Dr. Wilfried von Eiff

Abb. 1.5: Die Sozialqualität ist der entscheidende Erfolgsförderer in einer Organisation.

Abb. 1.6:   Die versteckten sozialen Spielregeln werden durch subtile Anwendung von In-
terventionstechniken der Organisations-Entwicklung in Workshops transparent
gemacht. Hier die Darstellung der kulturellen Treiberfaktoren in einem Krankenhaus mit Hilfe der Projektionstechnik.

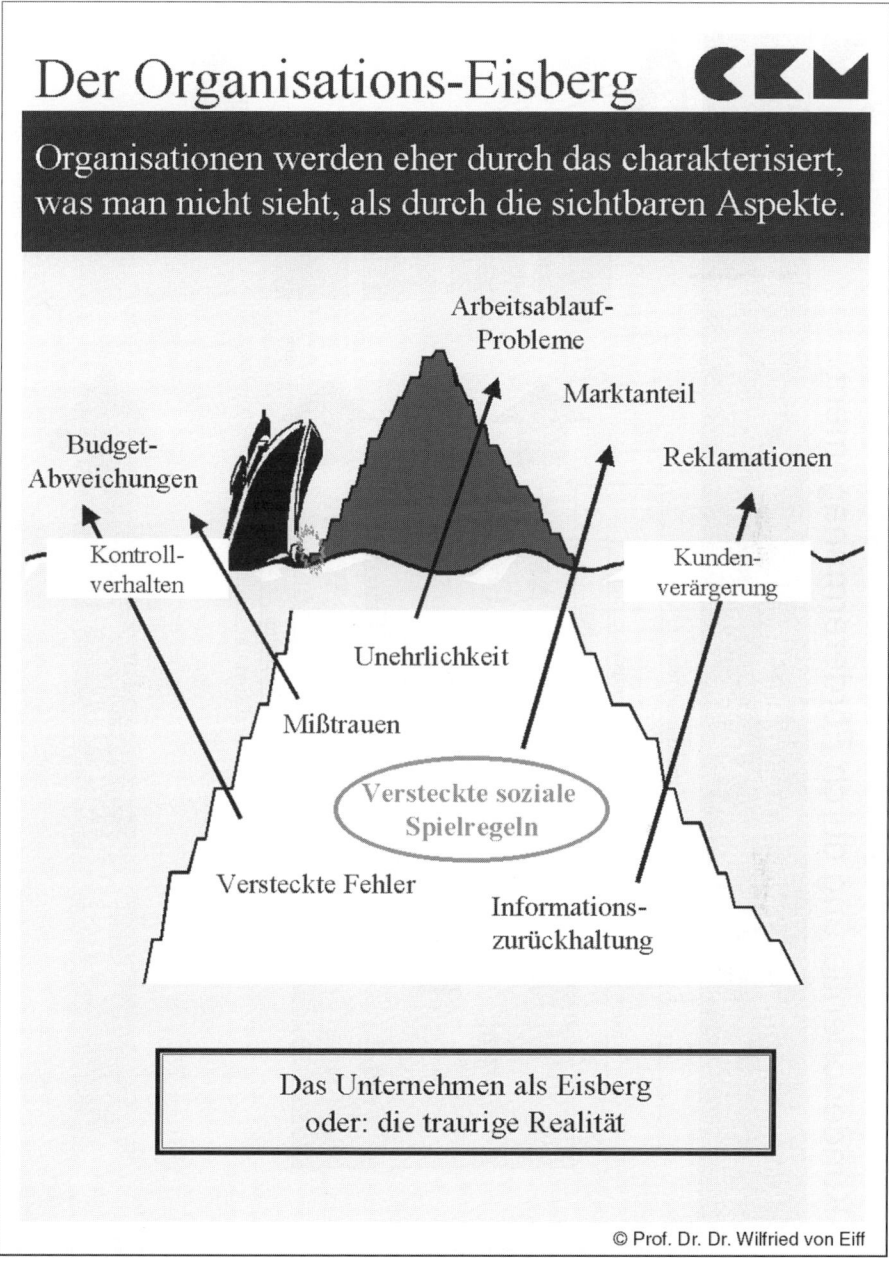

Abb. 1.7: Durch die versteckten Regeln wird das Unternehmen zum schwer kalkulierbaren Eisberg.

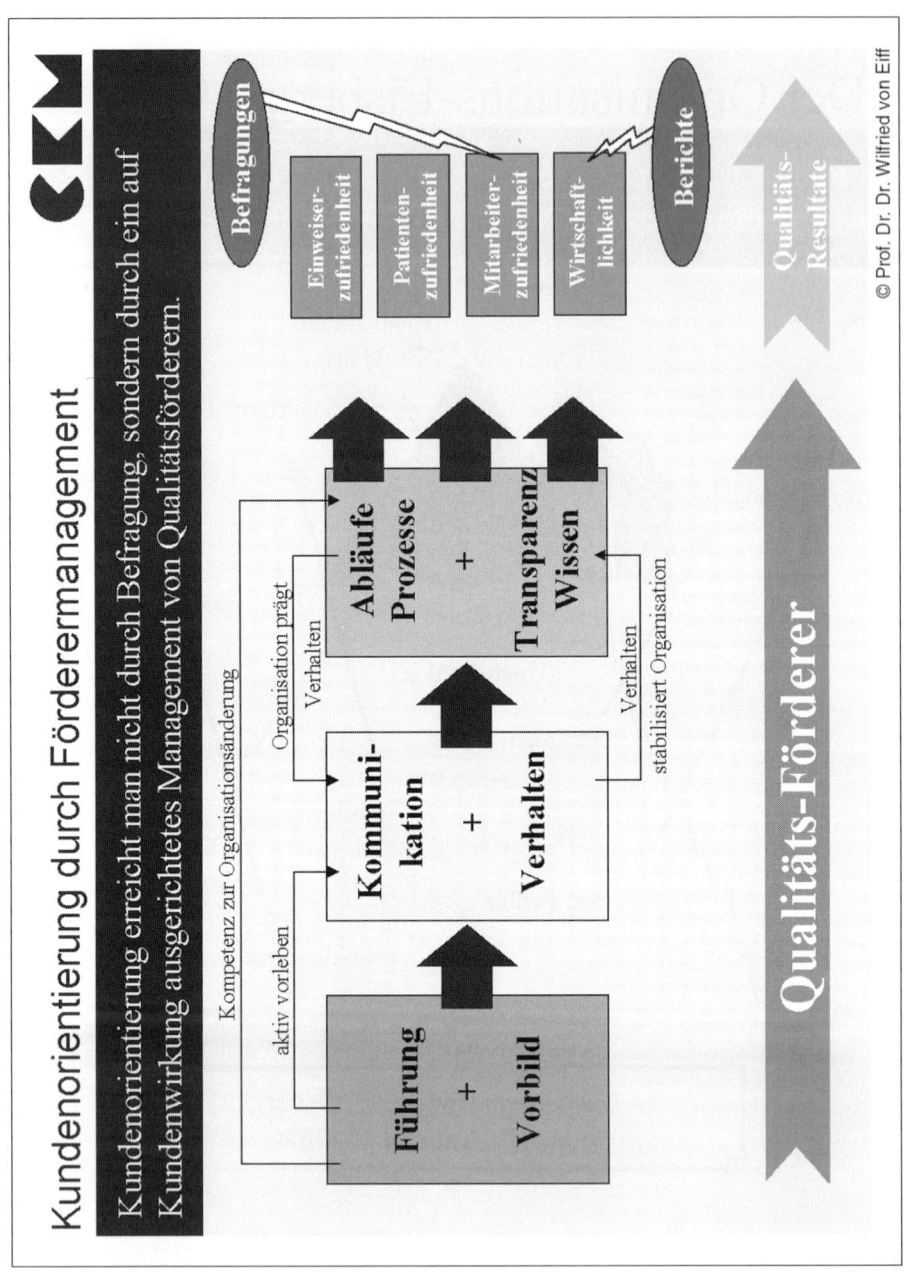

Abb. 1.8: Die Organisationsstruktur wird durch die geheimen Spielregeln mit Leben erfüllt und festigt gleichzeitig dieselben.

Die Sozialqualität korrespondiert unmittelbar mit der Qualität der Führung und beide sind wichtige Merkmale zur Charakterisierung einer Unternehmenskultur (siehe Abb. 1.9). Andererseits stehen Unternehmenskultur und Organisation (Aufbauorganisation, Ablauforganisation, Entscheidungsprozesse) in einem engen Wirkungsverhältnis: So ist z. B. eine konstruktive Fehlerkultur, in der ein Fehler als Lernchance begriffen wird, unvereinbar mit einer zentralistischen Qualitätsorganisation. Im Mittelpunkt des zentralistischen Qualitätskonzepts steht die Prüfung des Endprodukts durch den Qualitätskontrolleur. Eine konstruktive Fehlerkultur steht zwingend in Verbindung mit dem Konzept der integrierten Prüfkreise und der Mitarbeiterselbstprüfung.

Realitätsschock III: Mangelhaftes Kommunikations- und Entscheidungsverhalten in Krankenhäusern

Dass die berufsgruppenorientierte Versäulung im Krankenhaus (Ärzte, Pflegekräfte, Verwaltung) über die Jahre eine Versäulung im Denken nach sich gezogen hat, ist keine neue Erkenntnis. Wie dramatisch verbesserungsbedürftig aber von allen Berufsgruppen die Zusammenarbeit untereinander beurteilt wird, zeigen die Ergebnisse von Trailer-Abfragen in Workshops und Kongressen (insgesamt wurden über 1.100 Krankenhausmitarbeiter befragt). Nur 40 % der Ärzte und 30 % der Pflegekräfte empfinden die Zusammenarbeit als kundenorientiert, effektiv und zufrieden stellend (siehe Abb. 1.10).

Immer wieder wurden folgende Merkmale einer effizienzhemmenden und emotional belastenden Zusammenarbeit genannt:

- schlechte Motivation der Mitarbeiter;
- intransparente Entscheidungen;
- keine rechtzeitige Information;
- fehlendes Team-Verständnis;
- eingefahrene Denkweisen;
- fehlende zielführende Kommunikation;
- gegenseitige Schuldzuweisung;
- „die-da-drüben"-Rollenverständnis;
- „...ist nicht meine Aufgabe...";
- „...zuerst muss die oberste Führung klare Vorgaben machen, damit ich richtig zielführend arbeiten kann...".

Wird analysiert, warum es so schwierig ist in großen Organisationen zum Nutzen der Kunden zielführend und sachbezogen und im Sinne des Unternehmenszwecks zur Erreichung von Lebensqualität am Arbeitsplatz zusammenzuarbeiten, erhält man mitunter deprimierende Problemlandkarten (siehe Abb. 1.11).

Realitäts-Schock IV: Unproduktivität und Verschwendung

Der Zusammenhang zwischen schlechter Organisation, fehlender delegationsorientierter Führung und mangelhaft ausgeprägtem „unternehmerischen" Bewusstsein bei allen Berufsgruppen wurde durch eine weitere CKM-Studie eindrucksvoll bestätigt (siehe Abb. 1.12).

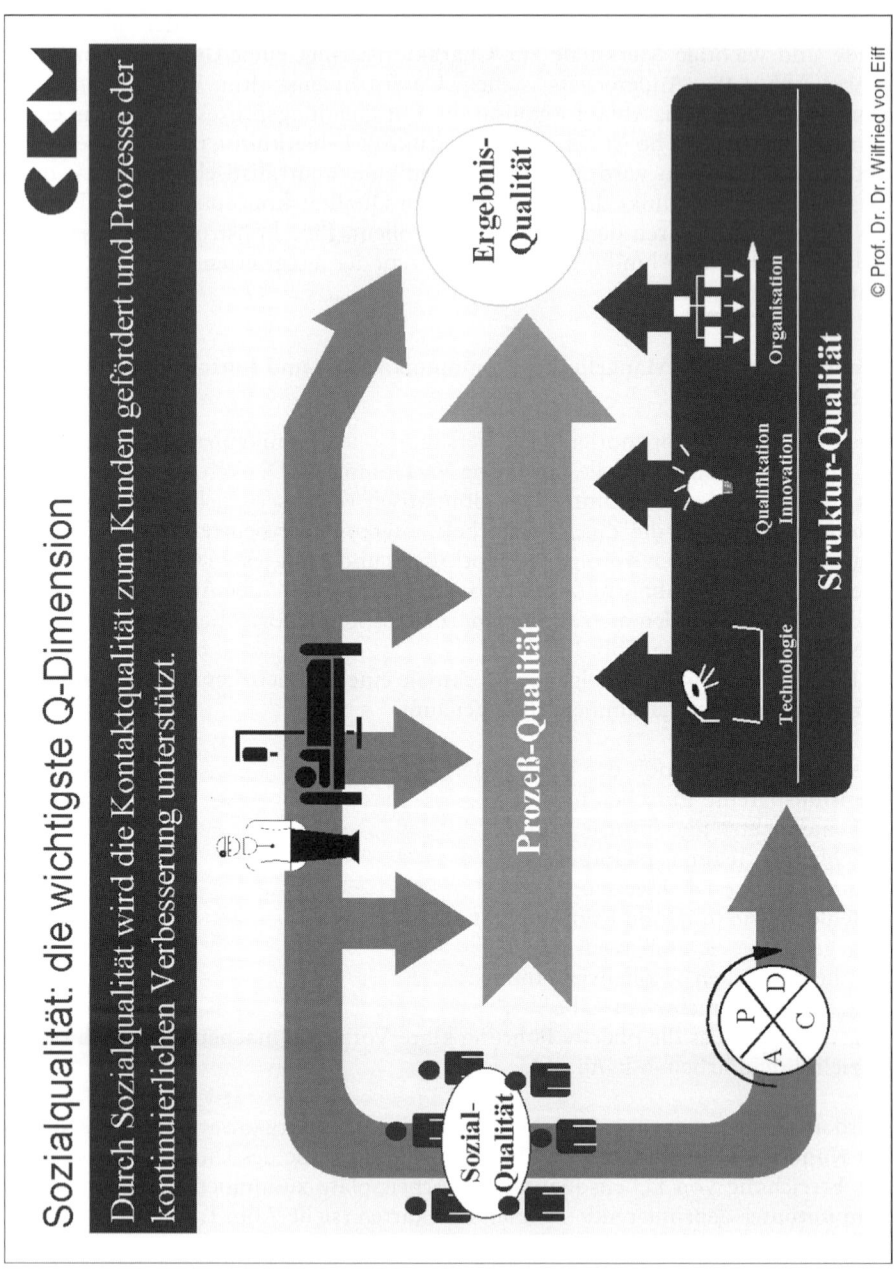

Abb. 1.9: Sozialqualität ist die wichtigste Qualitätsdimension; sie hat den Charakter eines „Förderers".

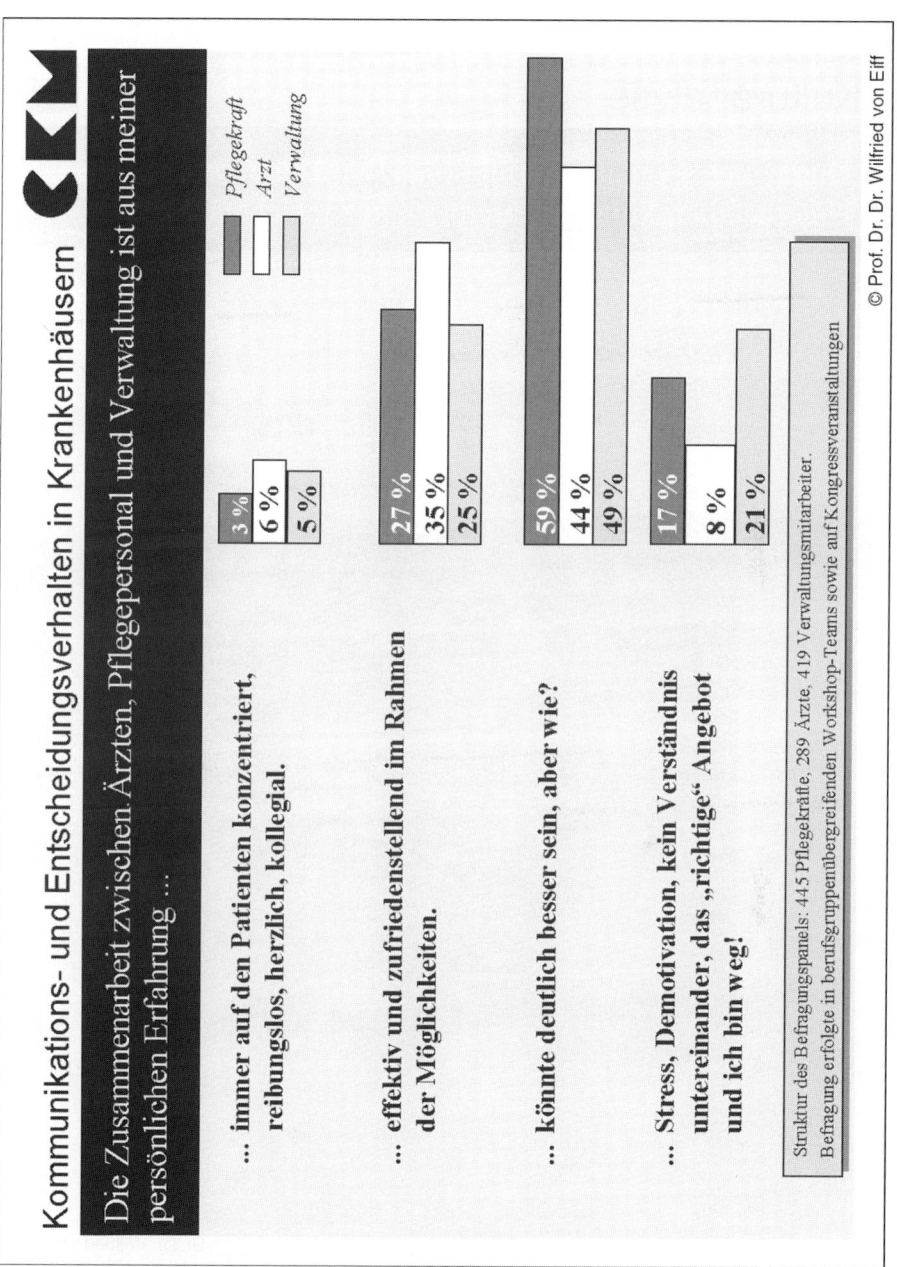

Abb. 1.10: Jeder 10. Arzt, jede 5. Pflegekraft und jeder 5. Verwaltungsmitarbeiter ist mit dem Zusammenarbeitsklima extrem unzufrieden.

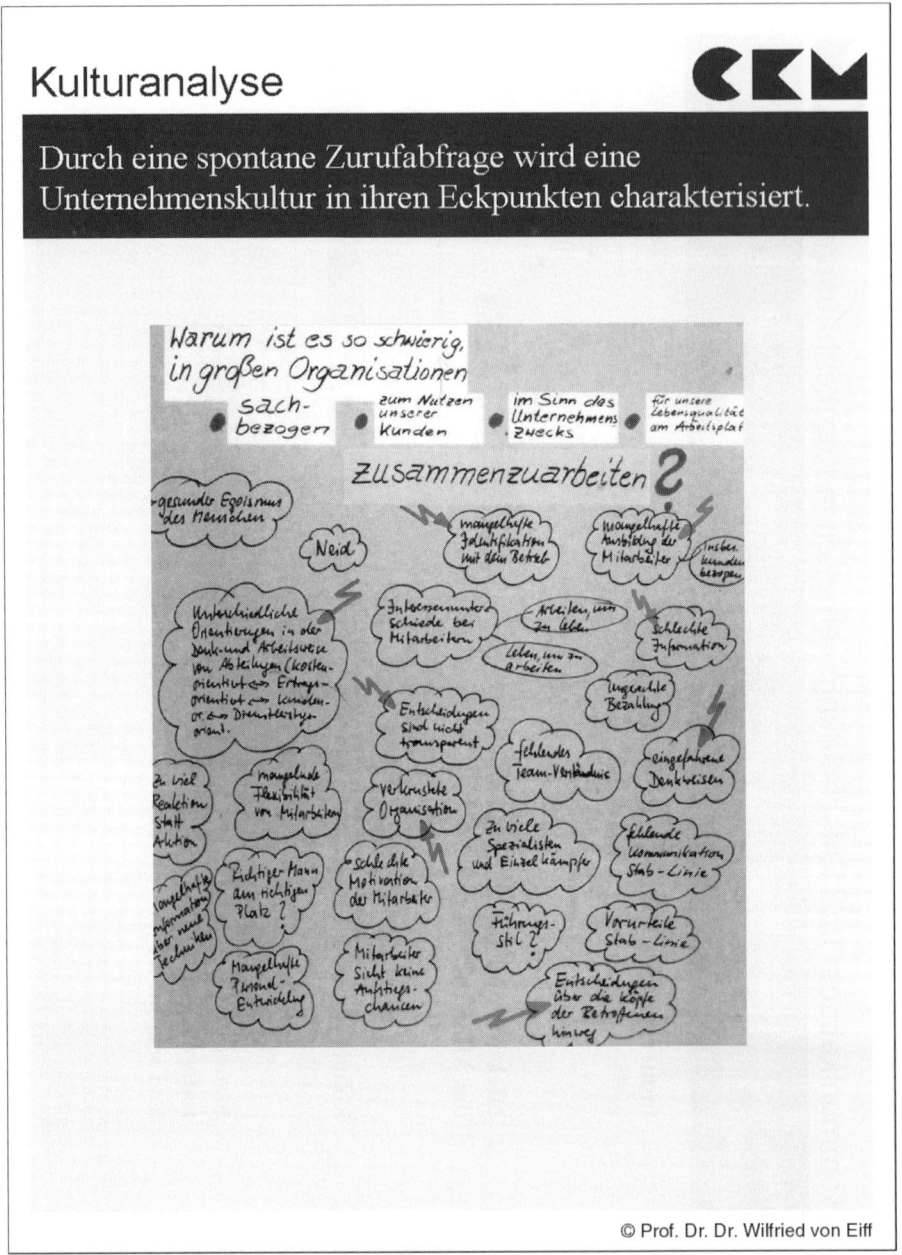

Abb. 1.11: Problemlandkarte typischer Zusammenarbeitsmuster in großen Organisationen.

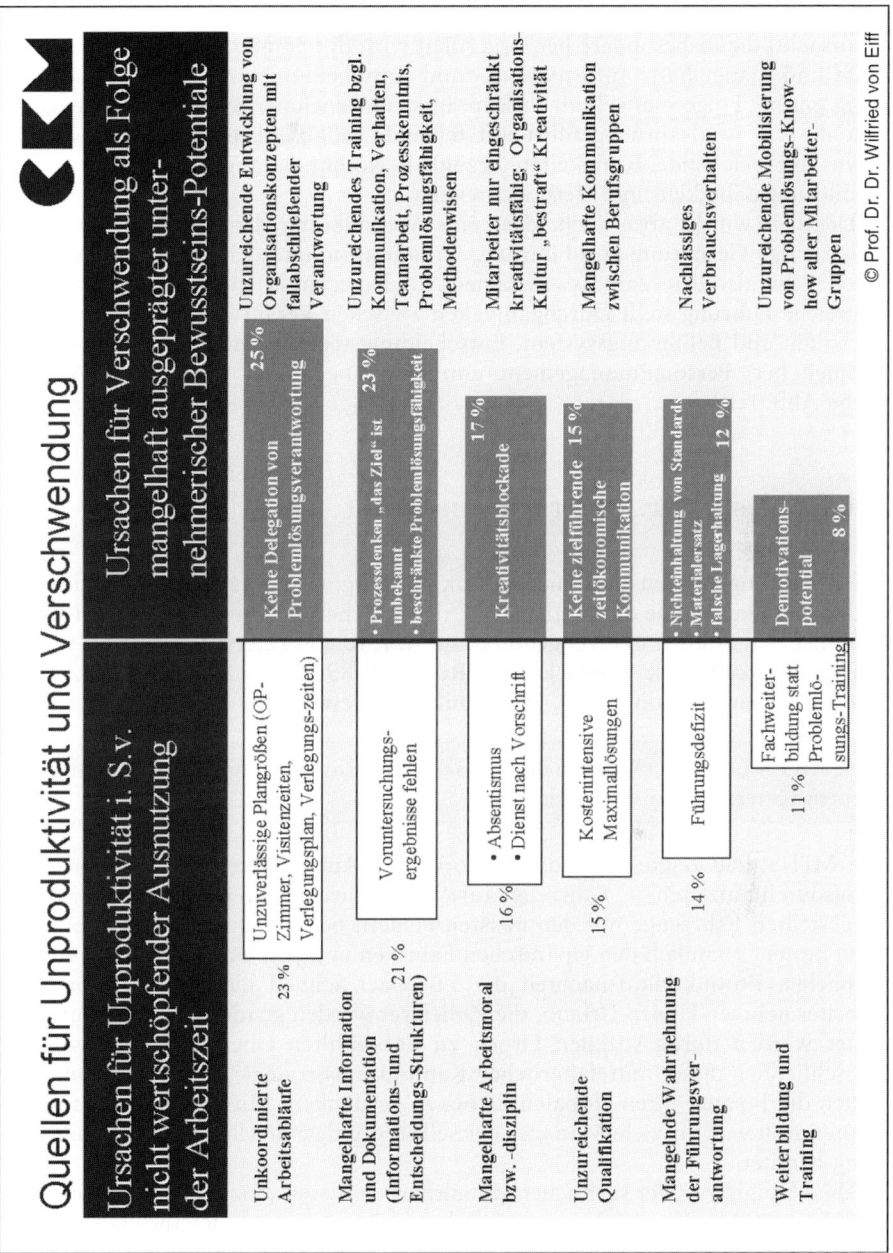

Abb. 1.12: Schlechte Organisation und mangelnde Delegation sind die Ursachen für Unproduktivität und Verschwendung.

Unproduktivität wird durch nicht wertschöpfende Ausnutzung der Arbeitszeit verursacht, die insbesondere hervorgerufen wird durch unkoordinierte Arbeitsabläufe und mangelhafte Informations- und Entscheidungsstrukturen. Verschwendung gilt als Folge mangelhaft ausgeprägter unternehmerischer Bewusstseins-Potentiale und wird zurückgeführt auf fehlende fallabschließende Verantwortung sowie unzureichende Fähigkeiten bezüglich Kommunikation, Teamarbeit, Problemlösungsfähigkeit und Methodenwissen.

Deutlich wurde aber auch, dass eine Veränderung der Situation nur durch gleichzeitige Gestaltung von Führung, Organisation und den versteckten sozialen Spielregeln, also den realitätswirksamen Anreizmechanismen, zu erreichen ist. Erfolgreiche Führung stellt Durchgängigkeit zwischen Verantwortungsorganisation, Verhalten und Belohnungssystem, Entscheidungstechnik und Qualifikationsmaßnahmen her: Personalmanagement unterstützt bei dieser schwierigen Aufgabe (siehe Abb. 1.13).

1.4 Erfolgsfaktor: Unternehmenskultur

Die Bedeutung von Unternehmenskultur, Führung und Organisation für die Innovationsfähigkeit sowie die langfristige Existenzsicherung von Unternehmen sind in einschlägigen Studien überzeugend belegt: so z. B. von Peters/Waterman (1982, In Search of Excellence), Womack/Jones/Roose (1989, The Machine That Changed The World) und Simon (1996, Die heimlichen Gewinner).

> Die MIT-Studie: Der Wunsch des Mitarbeiters ernst genommen zu werden ist in jedem Unternehmen vorhanden.

Die MIT-Studie zeigte z. B., dass europäische Autofabriken die längsten Fertigungsdurchlaufzeiten je Fahrzeug aufwiesen; gleichzeitig waren diese langsam hergestellten Fahrzeuge mit den meisten Fehlern belastet. Im Direktvergleich mit „den Besten", nämlich den japanischen Fabriken in Japan war die Ursache für den peinlichen Produktivitätsnachteil der Europäer schnell identifiziert: japanische Arbeiter nehmen keinen Urlaub, die Zulieferer werden gnadenlos ausgebeutet, Japaner werden durch sozialen Druck zu unbezahlten Überstunden gezwungen. Ausschließlich dieser mittelalterlichen Kapitalismusstrategie des „Sozialdumping" hätten die Japaner ihren globalen Erfolg zu verdanken. Mit dieser Kennzahleninterpretation war für viele Manager der selbstberuhigende Übergang zur Tagesordnung bereitet.

Unabhängig von der sachlichen Unhaltbarkeit dieser „Sozialdumping-Legende" war der gewählte Vergleichsansatz falsch und damit waren auch die erzielten Vergleichsergebnisse sowie die daraus gezogenen Schlussfolgerungen wenig hilfreich.

Zwei wesentliche Erkenntnisse hatte die MIT-Studie parat:
a) Es ist möglich in kürzerer Zeit mit weniger Fehlern preiswerte Autos mit höherer Qualität zu bauen; diese Erkenntnis löste einen grundlegenden Paradigmenwechsel im Management-Verständnis aus; nämlich: gegensätzliche Ziele sind vereinbar!

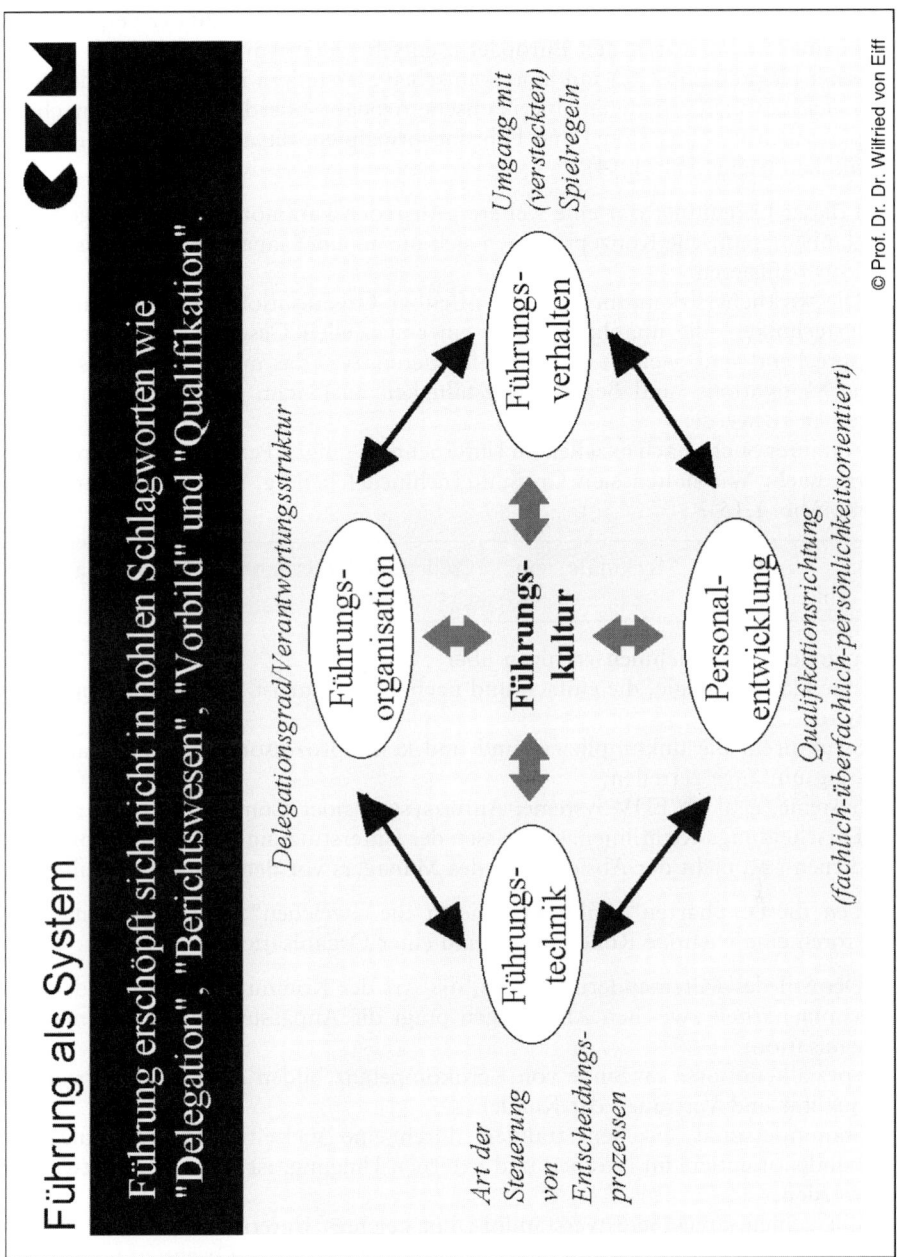

Abb. 1.13: Führungsorganisation, Führungstechnik, Führungsverhalten und Personalentwicklung müssen aufeinander abgestimmt sein.

b) Entscheidend für das Auffinden der Erfolgsursachen war **nicht** der Vergleich der Japaner in Japan mit den Europäern; entscheidend war der Vergleich japanischer Hersteller in USA mit amerikanischen Herstellern in USA: In beiden Vergleichsfabriken arbeiteten amerikanische Arbeiter; allerdings die einen nach japanischen Organisations- und Führungsprinzipien, die anderen nach amerikanischen (siehe Abb. 1.14).

Mit dieser Erkenntnis war eine weitere „Ausreden-Fatamorgana" entspiegelt: der Irrglaube, japanische Konzepte ließen sich nur in einer japanischen Gesellschaftstruktur realisieren.

Die wirkliche Erkenntnis: Es gibt offenbar Organisationsprinzipien und Führungstechniken, die unabhängig von einer speziellen Gesellschaftskultur Erfolg versprechend sind, weil sie auf das reflektieren, was das menschliche Wesen und seine Motivations- und Begeisterungsfähigkeit ausmacht: der Wunsch ernst genommen zu werden.

Auf ihrer Suche nach exzellenten Unternehmen gingen Peters und Waterman der Frage nach: Wie halten sich Großunternehmen lebendig, gesund und innovativ (siehe Abb. 1.15)?

> Das 7-S-Modell: Merkmale von „exzellenten Unternehmen" und „Magnet-Krankenhäusern"

Erfolgreiche Unternehmen verfügen über
- eine klare Strategie, die einfach und nachvollziehbar ist und flexibel angepasst wird;
- Strukturen, die unkompliziert sind und keine prozessorientierten Verantwortungsumfänge zerteilen;
- Systeme, egal ob EDV-Systeme, Anreizsystem oder Company Procedures und Entscheidungs-Richtlinien: sie müssen der Unterstützung der Geschäftsprozesse dienen und nicht der Absicherung des Managers vor der Revisionsabteilung.

Neben diesen „harten" Faktoren spielen die „weichen", kulturbestimmenden Faktoren eine wichtige Rolle im Verbund einer Organisation:

- Der Stil des Miteinanderumgehens, die Art der Kommunikation und der Zusammenarbeit zwischen Abteilungen prägt die Anpassungsfähigkeit einer Organisation;
- Spezialkenntnisse im Sinne von Kernkompetenz bilden die Basis für Produktqualität und Vertrauen der Kunden;
- Stammpersonal, exzellent trainiert durch eine Vielseitigkeitsausbildung und kundenorientiert im internen und externen Umgang, ist über Jahre entwickelt worden;
- Ein gemeinsames Selbstverständnis, ein gelebtes Unternehmensbild mit Visionskraft und Bodenhaftung gibt den Mitarbeitern klare Orientierung für ihre Tagesarbeit und insbesondere für ungewohnte Entscheidungsanforderungen in Ausnahmesituationen.

Die Erkenntnisse der „In Search of Excellence Study" wurden in den 80er- und 90er-Jahren auf das Gesundheitswesen übertragen: Es wurden so genannte „Magnetkrankenhäuser" gesucht. Diese zeichneten sich aus durch

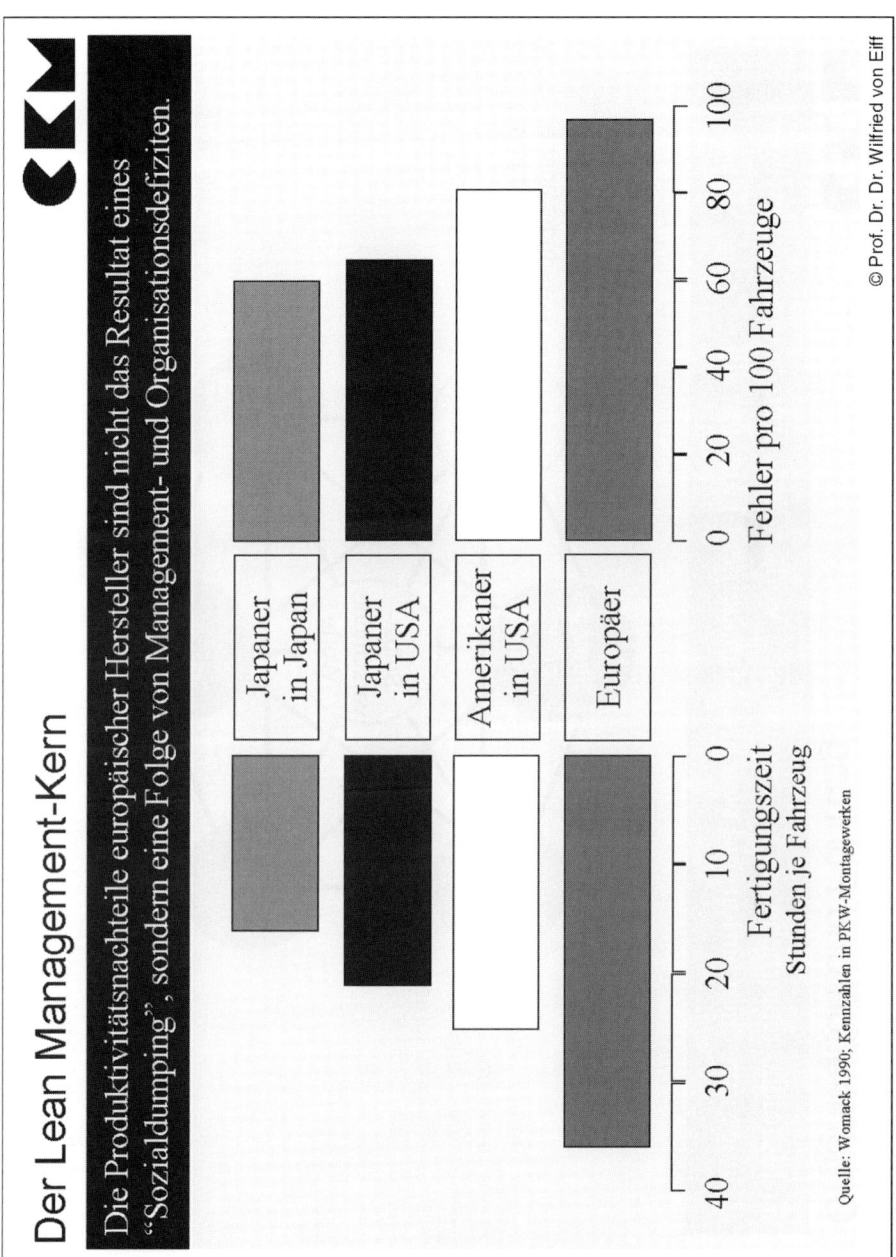

Abb. 1.14: Kennzahlen in PKW-Montagewerken im Vergleich.

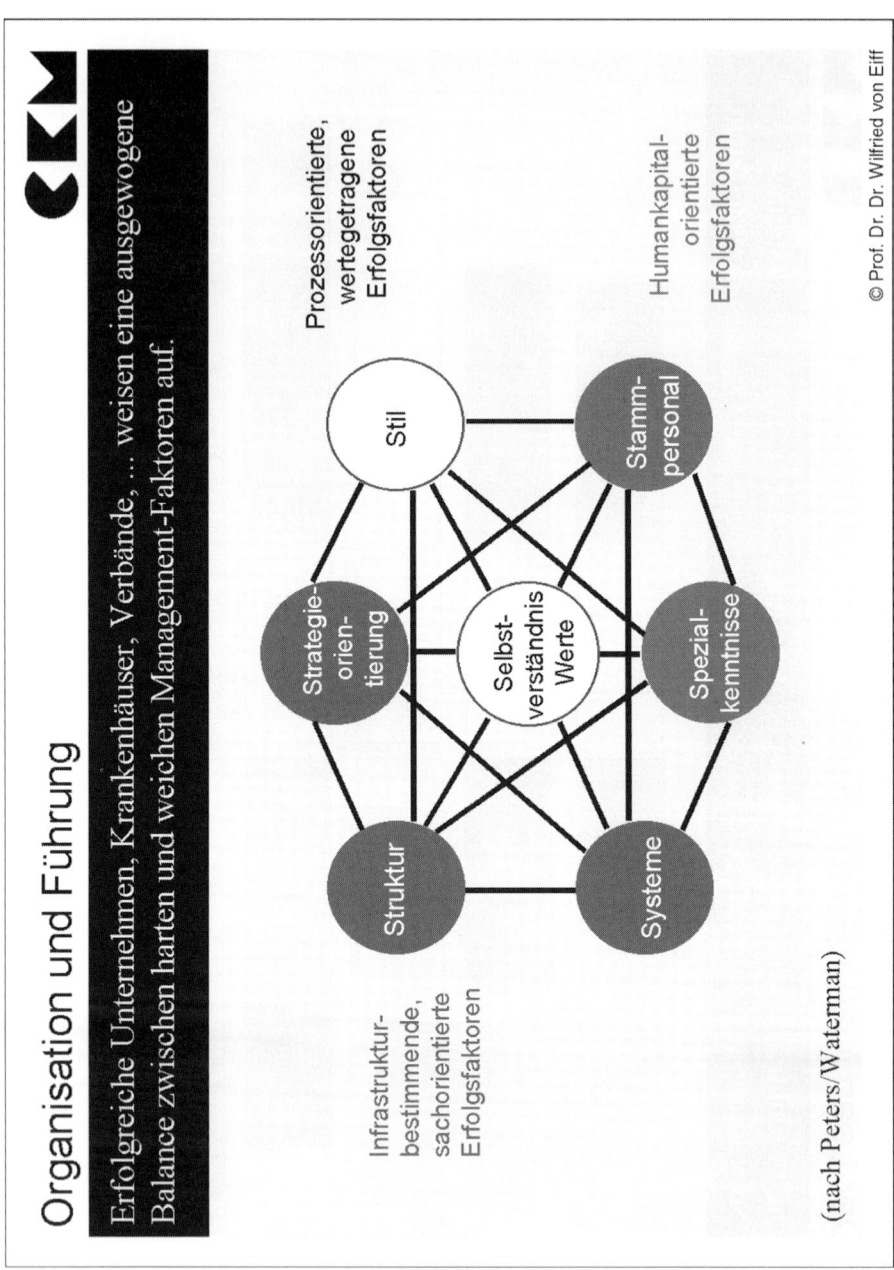

Abb. 1.15: Harte und weiche Faktoren müssen harmonisch aufeinander abgestimmt sein und gleichzeitig gestaltet werden.

- hervorragende medizinische Reputation,
- hohes Aufkommen von Sponsorgeldern und
- qualifizierte Mitarbeiter mit langen Verweildauern am Arbeitsplatz und hoher Identifikation mit dem Krankenhaus.

Die Erkenntnis: Unternehmenskultur in Verbindung mit einer „korrespondieren-den" Organisation beinhaltet das größte dauerhafte Erfolgspotenzial eines Unternehmens (siehe Abb. 1.16). Die Fähigkeit einer Kultur zur Selbsterneuerung, zu Innovation und mutiger Realisierung impliziert das Vermögen möglichst vieler Mitarbeiter kreativ zu sein und Problemlösungsfähigkeit im Tagesgeschäft zur kontinuierlichen Verbesserung zu nutzen.

1.5 Paradigmenwechsel im Führungsverständnis: Gegensätzliche Ziele in Einklang bringen

Für die Krankenhäuser stellt sich die Frage nach der organisationskulturellen Stärke auf Grund der „Neuen Marktdynamik" im Gesundheitswesen in besonderer und akuter Weise.

Das deutsche Gesundheitswesen steht inmitten eines Paradigmenwechsels im Hinblick auf das Management- und Führungsverständnis. Bisher galt die Maxime „Qualität kostet Geld",

„Innovationen beanspruchen Zeit und Geld",

„Eine kürzere Verweildauer ist nur mit zusätzlicher Kapazität sicherzustellen" usw. Das neue Management-Paradigma fordert: „Höhere Qualität und patientenwirksame Innovationen (z. B. minimalinvasive Verfahren, ambulantes Operieren) sind in kürzerer Zeit mit tendenziell sinkenden Kosten zu realisieren" und „Eine kürze Verweildauer wird mit weniger Kapazität und mit weniger Organisation erreicht". Paradigmenwechsel sind also geprägt durch das Phänomen, dass gegensätzliche Ziele miteinander vereinbar gemacht werden sollen: „Die Steigerung der medizinischen und pflegerischen Qualität ist bei tendenziell sinkenden Kosten durch intelligente Organisations- und Führungskonzepte gleichzeitig zu erreichen" (siehe Abb. 1.17).

1.6 Die „Neue Marktdynamik" im Gesundheitswesen stellt veränderte Anforderungen an Organisation und Führung von Krankenhäusern

Die „Neue Marktdynamik" im Gesundheitswesen weist die typischen Merkmale eines Verdrängungswettbewerbs auf. Charakteristisch für dieses Dynamikphänomen sind:

- Der Trend zur Kundenorientierung im Hinblick auf Dienstleistungsverständnis und kundennahe Organisationsabläufe;

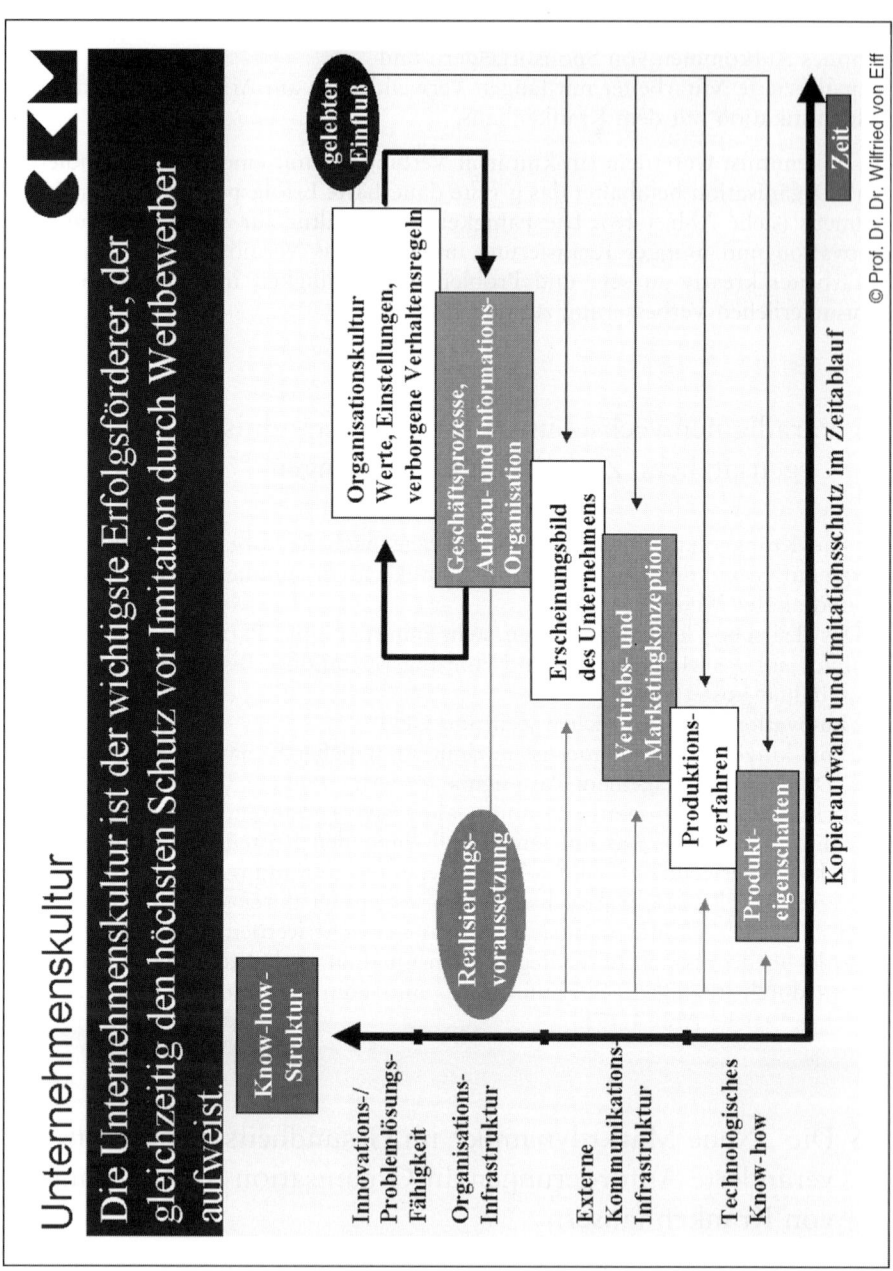

Abb. 1.16: Innovations- und Problemlösungsfähigkeit sind die wichtigsten Erfolgsfaktoren eines Krankenhauses.

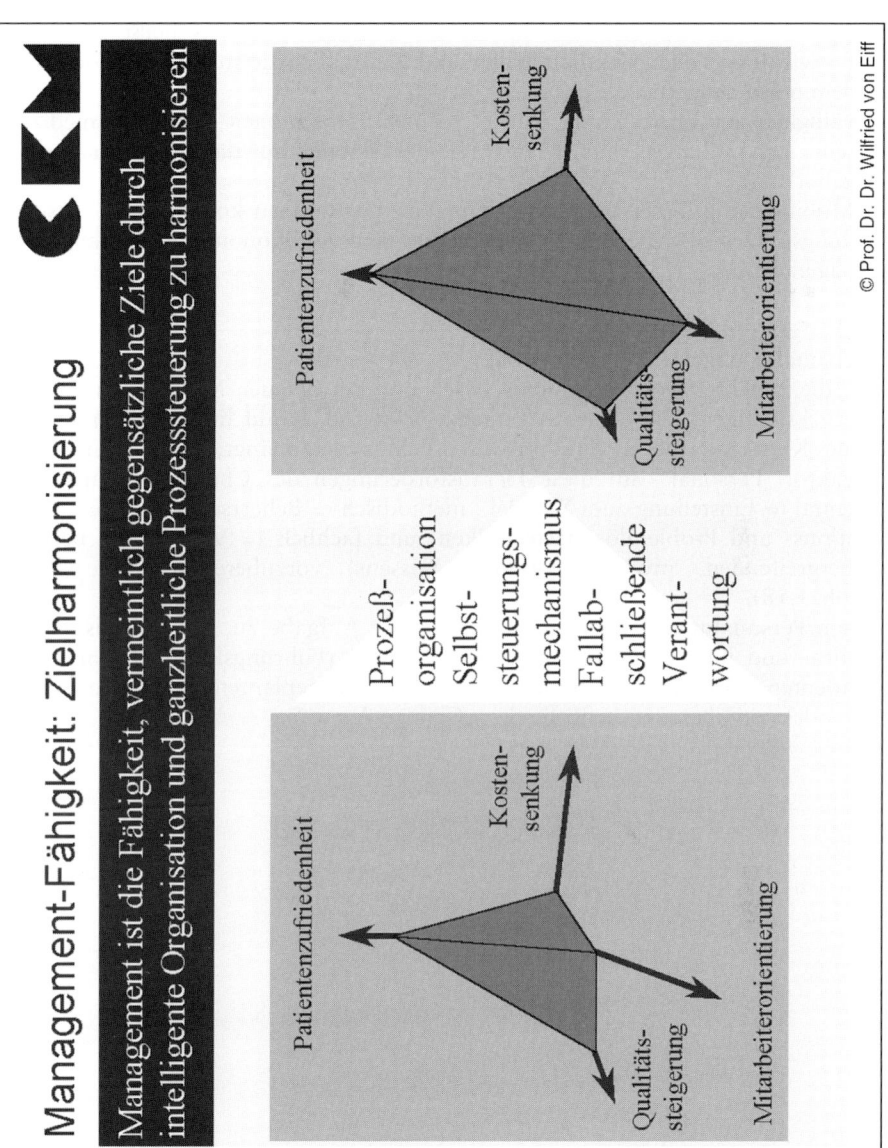

Abb. 1.17: Das Management-Paradigma hat sich im Zuge der Gesetzgebung zur Gesundheitsreform grundlegend verändert.

– Agierendes Marktverhalten durch die Krankenhäuser, das heißt innovative Entwicklung neuer Geschäftsfelder und Zusatzdienstleistungen, die den Kundennutzen steigern;
– Fähigkeit zur Entwicklung marktgerechter Innovationen (bezüglich medizinischer Behandlungsformen ebenso wie im Hinblick auf das Dienstleistungsangebot) und
– Mobilisierung dieser Innovationsfähigkeit im Rahmen kooperativer Entscheidungsprozesse sowie durch zielgerechtes und zeitökonomisches Change-Management.

Personalmanagement ist gefordert, ...
... die Aspekte des Paradigmenwechsels und der „Neuen Marktdynamik" zu berücksichtigen. Diese weisen geradezu fordernd darauf hin, dass der Erfolg eines Krankenhauses in Zukunft wesentlich davon abhängt, wie es gelingt, den „Faktor: Personal" auf diese Herausforderungen des Change Management mental (= Einstellung zum Wandel), methodisch (= Beherrschen der Reorganisations- und Problemlösungstechniken) und fachlich (= Vermittlung berufsübergreifenden, prozessorientierten Wissens) vorzubereiten (siehe auch Abb. 1.18).
Dem Personalmanagement kommt dabei die Aufgabe zu, die Organisationskultur und ihre „Spieler" bzw. „Stakeholder" (Führungskräfte, Mitarbeiter, Patienten, Angehörige, Kostenträger,...) für den geplanten organisatorischen Wandel vorzubereiten (= Rolle des „Change Agent").

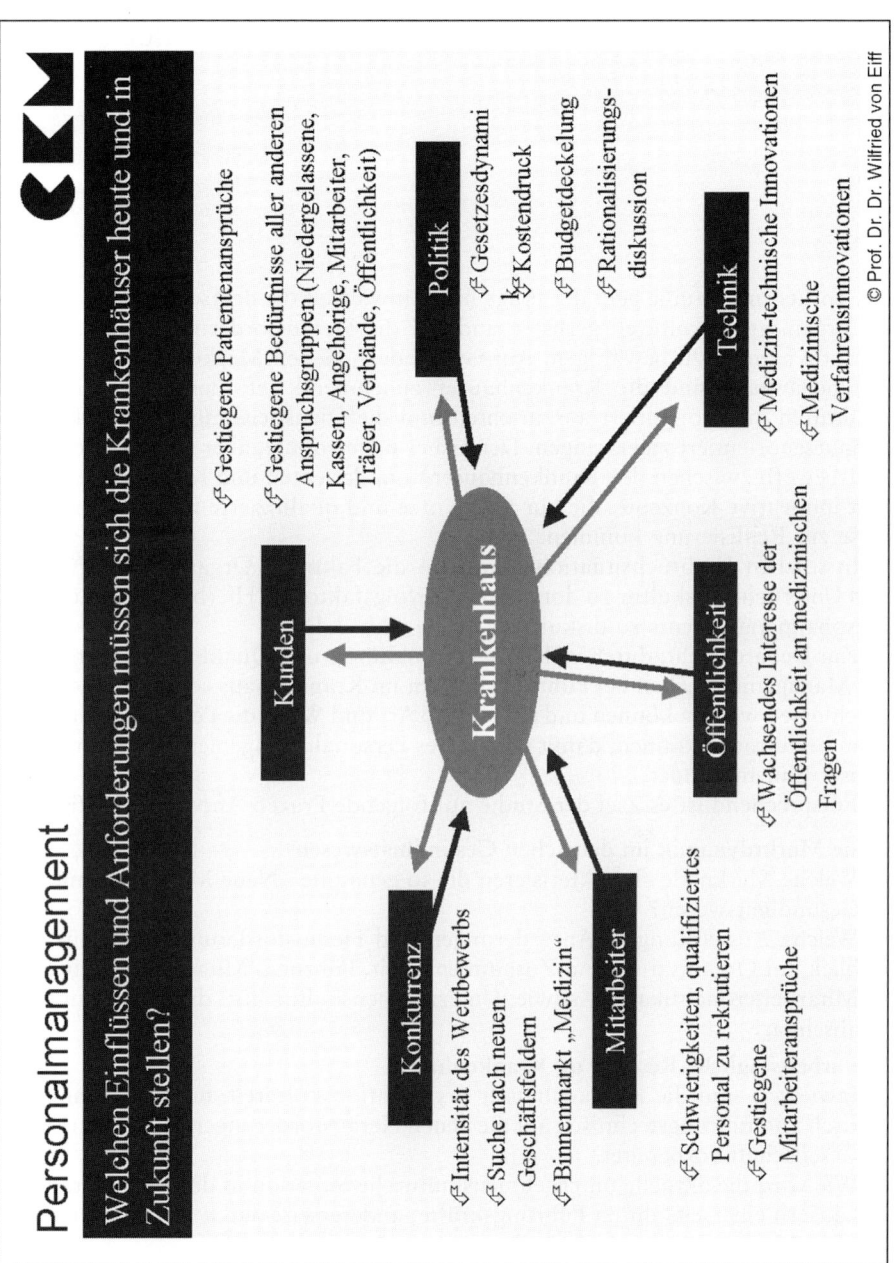

Abb. 1.18: Herausforderungen für das Personalmanagement.

2 Anlass, Ziele, Aufbau und Durchführung der Studie

Die vorliegende Studie geht der Frage nach, inwieweit die deutschen Krankenhäuser organisationskulturell gerüstet sind um die Herausforderungen der „Neuen Marktdynamik" zu bewältigen. Auf Grund der „Neuen Marktdynamik" im Gesundheitswesen sind die Krankenhäuser zunehmend gefordert ihre Leistungsstrukturen marktorientiert auszurichten und die Dienstleistungen verstärkt kundennutzenorientiert zu erbringen. Der bisher ungewohnte, aber intensiv werdende Wettbewerb zwischen den Krankenhäusern um Patienten und Kostenträger erfordert innovative Konzepte, die nur über kurze und qualifizierte Entscheidungsprozesse zur Realisierung kommen.

In solchen Umbruchsituationen werden die Faktoren Organisation, Führung und Unternehmenskultur zu dominanten Erfolgsfaktoren. Hierbei ist die Rolle des Personalmanagements zu diskutieren (siehe Abb. 2.1).

Zur Debatte steht, durch welche Weiterbildungs- und Qualifizierungsstrategien die Managementlücken bei Führungskräften im Krankenhaus schnell und effektiv geschlossen werden können und auf welche Art und Weise die Personalabteilungen dazu beizutragen können, damit ein aktives Personalmanagement in die Krankenhäuser Eingang findet.

Entsprechend ist es Ziel der Studie auf folgende Fragen Antworten zu finden:

Neue Marktdynamik im deutschen Gesundheitswesen
- Welche Merkmale charakterisieren die so genannte „Neue Marktdynamik" im Gesundheitswesen?
- Welche Auswirkungen, Anforderungen und Herausforderungen sind im Hinblick auf Organisation und Zusammenarbeit, Führung, Mitarbeitermotivation, Mitarbeiterqualifikation sowie Unternehmenskultur für die Krankenhäuser absehbar?

Die arbeitstägliche Realität im Krankenhaus
- Inwieweit sind die Krankenhäuser organisationskulturell, mental, organisatorisch und führungstechnisch auf die neuen Herausforderungen durch Markt und Gesellschaft vorbereitet?
- Wie wird die aktuelle unternehmenskulturelle Situation in deutschen Krankenhäusern einerseits durch Führungskräfte, andererseits durch Mitarbeiter eingeschätzt?
- Gibt es Unterschiede in der Unternehmenskultur zwischen deutschen Krankenhäusern und ausländischen Krankenhäusern und worauf sind diese Differenzen möglicherweise zurückzuführen?

Verbesserungspotenzial im Krankenhaus
- Inwieweit liegen Führungs- und Motivationslücken in deutschen Krankenhäusern vor?

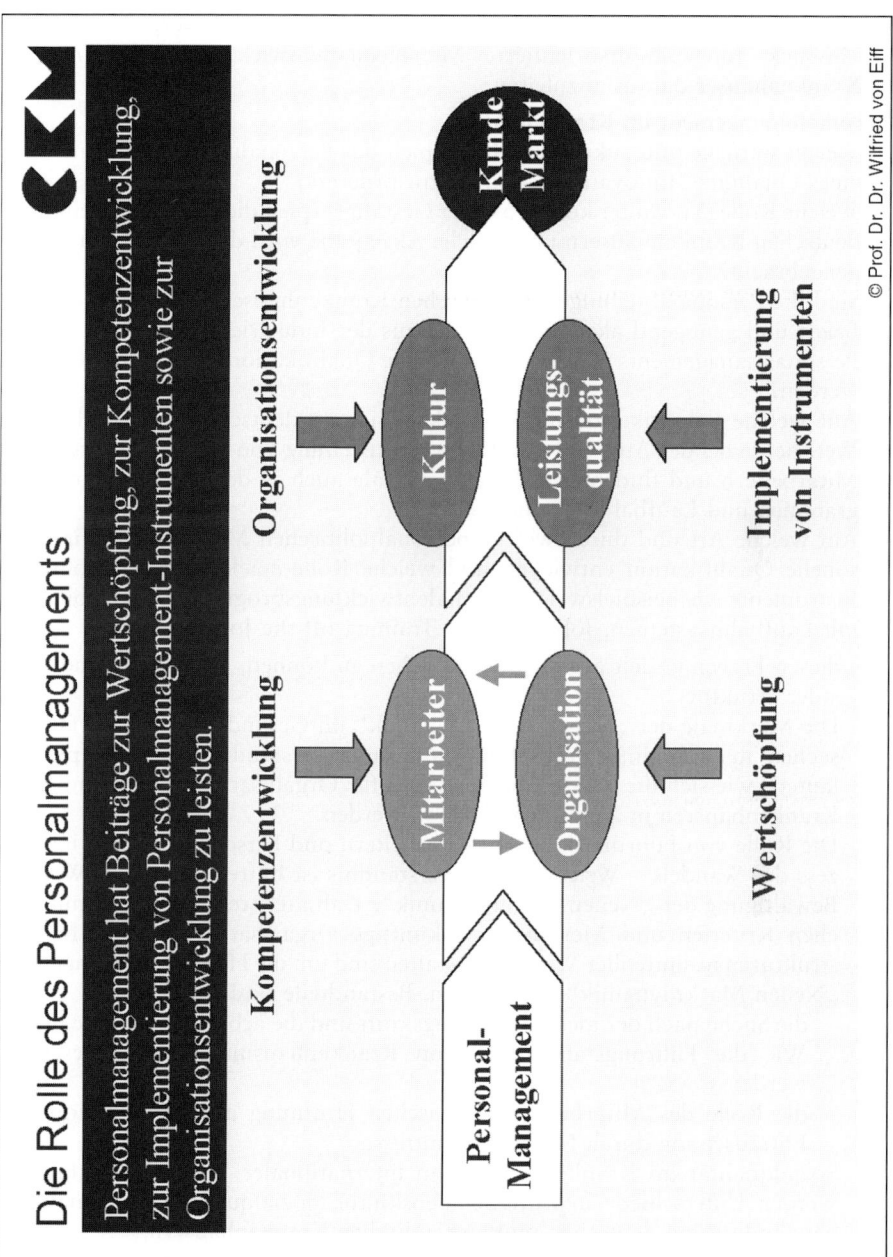

Abb. 2.1: Personalmanagement zielt auf die aktive, kundenorientierte Gestaltung der Effizienzbeziehungen zwischen den Organisationselementen Aufgabe, Person, Information und Sachmittel.

– Welcher Qualifikationsbedarf bzw. welche Qualifikationsschwerpunkte sind im Hinblick auf zukunftsorientierte Managemententwicklungsprogramme für Krankenhäuser daraus abzuleiten?

Personalmanagement im Krankenhaus
– Welche aktuelle und zukünftige Rolle spielt das Personalmanagement im Sinne eines Qualitäts-, Innovations- und Kulturförderers?
– Welche Rolle (Verwalter kontra aktiver Gestalter) spielt die Personalabteilung in deutschen Krankenhäusern und welche Akzeptanz wird dieser Funktion entgegengebracht?
– Sind die Personalabteilungen in deutschen Krankenhäusern ausreichend qualifiziert und genügend akzeptiert um die aus der Industrie bekannten Ziele des Personalmanagements zu erreichen? Welche Qualifikationen müssen aufgebaut werden?
– Auf welche Qualifikationsmerkmale legt man in deutschen Krankenhäusern Wert heute bei der Auswahl und Karrierebeurteilung von Führungskräften und Mitarbeitern und finden sich diese Merkmale auch in den Qualifikationsprogrammen und Laufbahnsystemen wieder?
– Auf welche Art und durch welche personalpolitischen Maßnahmen wird personelle Qualifikation entwickelt und welche Rolle spielen personalpolitische Instrumente wie beispielsweise Personalentwicklungsprogramme in Verbindung mit Laufbahnsystemen, Job Rotation, Training-off-the-Job, etc.?

Um diesen Fragen gezielt auf den Grund gehen zu können, basiert die Studie auf folgender Struktur:

(1) Die Merkmale der „Neuen Marktdynamik" im Gesundheitswesen – Die Ursachen im Paradigmenwechsel im Managementverständnis. Dieses Kapitel erläutert, wie sich die Rahmenbedingungen für Organisation und Führung von Krankenhäusern in Zukunft verändern werden.

(2) Die Rolle von Führungskräften, Mitarbeitern und Personalabteilung im Prozess des Wandels – Welches Rollenverständnis ist hilfreich auf dem Weg zur Bewältigung der „Neuen Marktdynamik"? Dahinter steht die Frage, mit welchen Kriterien und Merkmalen zukünftige Organisations- und Führungsstrukturen in sinnvoller Weise zu gestalten sind um die Herausforderungen der „Neuen Marktdynamik" zu bestehen. Bestandteile sind:
   – die Suche nach der idealen Führungskraft und die arbeitstägliche Realität – Wie die Führungsfähigkeiten von Krankenhausmanagern eingeschätzt werden sowie
   – die Rolle des Mitarbeiters – Zwischen Hoffnung auf Partizipation und Enttäuschung durch Lippenbekenntnisse.

(3) Sozialqualität im Krankenhaus – Ein internationaler Vergleich. Aufgezeigt werden Unterschiede in Unternehmenskultur, Sozialqualität und Qualitätsverständnis von deutschen und ausländischen Krankenhäusern.

(4) Leistungsprofil eines zielführenden Personalmanagements im Krankenhaus. Gefragt wird, durch welche Maßnahmen die Führungs- und Motivationslücke geschlossen werden kann.

Die Studie besteht aus mehreren Teilstudien: Zum einen wurden 39 Personal- und Verwaltungsleiter mit einem umfangreichen standardisierten Fragebogen zu folgenden Themen befragt:

- Fakten und Trends, die die Entwicklung des Gesundheitswesens und die Markt-
  strukturen für Krankenhäuser in Zukunft beeinflussen;
- Auswirkungen dieser Trends;
- Wandel der Anforderungen an Führungskräfte und Mitarbeiter;
- Rolle des Personalmanagements im Prozess des organisatorischen und kulturel-
  len Wandels in den Krankenhäusern;
- Aktuelle und geplante Personalentwicklungsmaßnahmen;
- Organisation, Aufgaben und Ausrichtung der Personalabteilung sowie
- Rolle der Arbeitnehmervertretungen bei der Personalarbeit.

Die Untersuchungen wurden anhand verschiedener miteinander kombinierter Be-
fragungsmethoden durchgeführt (siehe Abb. 2.2). Dabei wurde die durchgeführte
Fragebogenaktion durch 28 vertiefende persönliche Interviews ergänzt.

Zudem wurden seit 1994 fast 50 Workshops mit insgesamt 555 Führungskräften und Mitarbeitern aus 163 Krankenhäusern durchgeführt. Themenschwer-
punkte waren:

- Unternehmenskultur,
- Führungstechnik und Führungsverhalten,
- Organisation, Logistik,
- Qualitätsmanagement,
- Motivation,
- Kommunikation.

Durch Einsatz der Metaplan-Technik bestand die Möglichkeit über eigene Erfahrungen der Motivation und Führung vor dem Hintergrund einer Gruppenreflexion
zu berichten. Auch Methoden der Projektionstechnik, der Konfrontationsinter-
vention und Inzidenzabfragen, in denen Organisationsfamilien nach ihren Moti-
vationserfahrungen, ihrem Motivationsverständnis und ihrer Organisationskultur
befragt wurden, wurden als Quelle herangezogen. Ziel dieser Methoden ist der
Abgleich des Verständnisses von Motivation und Führung seitens der Führungskräfte mit dem der Mitarbeiter.

Befragt wurden außerdem 41 Ärzte, die sowohl in deutschen als auch in ausländischen Krankenhäusern gearbeitet haben und über kulturelle Unterschiede berichten konnten. Diese Befragung wurde anhand eines standardisierten Fragebo-
gens durchgeführt sowie durch ergänzende Einzelinterviews flankiert. Ziel war der
Vergleich der Sozialqualität im In- und Ausland.

Befragte Personen stammten aus allen Berufsgruppen und aus verschiedenen
Bereichen der Krankenhäuser. Es wurden nicht nur Akutkrankenhäuser unterschiedlichster Größe (68–2084 Betten) organisationskulturell analysiert, sondern
auch Rehabilitations- und Psychiatrische Kliniken. Somit konnten unterschiedliche
Verhaltens- und Kommunikationsmuster erkannt werden. Den unterschiedlichen
Berufsgruppen konnten die Antworten anderer Berufsgruppen zur Kommentierung
wieder zurückgespielt werden.

Schließlich wurde eine standardisierte Trailerabfrage zur Einschätzung des Zu-
sammenarbeitsverhältnis der im Krankenhaus tätigen Berufsgruppen auf diversen
Kongressen (z. B. Mara-Kongresse 1996, 1998 und 1999), krankenhausinternen
Seminaren und Jahrestagungen verschiedener Verbände (z. B. Diakonie) sowie unterschiedlicher Trägerorganisationen verwendet: insgesamt über 3.500 Krankenhausmitarbeiter gaben auf diese Weise ihre Einschätzung ab (siehe Abb. 2.3).

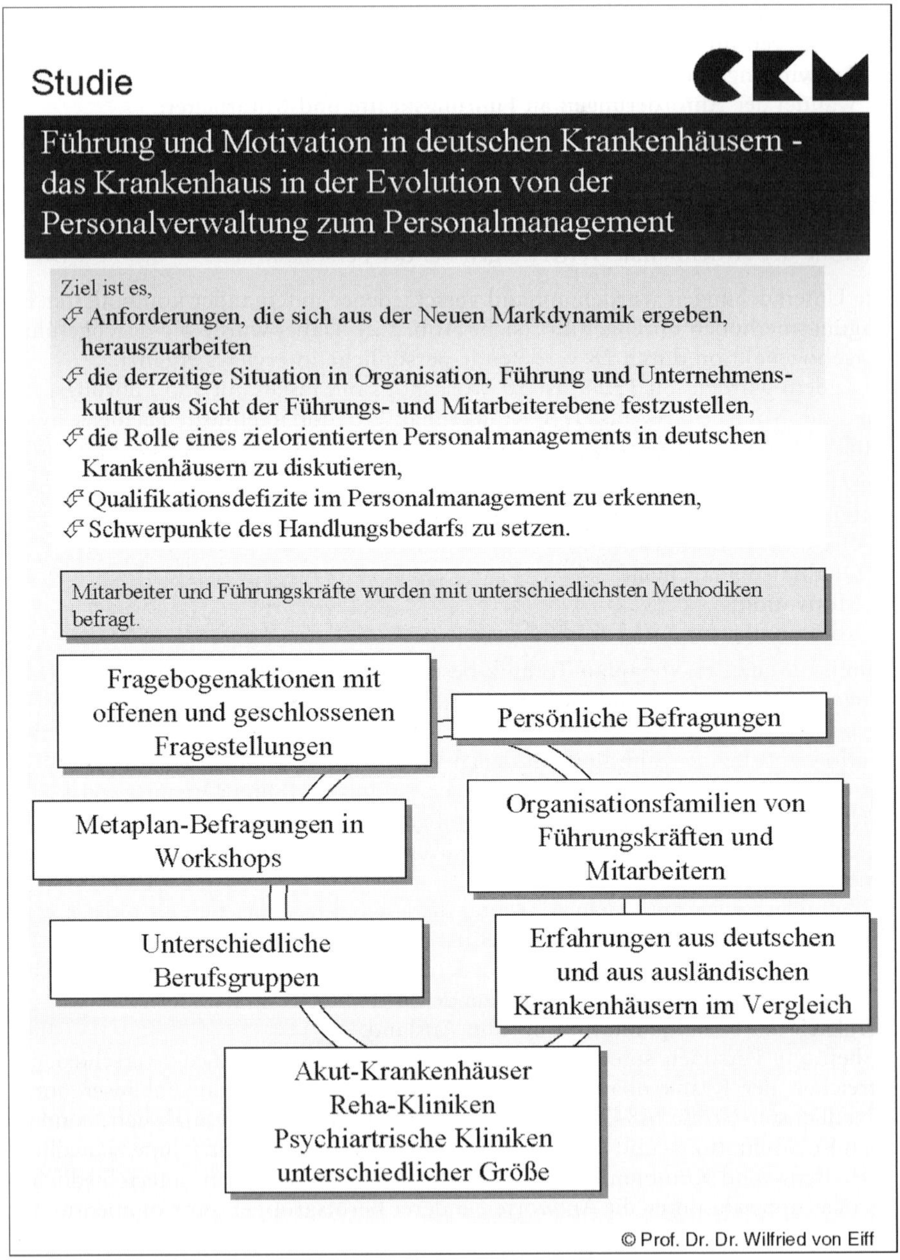

Studie **CKM**

Führung und Motivation in deutschen Krankenhäusern - das Krankenhaus in der Evolution von der Personalverwaltung zum Personalmanagement

Ziel ist es,

✍ Anforderungen, die sich aus der Neuen Markdynamik ergeben, herauszuarbeiten

✍ die derzeitige Situation in Organisation, Führung und Unternehmens- kultur aus Sicht der Führungs- und Mitarbeiterebene festzustellen,

✍ die Rolle eines zielorientierten Personalmanagements in deutschen Krankenhäusern zu diskutieren,

✍ Qualifikationsdefizite im Personalmanagement zu erkennen,

✍ Schwerpunkte des Handlungsbedarfs zu setzen.

Mitarbeiter und Führungskräfte wurden mit unterschiedlichsten Methodiken befragt.

Fragebogenaktionen mit offenen und geschlossenen Fragestellungen

Persönliche Befragungen

Metaplan-Befragungen in Workshops

Organisationsfamilien von Führungskräften und Mitarbeitern

Unterschiedliche Berufsgruppen

Erfahrungen aus deutschen und aus ausländischen Krankenhäusern im Vergleich

Akut-Krankenhäuser Reha-Kliniken Psychiartrische Kliniken unterschiedlicher Größe

© Prof. Dr. Dr. Wilfried von Eiff

Abb. 2.2: Ziele und Durchführung der CKM-Studie.

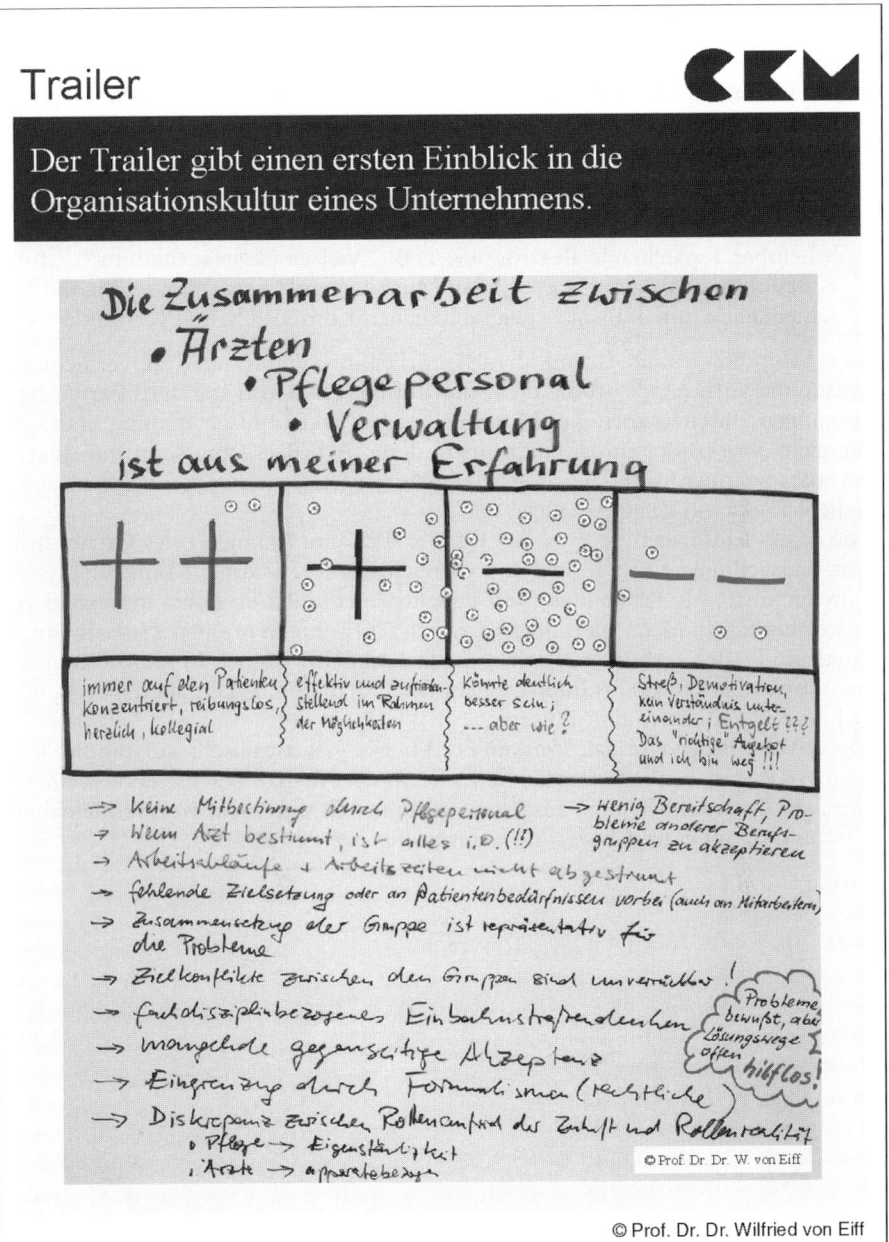

Abb. 2.3: Trailer-Abfragen in OE-Workshops sowie auf Kongressen, Strategietagungen und im Rahmen von Programmen zur Entwicklung der Unternehmenskultur in Krankenhäusern sind der erste Schritt zur Kulturdiagnose.

Methodisches Vorgehen

Befragungen auf der Basis von Fragebögen und/oder strukturierten Interviews haben im Bereich der empirischen Sozialforschung einen äußerst eingeschränkten Informationswert und verleiten nicht selten zu Fehlinterpretationen. Dies hat zwei Gründe:

– Die Sprache ist nicht so präzise, als dass nicht unterschiedliche Auslegungen möglich wären;
– Scheinbar feststehende Begriffe wie z. B. „Vielseitigkeitsausbildung", „Job Rotation", „Reengineering", „Lean Management" werden mit völlig unterschiedlichen, um Teil sogar gegensätzlichen Konzeptinhalten verstanden.

Um Fehlschlüsse auf Grund derartiger Fehlinterpretationen zu vermeiden, wurde die vorliegende Studie nicht nur auf der Basis von standardisierten Befragungen durchgeführt; im Mittelpunkt der Erkenntnisgewinnung standen vielmehr Workshops mit Kleingruppen, deren Arbeitsergebnisse in Informationsmärkten oder in Reflektionsgesprächen mit Referenzgruppen auf den sachlichem Prüfstand gelegt wurden.

Die ersten Kulturanalysen wurden im Jahr 1987 im Rahmen eines Organisations-Entwicklungs-Programms im Bereich von Diakonie-Krankenhäusern durchgeführt. Als Erhebungs- und Diagnosemethoden kommen insbesondere Instrumente aus dem Methodenvorrat der OE-Interventionen (Sozialbilanz-Analyse, Trailer-Techniken, Projektionstechnik, Utopiespiel, Inzidenzabfragen, etc.) sowie das Continous Improvement der US/japanischen Qualitätsbewegung (Ishikawa; 5-W; etc.) zum Einsatz.

Diese Vorgehensweise des „Survey-Feed-backs" ist zwar sehr aufwändig, garantiert aber, dass alle Befragten bzw. alle an der Analyse Beteiligten von einem gleichen Grundverständnis ausgehen, sodass auch die Antworten vergleichbar sind und damit einer Clusterung unterworfen werden können.

3 Die Neue Marktdynamik im deutschen Gesundheitswesen

3.1 Veränderte Rahmenbedingungen

Ähnlich wie in verschiedenen Branchen der Industrie und des Handels wie z. B. im Maschinenbau, in der Automobilindustrie oder der Glas-Porzellan-Keramik-Branche hat sich auch im Gesundheitswesen eine „Neue Marktdynamik" entwickelt, die die typischen Merkmale eines Verdrängungswettbewerbs aufweist.

(1) Wesentlicher Dynamikfaktor ist der Trend zur ambulanten Diagnose, Therapie- und Rehabilitationsleistungen, wodurch niedergelassene Ärzte, Krankenhäuser, ambulante Operationszentren und Rehabilitationszentren zu Konkurrenten werden.

(2) Eine zusätzliche Dynamik der Leistungsstrukturen wird durch das Prinzip der Versorgungskaskade ausgelöst: durch transparente, überprüfbare Merkmalisierungsentscheidungen des Arztes wird der Patient in die jeweils kostengünstigere Versorgungsstufe dirigiert.

(3) Die Fortschritte in Medizintechnik und Pharmazie erlauben belastungsreduzierte Diagnosen und Therapien für den Patienten und ermöglichen neue Formen der Ablauforganisation sowie der berufsgruppenübergreifenden Zusammenarbeit.

(4) Dynamikauslöser ist auch das neue Management-Paradigma steigende Versorgungsqualität bei tendenziell sinkenden Kosten zu realisieren. Die Krankenhäuser werden durch den Übergang zum Preisprinzip gezwungen, alle Rationalisierungsreserven für Kostensenkung und Qualitätssteigerungen, aber auch zur Finanzierung zukunftsweisender minimalinvasiver Technologien nutzbar zu machen.

(5) Dynamische Impulse gehen auch von der erklärten Strategie des Gesetzgebers aus, durch ständige krankenhausübergreifende Leistungsvergleiche § 5 BPflV und Benchmarking-Projekte nach § 26 BPflV bzw. § 63 SGB V schrittweise zu medizinisch abgesicherten, ökonomischen Leistungs- und Entgeltstrukturen (insbesondere Fortschreibung von Fallpauschalen und Sonderentgelten) vorzustoßen.

(6) Insbesondere die Wettbewerbsdynamik wird durch
   – Konzentrationstendenzen und Bildung von vertikalen Anbieternetzwerken (Kapital- und Leistungsverflechtung von Ambulanzentren, Akutkrankenhäusern, Reha-Kliniken und Pflegeeinrichtungen) durch
   – Zufluss von ausländischen Kapitalanlagen sowie durch
   – Europäisierung der Leistungsangebote (z. B. Rehabilitation auf Mallorca) immer komplexer.

(7) Managed Care-Tendenzen sind unverkennbar: Das Gesundheitsreformprogramm 2000 sieht eine monistische Finanzierung für Krankenhäuser (=Investitions- und Betriebskostenfindung über Preise) vor, setzt auf Gatekeeper-Modelle zur Patientensteuerung im regionalen Gesundheitsnetzwerk und präferiert Einkaufsmodelle für die Krankenkassen.

3.2 Konsequenzen für die Krankenhäuser

Im Gesundheitswesen produziert die „Neue Marktdynamik" für die Krankenhäuser eine grundlegende strategische Zieldisharmonie (siehe Abb. 3.1), wobei der Versicherte mit seiner Nulltarifillusion, der Politiker mit seinen unpräzisen Solidaritätsmaximen und der Gesetz- und Verordnungsgeber für Richtung und Intensität dieser Dynamik impulsgebend sind.

Einerseits steigen die Anforderungen an die Versorgungsqualität. Dadurch nimmt die High Tech-Orientierung in der Medizin zu (Trend zu nicht- bzw. minimalinvasiven Verfahren in Diagnose und Therapie). Diese Art von Medizin ist aber auch nur noch durch hoch qualifiziertes medizinisches und paramedizinisches Personal sicherzustellen. Dieses Zusammenwirken unterschiedlichster Know-how-Träger erfordert Teamarbeitsprozesse bei steigender Kommunikationsintensität.

Andererseits zwingt der Verdrängungswettbewerb die Krankenhäuser dazu, mit einem flexiblen und von seiner Spezialität her gesehen vorzugswürdigen Leistungsangebot um den Patienten zu werben. Ständiges Benchmarking und Orientierung an „Best Practices" soll die Kosten mindern, ohne in eine Billigmedizin abzugleiten.

Durch Benchmarking zur „Besten Praxis": besser werden durch Vergleich mit den Besten (siehe Abb. 3.2).
- Eine Best Practice nennt man solche vorzugswürdigen unternehmerischen Leistungen, durch die Qualität (Struktur-, Prozess-, Sozial-, Ergebnisqualität) erhöht, Kosten gesenkt und die Kundenorientierung innerhalb und außerhalb des Krankenhauses ausgeprägter bzw. deutlicher erlebbar wird.
- Best Practices sind punktuelle Innovationsleistungen mit einem in der Praxis bewährten Resultat, durch das die Wertschöpfung hinsichtlich des Kunden einer Organisation gesteigert wird.
- Best Practices sind im Wesentlichen organisatorische Innovationen, die dazu beitragen, das eigentliche Kerngeschäft (Patientenversorgung Versorgungsauftrag) noch zielführender und kostengünstiger zu erbringen bzw. das Kerngeschäft von artfremden Kostenbelastungen (Umlagen) zu entlasten sowie von nicht wertschöpfenden Eingriffen Dritter freizuhalten.
- Best Practices sind charakterisiert durch den Willen etwas zu verbessern. Sie beziehen sich auf eine ungewöhnliche, aber in ihrer Einfachheit bestechende Problemlösungsidee, ein konsequentes Realisierungsmanagement.

- Best Practices können einerseits einfache, aufwandsminimale Verbesserungen von Details im Tagesgeschäft sein, andererseits repräsentieren Best Practices auch ganzheitliche Konzepte, die ein völlig neues Denken und Handeln voraussetzen (Quantensprung).
- Die gezielte Suche nach Best Practices sowie deren konsequente Realisierung ist vorwiegend das Kennzeichen von Krankenhäusern mit einer offenen Netzwerkkommunikation sowie einer konstruktiven Fehlerkultur. Der Nutzen aus der Übertragung einer Best Practice bleibt solchen Krankenhäusern verschlossen, deren Mitarbeiter grundsätzlich der Meinung sind, sie würden bereits alles bestens erledigen oder die behaupten eine gezeigte Best Practice „dem Grund nach bereits seit Jahren" zu praktizieren. Die Übertragung von Bestleistungen ist auch dort zum Scheitern verurteilt, wo man mit einem lapidaren: „Das kann in der Praxis nicht funktionieren, das ist doch Theorie", um jeden Preis bestrebt sind den Status quo aufrechtzuerhalten.
- Best Practices können Skeptiker und Ängstliche überzeugen neue Wege zu beschreiten. Das Risiko organisatorischer und kultureller Veränderungen wird durch Best Practices kalkulierbar. Bestleistungen geben nämlich nicht nur Hinweise auf praxiserprobte Lösungen, sondern sie vermitteln Informationen über Management- und Organisationsfehler während des Realisierungsprozesses, die man selbst vermeiden kann.

Wilfried von Eiff (1994)

Diese Zieldisharmonie zwischen „Design-to-Quality" vs. „Design-to-Cost" ist nur durch Mobilisierung des bestmöglichen technologischen medizinischen und insbesondere organisatorischen Know-hows aufzulösen.

Aus den Anforderungen der neuen Marktdynamik und den strategischen sowie organisatorischen Konsequenzen wird deutlich, dass Aktivierung des bestmöglichen technologischen, medizinischen und organisatorischen Know-hows bei zeitoptimaler Organisation von Leistungsprozessen sowie Patientenwirksamkeit bei „Produkt" und „produktnaher" Dienstleistung zu Erfolgsfaktoren eines Krankenhauses werden.

Zur Bewältigung der Management-Herausforderungen des GSG sind die Krankenhäuser zu einer neuen Art dynamischen, auf schnelle Resultaterzielung ausgelegten Lernens gefordert: Das bestmögliche, in Wettbewerbsvorteile transformierbare, zur Verhinderung von Wettbewerbsnachteilen mobilisierbare Experten- und Problemlösungswissen muss schnellstmöglich, mit geringstem Aufwand, bei überschaubarem Risiko des Scheiterns zur Wirkung gebracht werden.

Es geht also um die Fähigkeit, Bestleistungen anderer Krankenhäuser, aber auch Bestleistungen aus anderen Branchen, zu erkennen auf die eigene Situation anzupassen und zu einer eigenen Bestleistung weiterzuentwickeln.

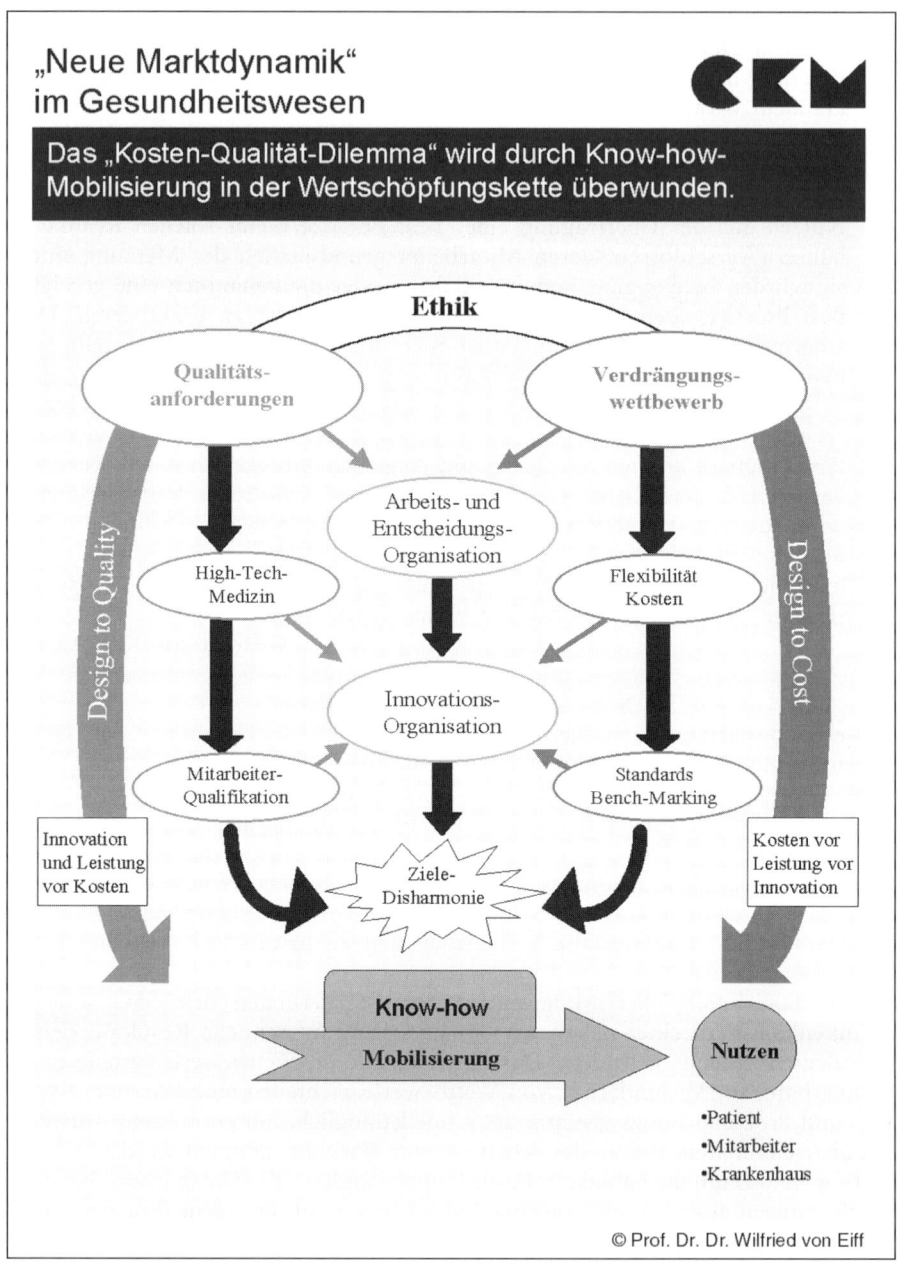

Abb. 3.1: Die „Neue Marktdynamik" im Gesundheitswesen produziert für die Krankenhäuser eine grundlegende strategische Zieldisharmonie: Kosten versus Qualität.

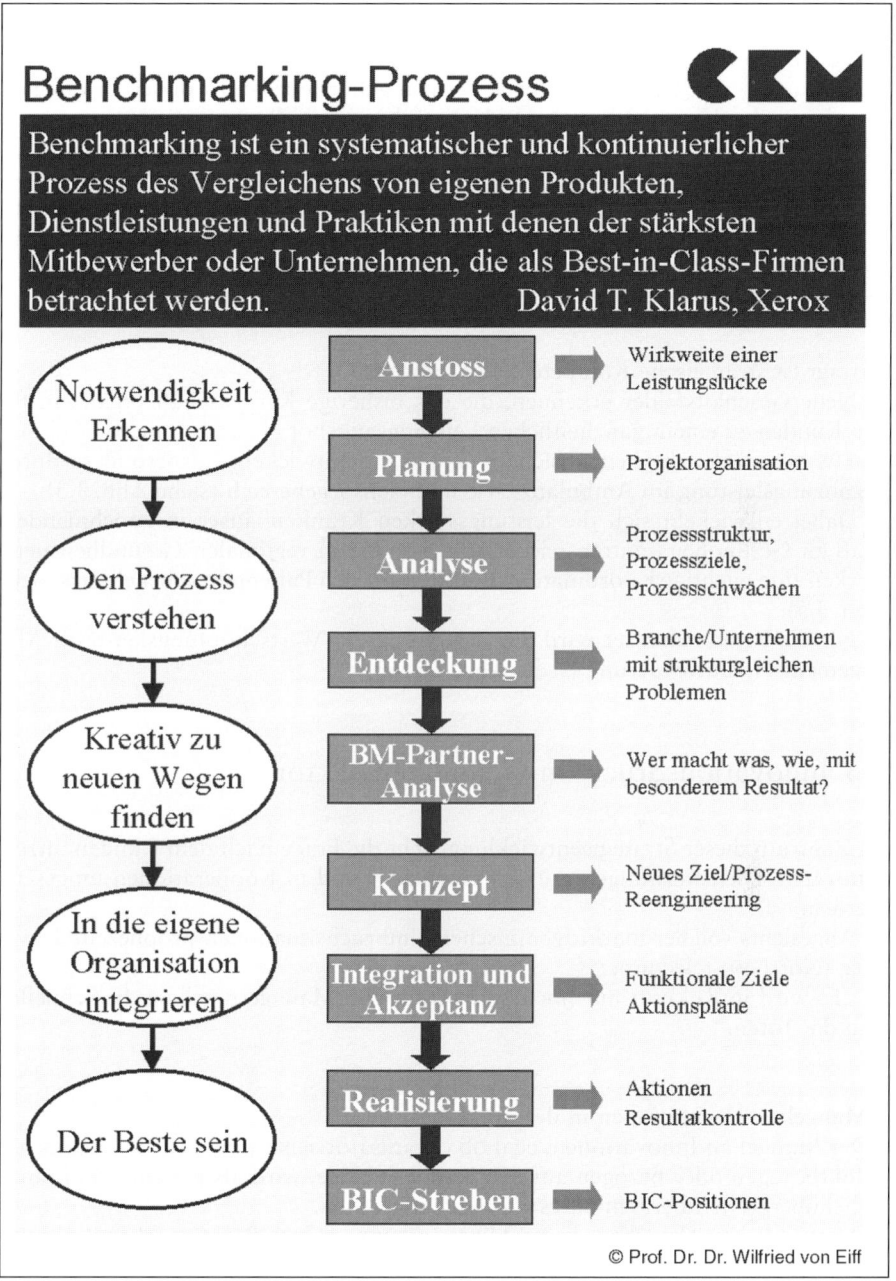

Abb. 3.2: Die Benchmarking-Companies steuern den Suchprozess nach der „Besten Praxis" konsequent auf Basis einer transparenten Methode.

Personalmanagement ist gefordert, ...
... die Lern- und Wissenstransferprozesse im Unternehmen zu organisieren. Die Initiierung von Qualitätszirkelprogrammen gehört ebenso zu dieser „Strategie des lernenden Unternehmens" wie die Einführung von Benutzer-Servicegruppen für Informationstechnologien, die Förderung von Informations-Märkten sowie die systematische Entwicklung einer Benchmarking-Kultur. Von zentraler Bedeutung wird die Anwendung von Methoden der zielgerichteten Kreativität, um insbesondere durch generisches (also branchenübergreifendes) Benchmarking zu sog. „Breakthrough Innovations" zu gelangen.

Gefragt ist strategische Kompetenz der Führung:
Neue Geschäftsfelder erkennen, die das bisherige Kerngeschäft ergänzen, für den Kunden zu einem ganzheitlichen Leistungsangebot abrunden und die zukünftige Wettbewerbsfähigkeit absichern und weiterentwickeln: insbesondere durch Ergänzungsleistung im Ambulanz- wie im Nachsorgebereich (siehe Abb. 3.3).

Dabei entwickeln sich die leistungsstarken Krankenhäuser in zunehmendem Maß zu Gesundheitszentren (siehe Abb. 3.4) die in regionalen Gesundheitsnetzwerken eine wichtige Koordinationsfunktion für den Patienten wahrnehmen (siehe Abb. 3.5).

Für die Krankenhäuser wird die Gestaltung der Wertschöpfungskette zur Management-Herausforderung (siehe Abb. 3.6).

3.3 Innovationsdruck im Gesundheitssektor

Im Zentrum dieser Strategieentwicklung steht die Frage nach dem Kundennutzen. Innovative Dienstleistungen müssen entwickelt und in Kooperationen umgesetzt werden.

Angesichts solcher marktdynamischen Umbruchsituationen prophezeite David Vice (Northern telecom):

„Es wird in Zukunft nur noch zwei Arten von Managern geben: die Schnellen und die Toten."

Mangel an Innovationen in der Wirtschaft
Der Mangel an Innovationen, egal ob organisatorischer oder sozialer Art, produktbezogen oder bezogen auf den Kundenservice, wird als personelles, branchenübergreifend erkennbares Problem angesehen.
Die wirklichen Ursachen dieser Misere erkennt Dieter Brandes (ehem. ALDI-Manager) in mangelhafter Auseinandersetzung des Managements mit strategischen Fragen, in Führungs- und Organisationsmängeln und in der mangelhaften Ausschöpfung der Kreativität der Mitarbeiter. Diese Mängel in der Mitarbeiterführung bewirken offenbar eine Unternehmenskultur der schrittweisen Demotivation und Gleichgültigkeit gegenüber dem Unternehmen.

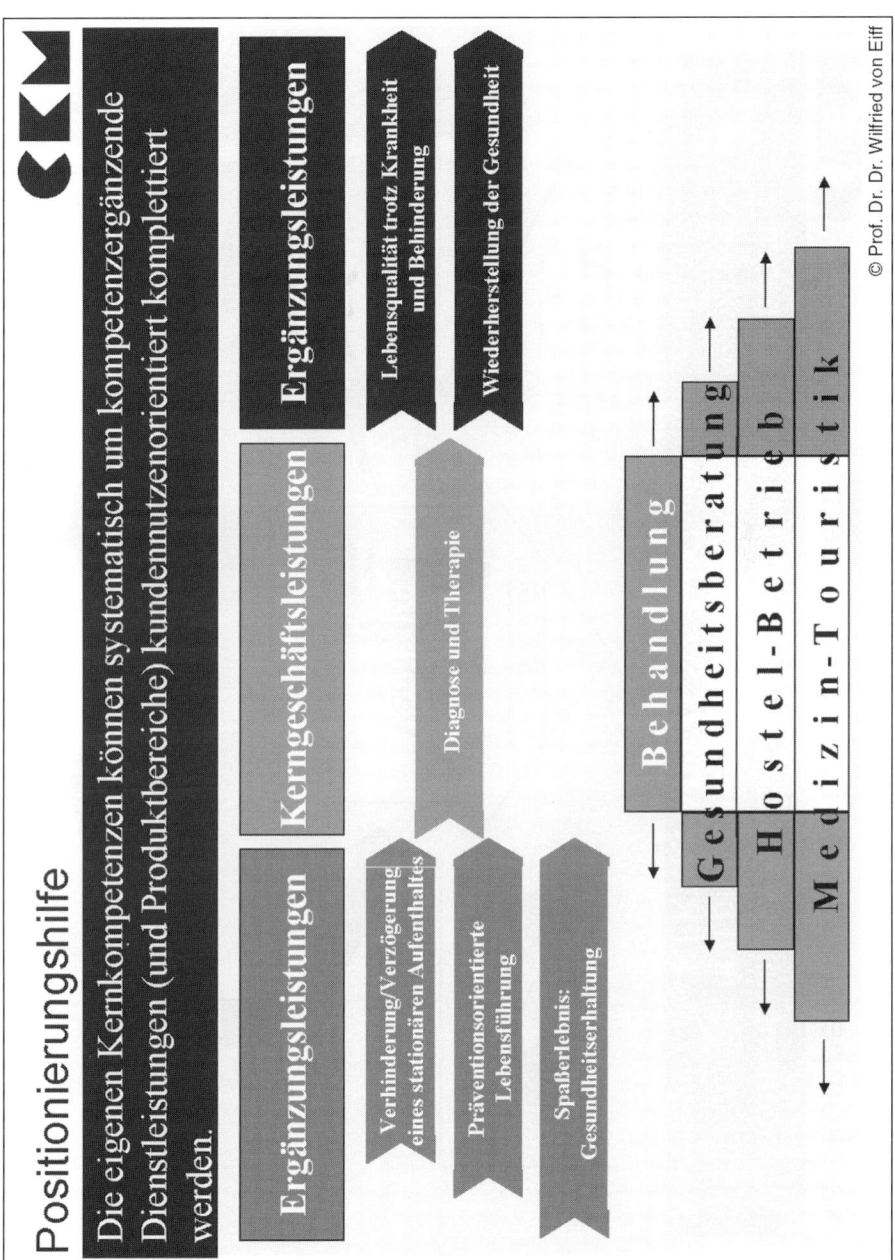

Abb. 3.3: Die Kernkompetenzen eines Krankenhauses müssen sich angesichts der „Neuen Marktdynamik" entlang der Wertschöpfungskette entwickeln und dürfen sich nicht auf die traditionellen Funktionsschwerpunkte konzentrieren.

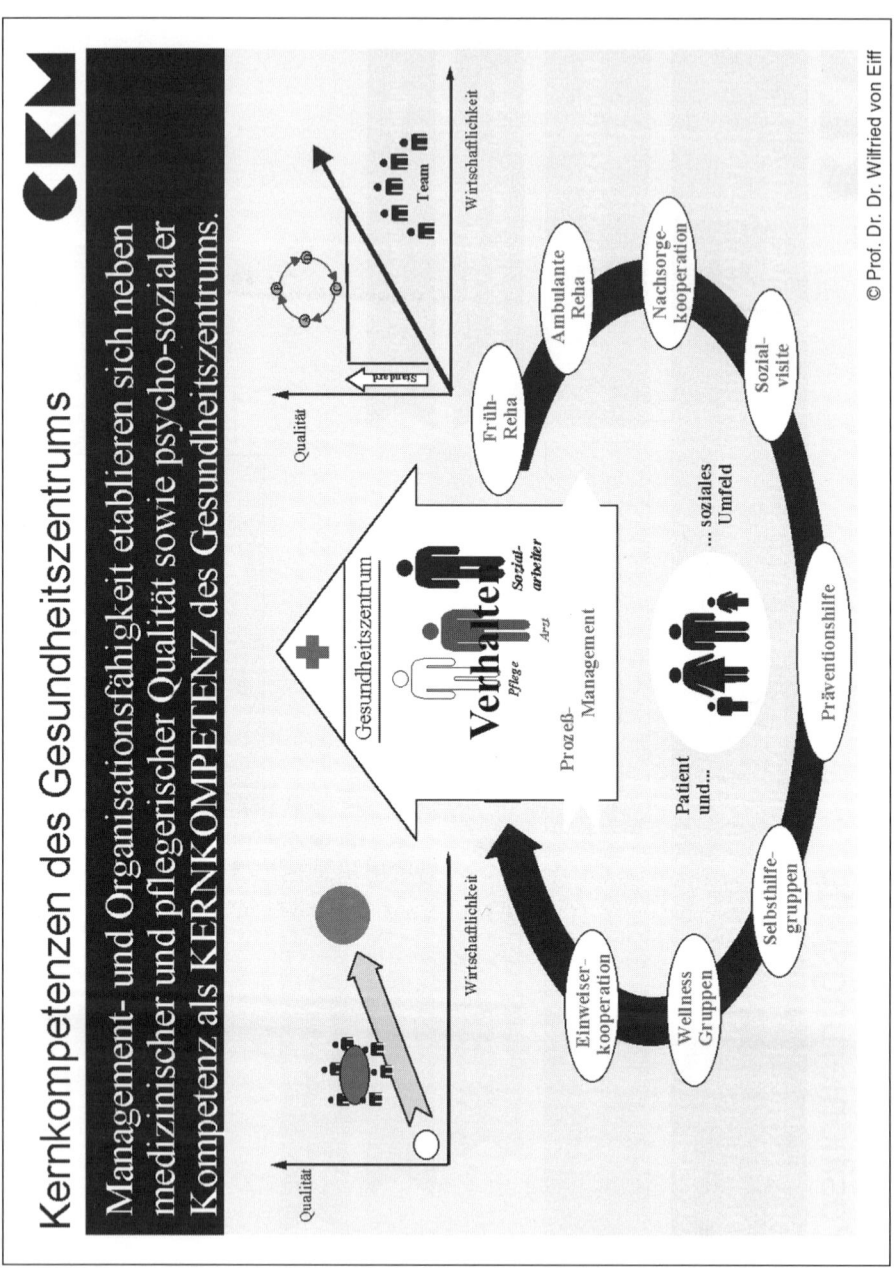

Abb. 3.4: Das Krankenhaus als Gesundheitszentrum übernimmt die Rolle des Patienten-koordinators im regionalen Gesundheitsnetzwerk.

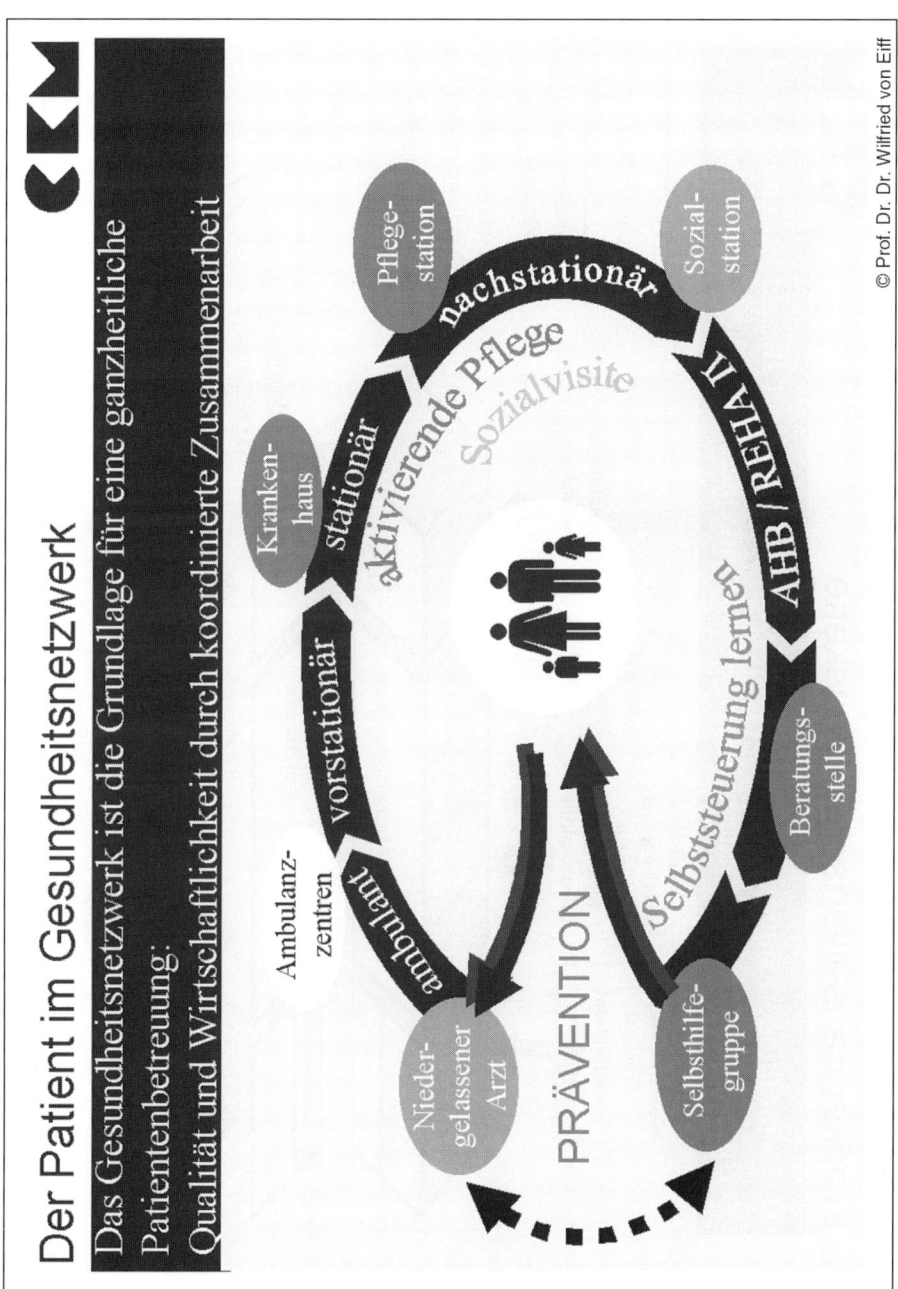

Abb. 3.5: Im regionalen Gesundheitsnetzwerk arbeiten alle relevanten Leistungsanbieter für einen Fall koordiniert zusammen.

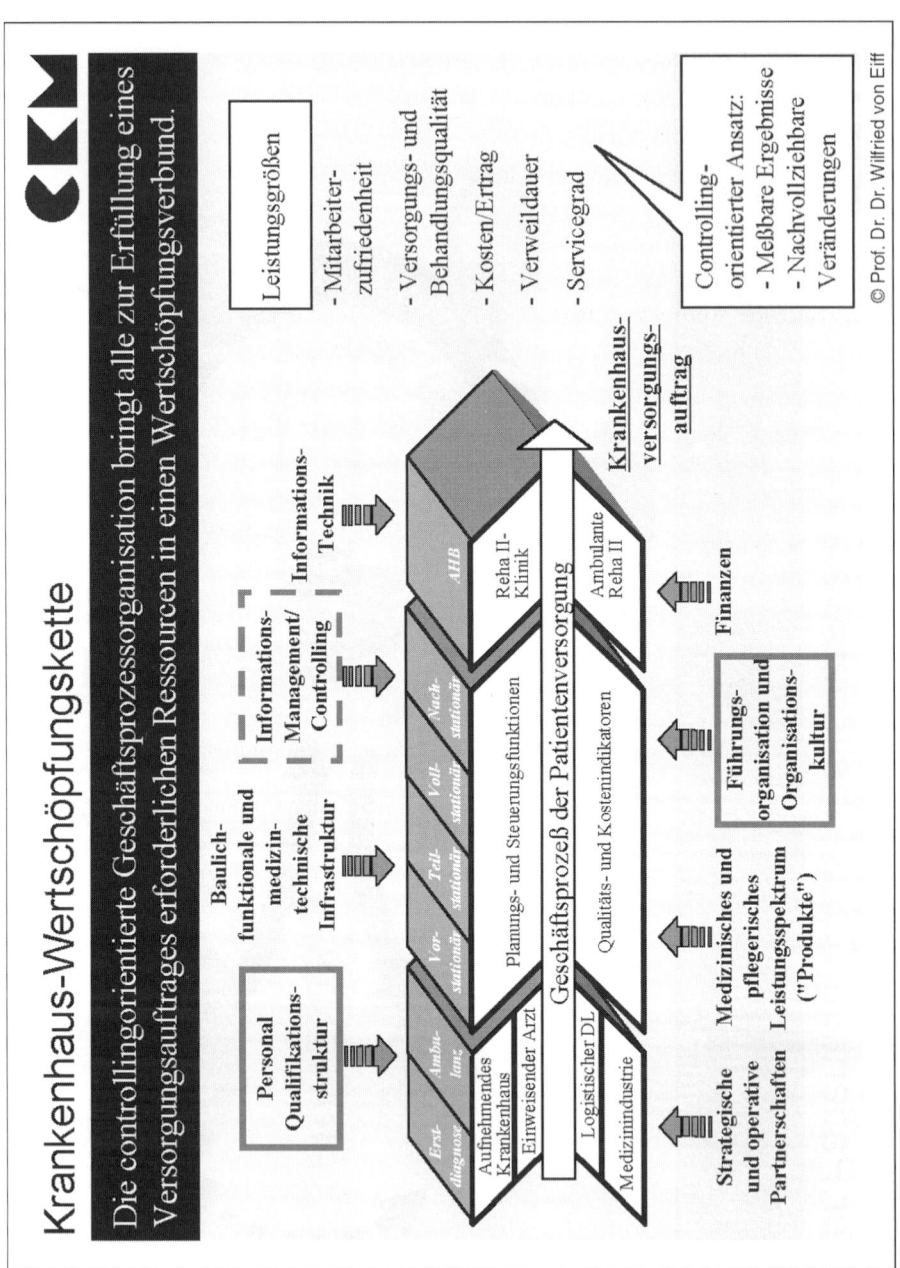

Abb. 3.6: Das Management der Wertschöpfungskette wird zur Herausforderung der Krankenhaus-Führungskräfte: Personalmanagement bildet einen Teil der Infrastruktur einer Wertschöpfungskette.

Zum einen diejenigen, die schnell entscheiden und umsetzen und zum anderen diejenigen, die abwarten und lediglich auf ihr Umfeld reagieren. Wer mit offenen Augen und wachem Sinn die tägliche Informationsvielfalt zielgerichtet sichtet und kritisch reflektiert, dem fallen „unglaubliche" Trendreaktionen auf:

- Apotheken orientieren ihr Geschäftsfeld um. Sie beschränken sich nicht mehr auf den Verkauf von Medikamenten über die Ladentheke an Kunden, die die Apotheke aufsuchen um ihr Rezept einzulösen. Die Apotheke arbeitet mit bestimmten niedergelassenen Ärzten zusammen.
  Besucht ein Bewohner eines Altersheims einen solchen Arzt, so erhält der kooperierende Apotheker direkt per Fax oder eMail Rezept und Dosierungsanweisung. Der alte Mensch kann direkt in sein Altersheim zurückgehen, er bekommt von dieser Apotheke die entsprechenden Medikationen evtl. sogar im sog. unit-dose-system auf sein Zimmer gebracht (Abb. 3.7). (Das unit-dose-system ist die therapieplan- und dosisgerechte Portionierung und Mengenbereitstellung von Medikamenten über einen festgelegten Terapiezeitraum (Tag, Woche,...) hinweg.)
- Kliniken, insbesondere im Kur- und Rehabilitationsbereich, erweitern ihr Angebot um eine „Tourismus-Variante": „Medizintourismus"; z. B. bietet IKD-Reisen über spezielle Newsletter Medizinischen Tourismus an. Dieser wird verstanden als Mittel zur strategischen Geschäftsfeldentwicklung (siehe Abb. 3.8).

Wahrlich „verrückte Zeiten": Im Gesundheitswesen hat sich – ähnlich wie zu Beginn der 90er-Jahre in der Autoindustrie und anschließend im Konsumgüterbereich sowie in verschiedenen Dienstleistungsbranchen – eine „Neue Marktdynamik" entwickelt, die bisher nicht gekannte Anforderungen an Organisation und Führung von Krankenhäusern stellt: Solche Krankenhäuser, die auf dem Weg zum Gesundheitszentrum sind, benötigen Innovations- und Entscheidungsstrukturen, die es ihnen ermöglichen schnell Ideen zu kreieren, aber diese Ideen auch schnell in marktwirksame Innovationen umzusetzen. Es nützt nichts eine gute Idee zu haben, die dann in der eigenen Organisation nicht umgesetzt werden kann, aber von einem anderen „Macher-Krankenhaus" aufgegriffen und realisiert wird.

Auch die Frage des Outsourcing stellt sich vor dem Hintergrund der „Neuen Marktdynamik" neu. Leistungen wie z. B. von Küche und krankengymnastischer Abteilung sollten nicht einfach unreflektiert an Dritte fremdvergeben werden; vielmehr ist zu prüfen, ob nicht ein eigenes Geschäftsfeld entwickelbar ist um diese (Add-Business) Leistungen professionell auch anderen Krankenhäusern anzubieten.

Geschäftsfelder und neue Märkte können auch durch horizontale und vertikale Kooperationen begründet werden: mit niedergelassenen Ärzten, an deren Praxisausstattung man sich als Krankenhaus beteiligt, mit Rehabilitations-Einrichtungen und anderen Akuthäusern. Diese Überlebensstrategien lange zu diskutieren ist höchst gefährlich. Denn jede Diskussion kann von der Konkurrenz genutzt werden schnell zu reagieren. Sogar schnell am Markt zu sein reicht nicht mehr als Überlebensstrategie aus; nur wer „schneller" schnell am Markt ist, dem bleibt das Schicksal des toten Managers erspart.

Gesundheitszentrum heißt auch das Krankenhaus in Richtung Kundenorientierung zu entwickeln. Kundenorientierung wird gelebt vor Ort, wird von dem gelebt, der mit dem Kunden unmittelbar in Kontakt steht. Kundenorientierung setzt daher

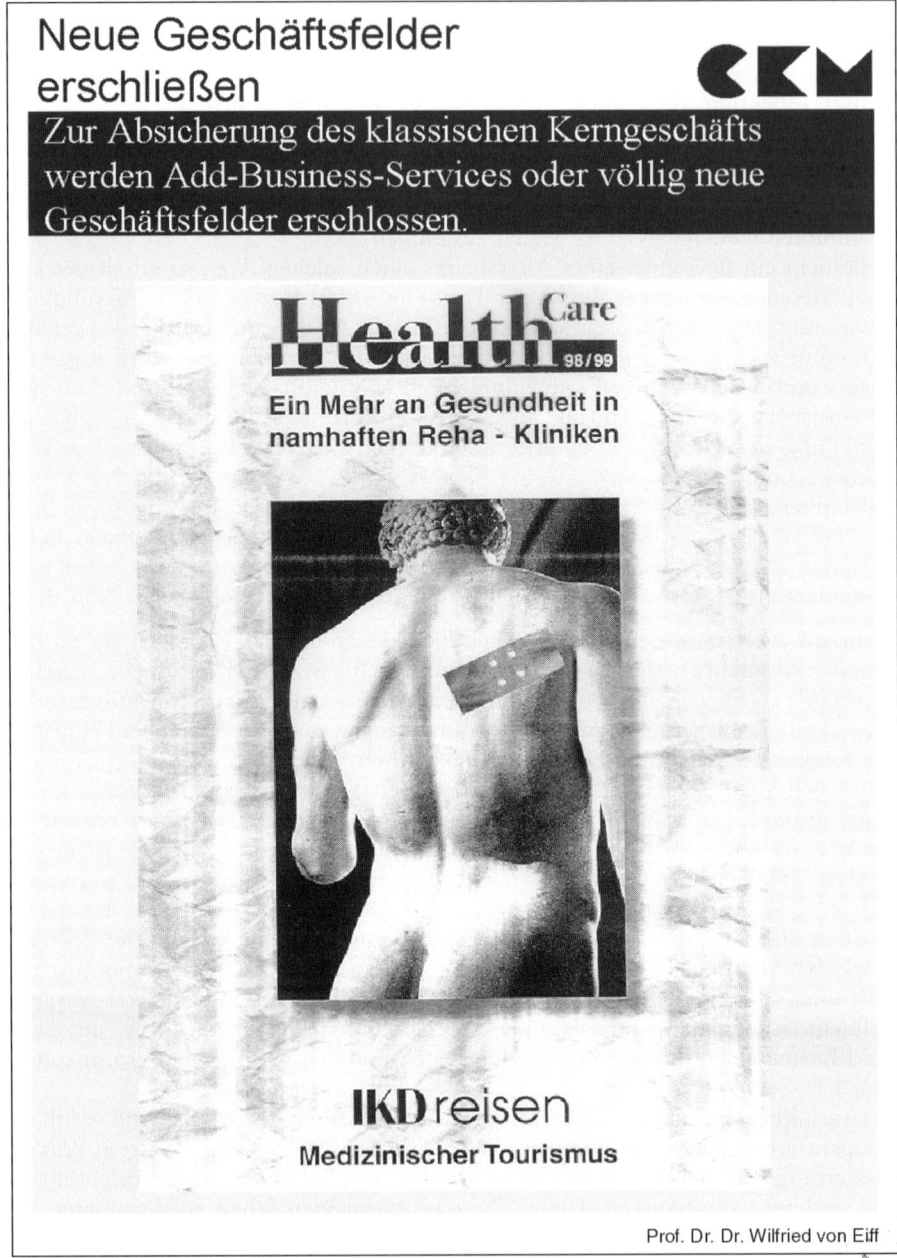

Abb. 3.7: Medizintourismus wird zum attraktiven Geschäftsfeld für Akut-Krankenhäuser und/oder Rehakliniken.

Ein neues Spiel entwerfen

Die Positionierung eines Unternehmens erfordert eine Neudefinition des Kerngeschäfts: von der Produktkompetenz zur Problemlösungskompetenz

 Kiepenkerl Apotheke

Kostenlose Überprüfung Ihres Blutzuckermeßgerätes

Mittwoch, 22. April 1998, 16 Uhr

Diabetikerbetreuung

— in der hausärztlichen Praxis

Dr. med. Wahle,
Arzt für Allgemeinmedizin

— in der diabetologischen Schwerpunktpraxis

Dr. med. P. Nitsche, Arzt für Innere
Medizin – Schwerpunkt Diabetologie

— in der Schwerpunktklinik

Prof. Dr. med. Wiegelmann,
Direktor der internistischen
Abt. Krankenhaus Hiltrup

— in der Apotheke

Apotheker B. A. Reckers,
Fachapotheker für Offizinpharmazie
und für Ernährungsberatung

— in der Selbsthilfegruppe

Frau Hoppe,
Deutscher Diabetiker Bund

Samstag, 25. April 1998, 16 Uhr

Diabetiker gut zu Fuß?

Knochendeformitäten am diabetischen Fuß

Dr. med. C. Müller-Rensmann,
Arzt für Orthopädie

Behandlung des diabetischen Fußes

Dr. med. Lohmüller,
Krankenhaus Hiltrup

Gefäßkomplikationen durch Diabetes

Prof. Dr. med. Spieker,
Direktor der internistischen
Abt. Raphaelsklinik Münster

elektronische Fußdruckmessung

Fa. Krursel, Orthopädieschuhmacher

Mittwoch, 29. April 1998, 16 Uhr

Die tödlichen vier!!

**Diabetes — Cholesterin —
Bluthochdruck — Arteriosklerose**

Dr. med. P. Nitsche, Arzt für Innere
Medizin – Schwerpunkt Diabetologie

Prof. Dr. med. Baumgart,
Direktor der internistischen
Abt. Clemenshospital Münster

Neben diesen
Vortragsveranstaltungen
bieten wir in kleinerem
Kreis und mit begrenzter
Teilnehmerzahl Veranstal-
tungen „Workshops" an.

Bitte melden Sie sich
rechtzeitig in der
Kiepenkerl-Apotheke an.

Sämtliche Veranstaltungen
finden statt im

WOHNPARK
AMTIBUSPLATZ

Workshops:

Dienstag, 21. April 1998, 18 Uhr

Krankheitsbewältigung bei Diabetes

Dr. med. Riese,
Arzt für Neurologie u. Psychiatrie

Donnerstag, 23. April 1998, 19 Uhr

Möglichkeiten der Blutzuckerbestimmung

Apotheker B. A. Reckers,
Fachapotheker für Offizinpharmazie
und für Ernährungsberatung

Freitag, 24. April 1998, 18 Uhr

Schwangerschaft und Diabetes

Priv.-Doz. Dr. Dr. med. Burkart,
Arzt für Gynäkologie

Montag, 27. April 1998, 19 Uhr

Einsatz der Insulinpumpe

Dr. med. P. Nitsche, Arzt für Innere
Medizin – Schwerpunkt Diabetologie

Dienstag, 28. 4. 1998, 18 Uhr

Diabetes und Sport

Dr. med. C. Müller-Rensmann,
Arzt für Orthopädie,
Provital Sport-Studio, Münster

Dienstag, 28. 4. 1998, 19 Uhr

Diabetes und Ernährung

Fr. Neumann-Schrade,
Ernährungsberaterin

Prof. Dr. Dr. Wilfried von Eiff

Abb. 3.8: Der Leistungsanbieter geht zum Kunden statt umgekehrt.

engagierte Mitarbeiter voraus; folglich bedingt Geschäftserfolg konsequentes Mobilisieren von Mitarbeiter-Know-how. Die Überzeugung für eine delegations-orientierte Führung in Verbindung mit subsidiären Centerstrukturen zeichnet sich unter diesen Dynamik-Ausprägungen als notwendig ab. Es kommt letztendlich in Zukunft darauf an, schnell Marktsegmente zu erschließen und das heißt die beste kundenwirksame Praxis schnell zu erkennen und schnell umzusetzen. Die Fähigkeit zum „Management of Change" wird zum kritischen Erfolgsfaktor (siehe Abb. 3.9).

Diese „Neue Markdynamik" im Gesundheitswesen erfordert die Führung des Krankenhauses als Unternehmen: Kundennähe und Flexibilität, Schnelligkeit im Erkennen von neuen attraktiven Marktfeldern, Konsequenz in der Öffnung von Märkten durch gezielte Kooperationen, Entwicklung von „Produkt-" bzw. Dienst-leistungsinnovationen, Entscheidungsschnelligkeit gepaart mit Entscheidungsqua-lität umreißen die Fähigkeitsstruktur des Krankenhauses der Zukunft.

Marktöffnende Innovationen müssen erkannt, für die eigene Organisationskul-tur weiterentwickelt und im Konsens realisiert werden, um auf Dauer erfolgreich als „Unternehmen: Krankenhaus" Bestand haben zu können.

Innovations- und Lernfähigkeit (die Beherrschung der „Fünften Diszip-lin"=Systemdenken; Senge) sowie die Fähigkeit zum geplanten organisatorischen Wandel (Change Management) hängt von der Qualität der Mitarbeiter ebenso ab wie von der Organisation, die Engagement leistungswilliger Mitarbeiter ermöglicht oder behindert.

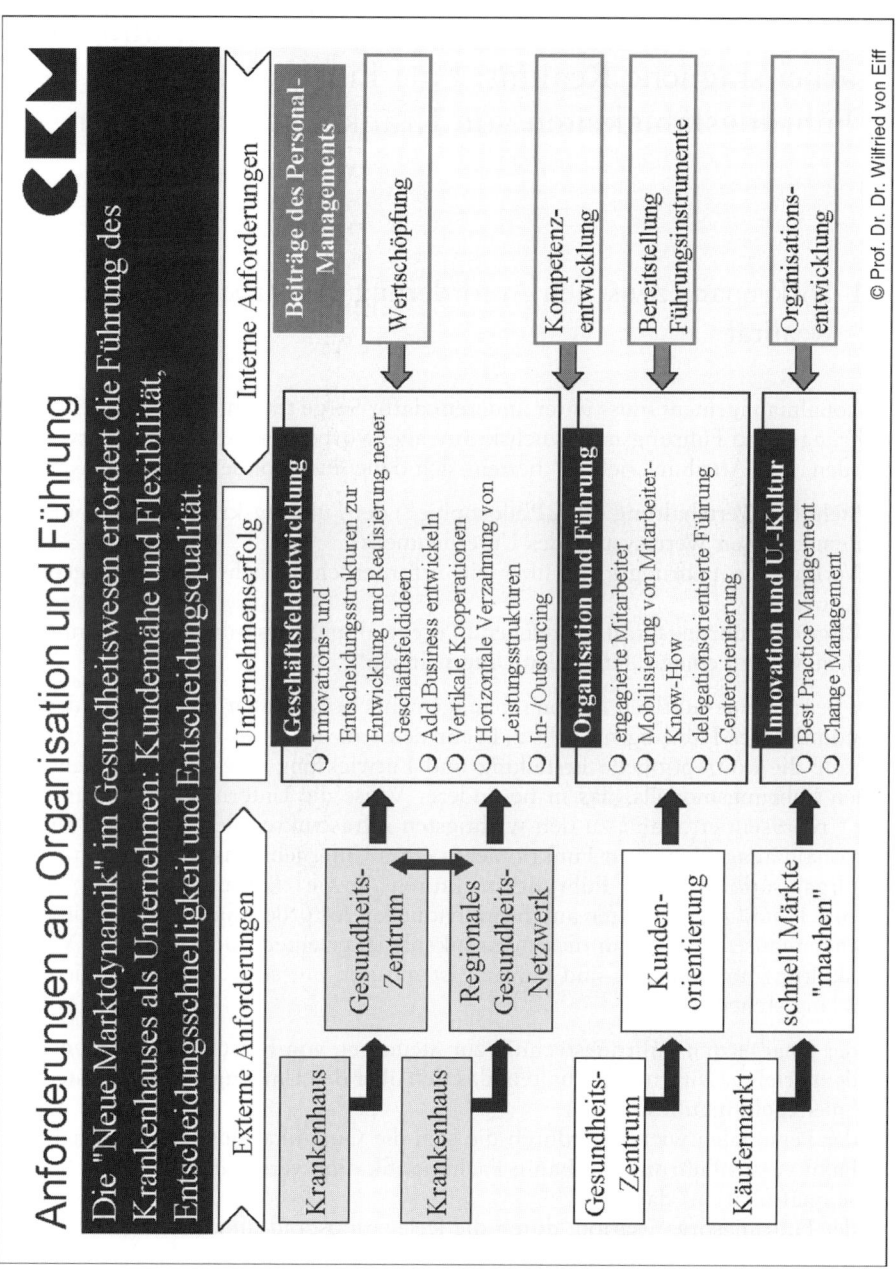

Abb. 3.9: Dezentrale Organisation, kundenorientierte Entscheidungsstrukturen und leistungsorientierte Führung machen den Erfolg des Krankenhauses in Zukunft aus.

4 Die Suche nach der idealen Führungskraft und die arbeitstägliche Realität: Eine Einschätzung der Führungsfähigkeiten von Krankenhausmanagern

4.1 Diskrepanz zwischen Anforderung und arbeitstäglicher Realität

Personalmanagement muss unter anderem dafür Sorge tragen, dass die „richtigen" Führungs- und Führungsnachwuchskräfte angeworben, eingestellt und entwickelt werden. Das Attribut „richtig" bezieht sich dabei insbesondere auf drei Aspekte:

– Steht die Wertehaltung (die „Philosophie") der Führungskraft in Harmonie mit dem gelebten Wertesystem des Unternehmens?
– Verfügt die Führungskraft über ein erforderliches Fach- und Management-Know-how?
– Birgt die Führungskraft ausreichend Potenzial und Persönlichkeitsdynamik auf dem Weg zu einem „lernenden Unternehmen"?

Der Beitrag eines aktiven Personalmanagements besteht aber nicht nur in der Anwendung eines Führungsmodells z. B. für den Fall der Anwerbung und Auswahl. Gerade die konzeptionelle Erstellung und Entwicklung eines unternehmenstypischen Führungsmodells, das in besonderer Weise die Unternehmenskultur „unique" repräsentiert, zählt zu den wichtigsten infrastrukturellen Beiträgen, die ein Personalmanagement zum Funktionieren eines Unternehmens leisten kann.

Organisations- und Führungsstrukturen sowie Führungskonzepte (siehe Abb. 4.1) sind zugeschnitten auf die individuellen Anforderungen eines bestimmten Krankenhauses und der in diesem Krankenhaus gelebten und etablierten Verhaltenskultur. Zum anderen sind Führungsstrukturen nur so zielwirksam, wie sie in Einklang stehen mit

– der eingesetzten Führungstechnik zur Steuerung von Entscheidungsprozessen;
– dem gelebten Führungsverhalten, das sich über den Umgang mit den versteckten Spielregeln manifest macht;
– der Personalentwicklung, durch die sich die Qualifikationsrichtung (Fachlaufbahn versus Führungslaufbahn; Fachqualifikation versus überfachliche Schlüsselqualifikation) darstellt;
– der Führungsorganisation, durch die Delegationsgrad und Umfang der Dezentralisierung machtpolitisch ermöglicht werden.

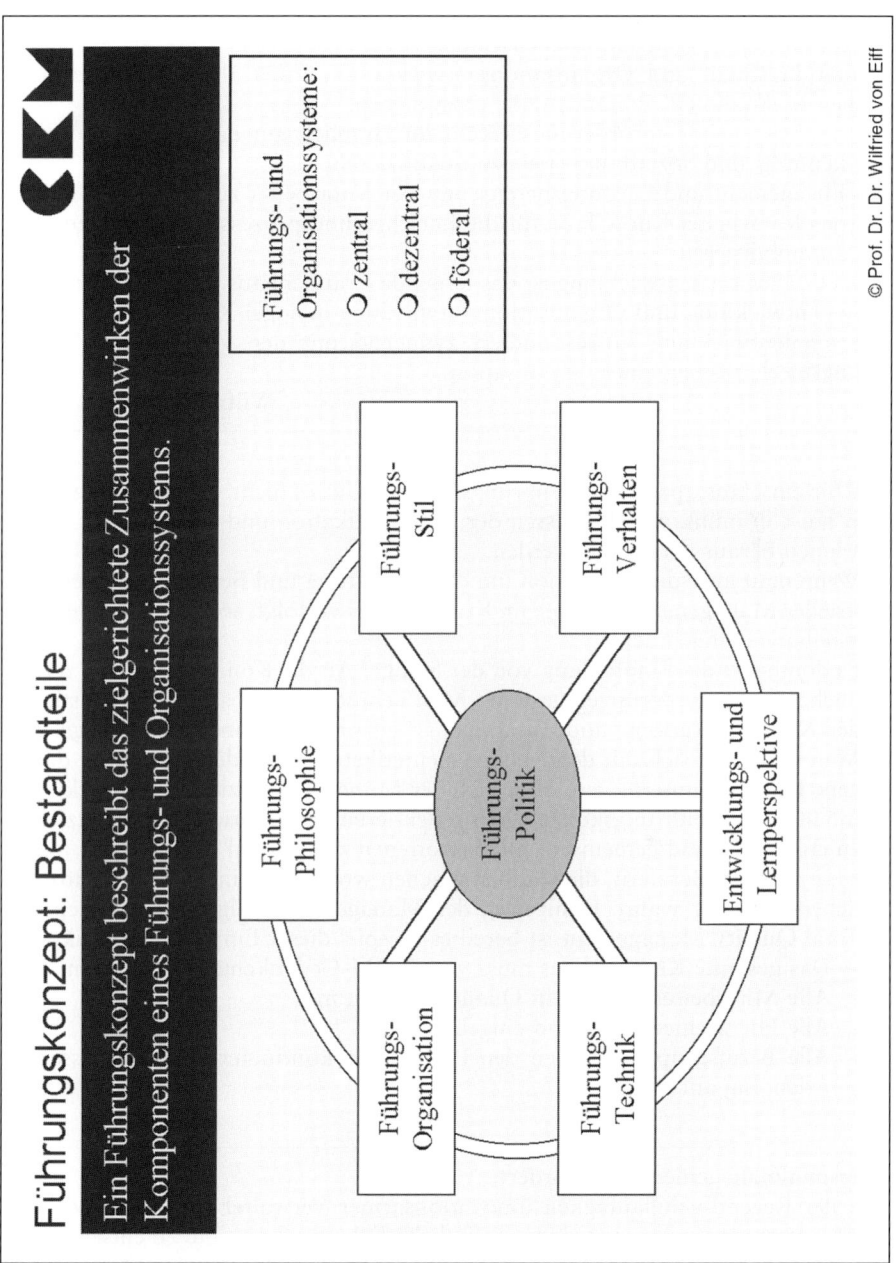

Abb. 4.1: Ein Führungskonzept beinhaltet vier Funktionen: Orientierung (Philosophie), harte Faktoren (Führungsorganisation und Führungstechnik), weiche Faktoren (Führungsstil und Führungsverhalten) sowie den Lern- und Entwicklungsaspekt.

Personal- und Organisationsentwicklung

Unter Personal- und Organisationsentwicklung werden alle führungstechnischen Maßnahmen verstanden, die dazu dienen,
- die Mitarbeiter anforderungsgerecht im Hinblick auf Fachwissen Prozesskenntnis und Sozialkompetenz zu qualifizieren;
- Engagement und Leistungsbereitschaft der Mitarbeiter zu aktivieren;
- das Mitarbeiter-Know how für die Entscheidungsprozesse resultatorientiert zu mobilisieren.

Ziel der Personalentwicklung ist das lernende Krankenhaus. Damit stehen Personalentwicklung und Organisationsentwicklung in enger Korrelation
Personalentwicklung korrespondiert zwingend mit den verankerten Belohnungsmechanismen einer Organisation.

Wilfried von Eiff, 1991

Das für ein Haus „passende" Führungskonzept gibt es nicht von der Stange, sondern muss in mühsamen Prozessen der Kommunikation und Verhaltensänderung von innen heraus entwickelt werden.

Wenn man aber die Diskussion um die Einführung und Beurteilung solcher industrieller Managementkonzepte im Krankenhaus verfolgt, so sind zumindest drei Feststellungen angebracht:

a) Es dominiert die Empfehlung von der Stange! An die Konzepte werden rezeptbuchartige Anforderungen gestellt „Man nehme..." und alle bisher existierenden Kommunikations- und Zusammenarbeitsprobleme sind dauerhaft gelöst.

b) Man schmückt sich mit den Managementetiketten ohne deren Wert für das eigene Haus zu hinterfragen, ohne sich der Mühe zu unterziehen, die wirklichen Inhalte dieser Führungskonzepte zu reflektieren, Realisierungsvoraussetzungen zu ergründen und gemeinsam mit Betroffenen zielführend umzusetzen.

c) Man vertraut Beratern, die glauben machen wollen, nur im Totalen, Ganzheitlichen liege der wahre Königsweg des Managementerfolgs. Das Konzept des Total Quality Management ist beredtes Beispiel dieser Empfehlungsstruktur:
- Das **gesamte** Krankenhaus muss vom TQM-Gedankengut erfasst sein;
- **Alle** Mitarbeiter machen in Qualitätszirkeln mit;
- **Alle** Hierarchieebenen sind eingebunden;
- **Alle** Berufsgruppen treiben den Prozess der kontinuierlichen Verbesserung jeden Tag auf's Neue an.

Personalmanagement ist gefordert, ...

... der Rezeptbuchgläubigkeit innovationsarmer Verwalter entgegenzuwirken und unternehmensbezogene praxistaugliche Führungskonzepte zu entwickeln. Dies gilt insbesondere für die Ermittlung von Fähigkeitsprofilen für Vorgesetzte, die letztlich die Grundlage sind für die Konzeption von Personalentwicklungsprogrammen, Entgeltsystemen und anderen personalwirtschaftlichen Instrumenten.

4.2 Das ideale Fähigkeitsprofil einer Führungskraft

Über das Fähigkeitsprofil eines Vorgesetzten, mit dem der Mitarbeiter gerne, auch unter schwierigen Umfeldbedingungen, zusammenarbeitet, bestehen überraschend klare Vorstellungen. Die wichtigsten Eigenschaftsmerkmale einer Führungskraft sind durch Befragung von Mitarbeitern im hierarchischen Mittelbau sowie von Personal- und Verwaltungsleitern herausgearbeitet worden (siehe Abb. 4.2).

(1) Bedeutend ist die Erkenntnis, dass kein bestimmtes Einzelmerkmal ein herausragender Indikator für eine dauerhaft erfolgreiche Führungskraft ist, sondern dass ein gesamtes Bündel von Merkmalen den Führungserfolg ausmacht unter der Voraussetzung, dass diese Merkmale weitgehend gleichzeitig erfüllt sind. Hierbei sehen 53 % der Befragten die **Fachqualifikation** als wichtigstes Kriterium an; gemeint ist, dass eine auf Dauer akzeptierte Führungskraft auf mindestens einem Teilgebiet des ihm unterstellten Verantwortungsbereichs die fachlich beste Kraft in der Abteilung sein sollte. Fast genauso wichtig erachten die Befragten **Kommunikationsfähigkeit** sowie **Entscheidungsfähigkeit** und vor allen Dingen **Durchsetzungsfähigkeit** als notwendiges Kriterium für Führungsqualität, gefolgt von **Kooperations-** und **Coachfähigkeit**.

(2) Das wichtigste Kriterium der Führungsfähigkeit besteht in der hohen fachlichen Qualifikation. Ein Vorgesetzter sollte auf mindestens einem Teilfachgebiet aus dem gesamten Zuständigkeitsbereich, den er verantwortet, fachlich qualifizierter sein als jeder seiner unterstellten Mitarbeiter. Gleichzeitig sollte er aber die Größe besitzen andere Mitarbeiter ihren Talenten und Neigungen entsprechend so zu fördern, dass auch sie überlegene Fachexpertise auf Teilgebieten erreichen. Ideal ist, wenn sich die Fachqualitäten der Beteiligten in einer Organisationsfamilie komplementär ergänzen.

(3) Weiterhin hat der akzeptierte Vorgesetze die Fähigkeit zur „Kommunikation", d. h. er ist in der Lage, rechtzeitig, verständlich und situationsangemessen zu informieren; er trifft den richtigen Ton und kann für eine Idee überzeugen und begeistern.

(4) Von einem Führer wird insbesondere auch Durchsetzungsvermögen und Entscheidungsfähigkeit erwartet. Nur so glauben die Mitarbeiter, kann ein Vorgesetzter die Mitarbeiter- und Abteilungsinteressen gegenüber Dritten (z. B. Verwaltung) durchsetzen, nur so kann „interne Gerechtigkeit" sichergestellt werden und nur so ist eine Abteilung zukunftsfähig zu halten. Das Merkmal „Entscheidungs- und Durchsetzungsfähigkeit" bezieht dabei mehrere Faktoren ein:
   – Entscheidungen gemeinsam mit den problemlösungsfähigen Mitarbeitern (nicht mit den „lamentierenden") vorbereiten;
   – Entscheidungen konsequent, aber nachvollziehbar treffen;
   – Entscheidungen und Interessen auch „nach oben" durchsetzen; je angesehener ein Vorgesetzter bei seinen Vorgesetzten ist, desto größer ist auch sein Ansehen bei seinen unterstellten Mitarbeitern;
   – Konsequenter Umgang mit den „versteckten sozialen Verhaltensregeln", die das tatsächliche Verhalten der Mitarbeiter in einer Organisationsfamilie determinieren. Insbesondere erwarten die Mitarbeiter „Gerechtigkeit":

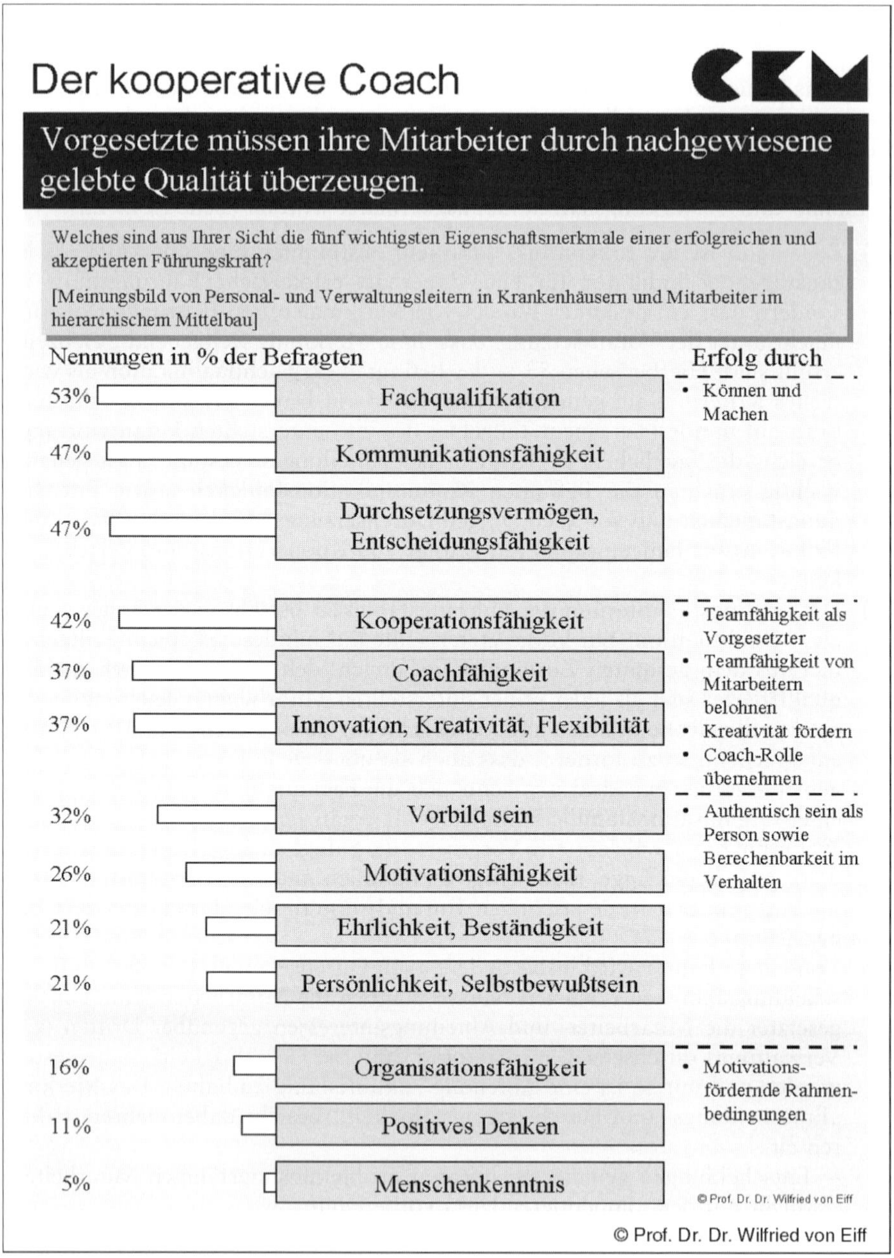

Der kooperative Coach   CKM

Vorgesetzte müssen ihre Mitarbeiter durch nachgewiesene gelebte Qualität überzeugen.

Welches sind aus Ihrer Sicht die fünf wichtigsten Eigenschaftsmerkmale einer erfolgreichen und akzeptierten Führungskraft?

[Meinungsbild von Personal- und Verwaltungsleitern in Krankenhäusern und Mitarbeiter im hierarchischem Mittelbau]

Nennungen in % der Befragten   Erfolg durch

%	Eigenschaft	Erfolg durch
53%	Fachqualifikation	• Können und Machen
47%	Kommunikationsfähigkeit	
47%	Durchsetzungsvermögen, Entscheidungsfähigkeit	
42%	Kooperationsfähigkeit	• Teamfähigkeit als Vorgesetzter
37%	Coachfähigkeit	• Teamfähigkeit von Mitarbeitern belohnen
37%	Innovation, Kreativität, Flexibilität	• Kreativität fördern • Coach-Rolle übernehmen
32%	Vorbild sein	• Authentisch sein als Person sowie Berechenbarkeit im Verhalten
26%	Motivationsfähigkeit	
21%	Ehrlichkeit, Beständigkeit	
21%	Persönlichkeit, Selbstbewußtsein	
16%	Organisationsfähigkeit	• Motivationsfördernde Rahmenbedingungen
11%	Positives Denken	
5%	Menschenkenntnis	

© Prof. Dr. Dr. Wilfried von Eiff

© Prof. Dr. Dr. Wilfried von Eiff

Abb. 4.2: Fachqualifikation, Macherqualitäten, Berechenbarkeit und Coach-Rollenverständnis zeichnen die anerkannte Führungskraft aus.

Engagierte dürfen nicht durch Bequeme benachteiligt werden. „Ihr Führungskräfte wendet erheblich mehr Zeit für die Minderleister und die aufmüpfigen Leistungsverweigerer und bekannten Faulenzer auf als ihr euch mit den Problemen der engagierten und leistungsstarken Mitarbeiter auseinander setzt. Was macht ihr eigentlich, wenn die Engagierten ausgebrannt sind und die Lamentierer die Probleme problematisieren?", brachte eine von der Führung eines Krankenhauses enttäuschte Mitarbeiterin in einem Workshop zum Ausdruck.

(5) Den erfolgreichen Führer zeichnen darüber hinaus zwei weitere Eigenschaften aus, die seine Kooperationsfähigkeit beweisen:
   – Er bindet die Mitarbeiter in die Entscheidungsprozesse ein und gibt Zuständigkeiten ab; z. B. Zuständigkeit für die Planung von Investitionen, für Organisation des täglichen Betriebsablaufs, für Personalmanagement, etc.
   – Er ist bereit Mitarbeiter auch wirtschaftlich und materiell am erreichten Erfolg zu beteiligen.
   Diese Anforderungen machen insbesondere Oberärzte geltend, die sich auf Grund des derzeitigen Liquidationsrechts oft finanziell benachteiligt fühlen, gleichzeitig aber die Hauptleistungsträger des Klinikbetriebes sind.

(6) Gefordert ist die Führungskraft auch in der Rolle des Coaches; besser gesagt: die Führungskraft muss mit harten und weichen Faktoren umgehen können, muss in der Lage sein den Unternehmens-Eisberg zu managen. Dazu gehört die sachlich und strategisch optimale Ausrichtung der Aufbauorganisation und die kundenorientierte Ausrichtung der Leistungsprozesse ebenso wie der konstruktive Umgang mit den „geheimen Spielregeln", die in jedem Unternehmen anzutreffen sind (siehe Abb. 4.3).

Das Profil eines Unternehmensleiters
„Meiner Ansicht nach hat ein Unternehmensleiter vor allem die Aufgabe, als Planer, als Gestalter von Lernprozessen zu wirken. Ferner als Verwalter in dem Sinn, dass er langfristig für die „Mission" und die „Vision" der Organisation als Gesamtzusammenhang verantwortlich ist und schließlich als Lehrer in dem Sinn, dass er all diese Dinge im eigenen Einflusskreis verankert."
                                        Peter M. Senge (Die Fünfte Disziplin)

---

(7) Von dem Führer wird weiterhin verlangt, dass er über ein ausgeprägtes Prozesswissen verfügt, das ihn in die Lage versetzt bereichsübergreifende Zusammenhänge zu durchschauen und diese Kenntnis innovativ zu nutzen. Er muss flexibel und kreativ arbeiten.

(8) Eine Führungskraft hat Fachaufgaben und Managementaufgaben zu erfüllen; darüber hinaus muss ein Führer in der Lage sein sich selbst zu führen (siehe Abb. 4.4).

(9) So klar die Vorstellungen über das Anforderungsprofil von Führungskräften im Krankenhaus artikuliert wurden, so deutlich fiel auch das Urteil über die tatsächlichen Führungsprofile aus: Danach besitzt kaum die Hälfte der Führungskräfte die Eigenschaft einer erfolgreichen und akzeptierten Führungskraft. Nur 45 % der heutigen Chefärzte spricht man die erforderlichen Füh-

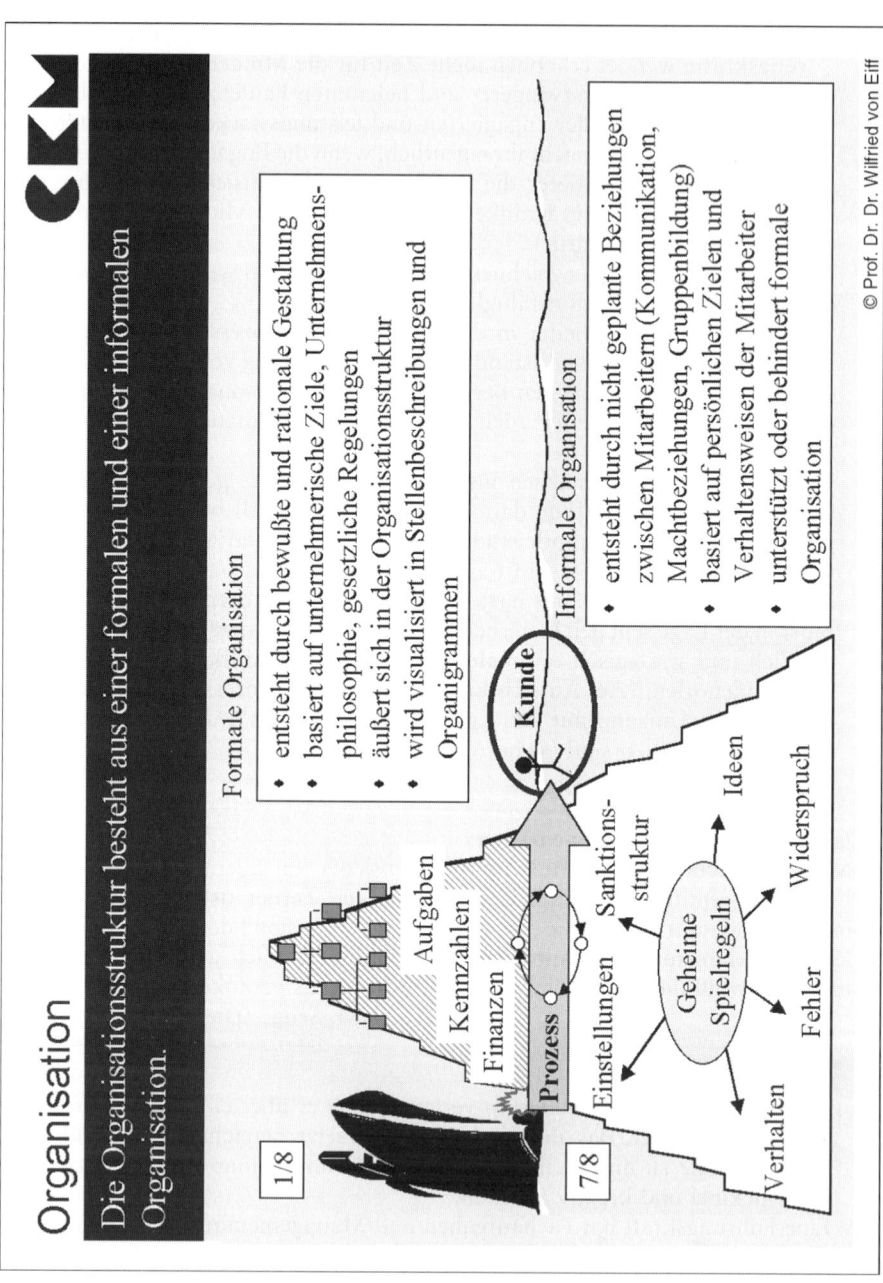

Abb. 4.3: Das Management des Eisberges ist die Herausforderung der Führung: Ein aktives Personalmanagement kann die Führungskräfte dabei unterstützen, die Organisationskultur transparent zu machen.

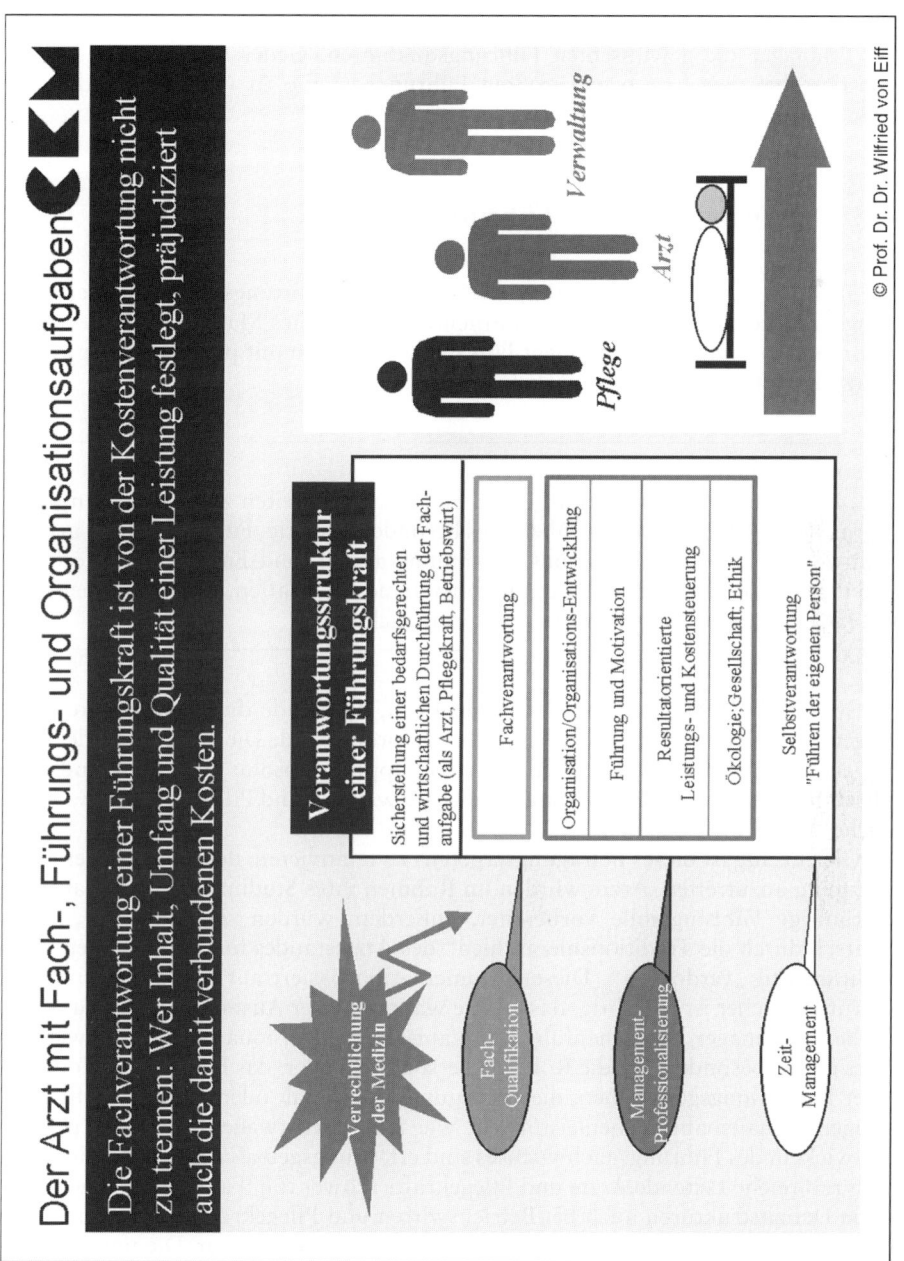

Abb. 4.4: Fachverantwortung, Managementverantwortung und Selbstverantwortung fordern die Führungskraft

rungsfähigkeiten zu; in der Verwaltung vermutet man immerhin bei 57 % der Manager die gewünschten Führungsqualitäten. Generell wurde angegeben, dass bei den Ärzten die größten Führungsdefizite zu vermuten sind (siehe Abb. 4.5).

4.3 Die „ganzheitliche" Führungskraft

Wenn man sich vergegenwärtigt, dass die Verantwortungsstruktur einer Führungskraft komplex ist und ihre Wahrnehmung ein hohes Maß an Professionalität erfordert, so ist es nur konsequent Führungsfähigkeiten mit professioneller Unterstützung systematisch zu entwickeln.

> **Personalmanagement ist gefordert, ...**
> ... Programme zur Entwicklung von Führungsfähigkeiten zu konzipieren und praxisgerecht einzusetzen. Dabei ist es besonders wichtig, Führungskräfte in der Anwendung von Organisations- Kommunikations- und Entscheidungstechniken zu trainieren, aber auch Laufbahnsysteme zu schaffen, die ein Lernen des Führungshandwerkes „On-the-Job" ermöglichen.

Dieses Ergebnis stimmt besonders bedenklich, da gerade die Ärzte in ihrer Managementfunktion in Zukunft besonders gefordert sind. Die Bedeutung der Management-Fähigkeiten wird in jeder Berufsgruppe als absolut notwendig und etwa gleich bedeutend eingestuft (Ärzte 100 %, Verwaltung und Pflege 94 % bzw. 95 %) (siehe Abb. 4.6).

Gleichzeitig ist dieses Befragungsergebnis zu relativieren: denn es ist generell die Meinung anzutreffen, Ärzte würden im Rahmen ihres Studiums zu wenig auf ihre zukünftige Führungsrolle vorbereitet, außerdem würden sie auf dem „langen Marsch durch die Traditionshierarchien" des Ärztestandes für einen kooperativen Führungsstil „verdorben". Diese Argumentation basiert auf einem ausgeprägten Vorurteil: sicher ist es richtig, dass Ärzte während ihrer Ausbildung kaum auf ihre Rolle als Manager, Menschenführer, Organisator und Visionär vorbereitet werden. Dies gilt insbesondere für die Rolle als Personalmanager: das Führen von Konflikt- oder Beurteilungsgesprächen, die Festlegung von Gehalt oder Fringe Benefit-Leistungen (gehaltsnahe Nebenleistungen, wie z. B. Dienstwagen) oder das gezielte Entwickeln des Führungsnachwuchses sind erfahrungsgemäß Aufgaben, mit denen sich zahlreiche Leitende Ärzte und Pflegekräfte schwer tun. Faktisch bestehen ähnliche Defizitstrukturen auch bei Betriebswirten und Pflegekräften, nur werden sie bei diesen Berufsgruppen in der Praxis nicht so schnell sichtbar. Die unmittelbare Linienverantwortung ist für den Arzt in der Regel ausgeprägter als bei jedem anderen Berufsbild im Krankenhaus.

95 % der Befragten schätzen die Management-Fähigkeiten der Ärzte defizitär ein. Lediglich 30 % (Verwaltung) bzw. 56 % (Pflege) der anderen Berufsgruppen wurden im Hinblick auf ihre Führungsqualität als unzulänglich eingeschätzt. Durch die „Neue Marktdynamik" und die damit verbundene Forderung und Qua-

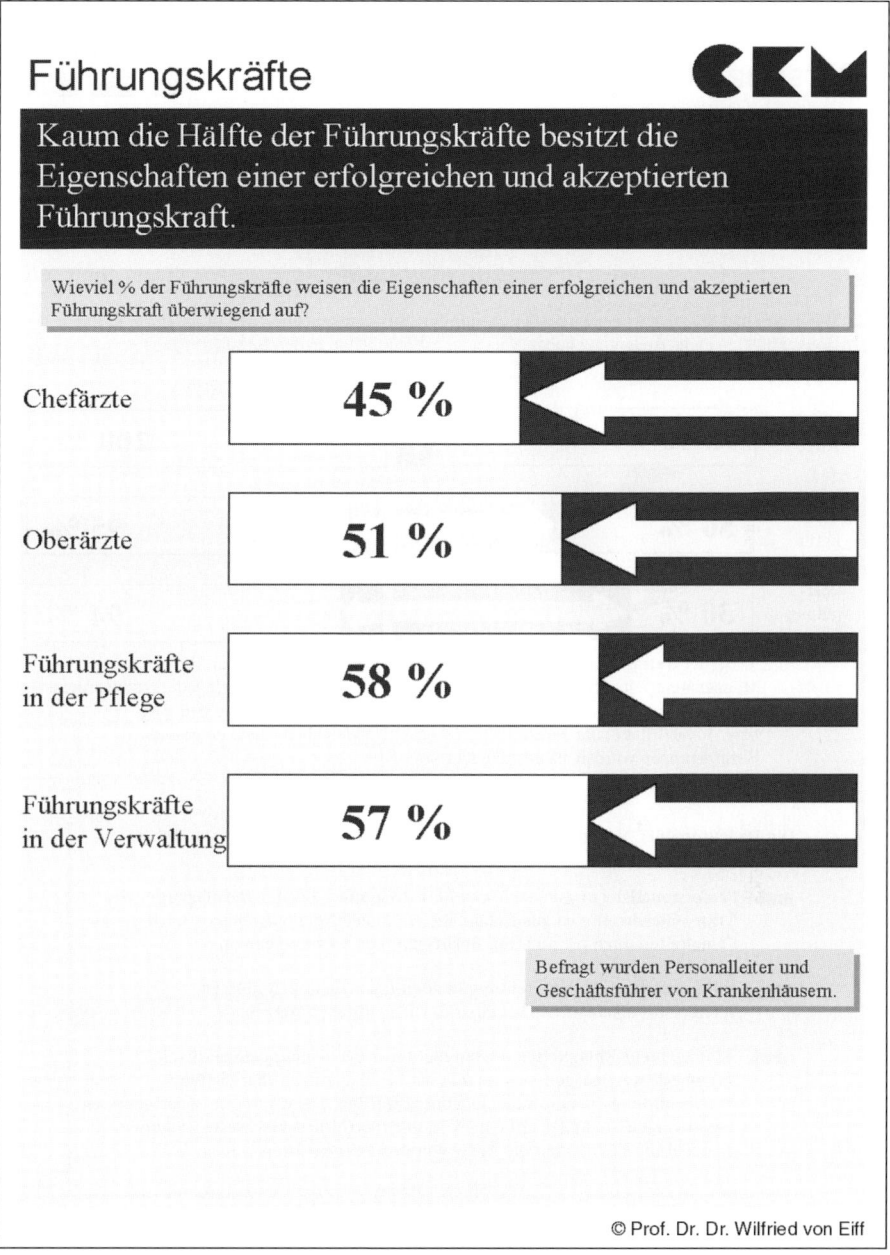

Abb. 4.5: Personalleiter und Geschäftsführer vermuten bei den Chefärzten die größten Führungsdefizite

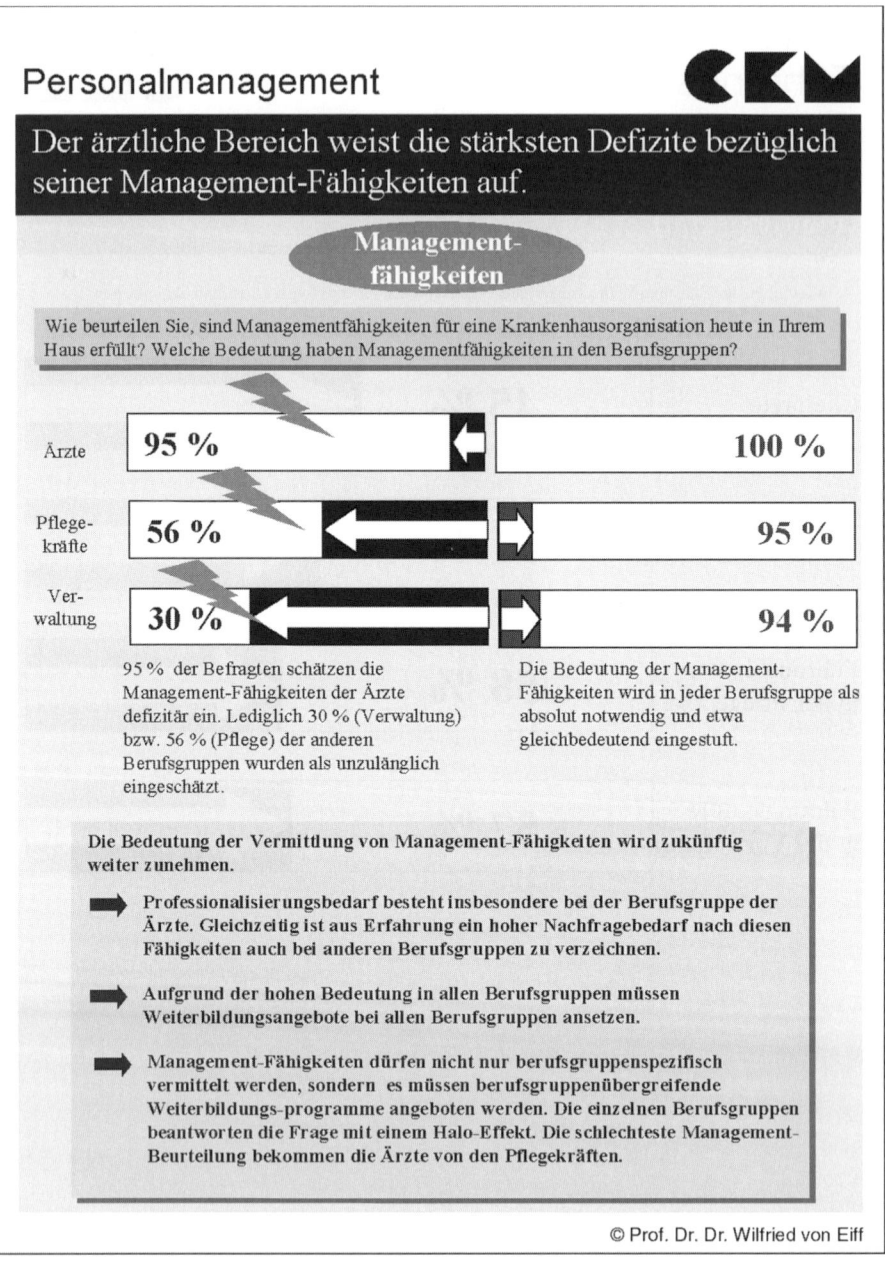

© Prof. Dr. Dr. Wilfried von Eiff

Abb. 4.6: Führungsfähigkeiten sind ein zentraler Erfolgsfaktor, aber dieser Erfolgsfaktor ist erschreckend schwach ausgeprägt.

litätssteigerung bei gleichzeitiger Kostensenkung steht der Arzt in besonderer Weise als Leistungsträger in der Pflicht: denn die Verantwortung für medizinische Qualität ist von der Verantwortung für einen kostengünstigen bzw. wirtschaftlichen Arbeitsvollzug zur Erreichung dieser Qualität nicht zu trennen. Jeder leitende Arzt trifft mit seiner Entscheidung über Art und Intensität von Diagnose und Therapie automatisch auch eine Entscheidung über das bedarfsgerechte und wirtschaftliche Erbringen dieser medizinischen Leistungsprozesse.

Diese Managementherausforderung für den Arzt stellt sich auf mehreren Gebieten:

– als Manager der Versorgungskaskade;
– als Manager der Leistungsprozesse im Regionalen Gesundheitsnetzwerk;
– als Manager von Standardisierungen im Bereich der Logistik von Medikalprodukten;
– als Manager, Fachmann und Promotor von Evidence Based Medicine-Leitlinien;
– als Personalmanager, der es versteht das Problemlösungswissen seiner Mitarbeiter durch delegationsorientierte Führung zu mobilisieren;
– als Personalmanager im Sinne eines Kulturträgers, der Leitbilder und Visionen mit „Bodenhaftung" entwickelt und eine Kultur des berufsgruppenübergreifenden Dialogs sowie der bereichs- und hierarchieübergreifenden Zusammenarbeit aktiv vorlebt.

Auf diese Aufgabe sind die wenigsten Mediziner vorbereitet. Auch die Pflegekräfte sind von diesem Paradigmawechsel betroffen: keine oberflächliche Akademisierung ist gefragt, sondern handwerkliche Professionalisierung verbunden mit der Fähigkeit die Organisation rund um den Patienten einem kontinuierlichen Verbesserungsprozess zu unterziehen. Standespolitische Diskussionen und auf Abgrenzung zu den Medizinern zielende Aufgabenverteilung wirken sich eher kontraproduktiv aus. Und auch der Mediziner tut gut daran, die Pflegekräfte und Verwaltungsmitarbeiter aktiv in die Gestaltung der Arbeitsprozesse rund um den Patienten einzubeziehen. Daher dürfen Management-Fähigkeiten nicht nur berufsgruppenspezifisch vermittelt werden, sondern es müssen berufsgruppenübergreifende Weiterbildungsprogramme angeboten werden.

Damit wandelt sich auch die Rolle der Führungskraft: Je nach Situation nimmt eine Führungskraft die Funktion des Orientierungsgebers ein, der Richtungen entwickelt und Ziele vorgibt, Entscheidungen trifft und Entwicklungsprozesse vorantreibt. Oder die Führungskraft fungiert als Moderator und Gesprächspartner, der dem Mitarbeiter hilft, sein eigenes Problemlösungspotenzial zu erkennen und nutzbar zu machen oder er schlüpft in die Rolle des ‚hierachielosen Kollegen', wenn seine besondere Fachmannschaft auf einem bestimmten Gebiet gefragt ist. Die Führungskraft im schlanken Unternehmen zeichnet sich durch drei Fähigkeitsbereiche aus: Fachkompetenz, Lehrkompetenz, Innovationsfähigkeit (siehe Abb. 4.7).

Die Verhaltens- und Stilkomponente der Führung (autoritär ↔ partizipativ; delegationsorientiert ↔ kontrollorientiert, zentralistisch ↔ subsidiär) ebenso wie das Menschenbild vom Mitarbeiter (Mitarbeiter als Kostenfaktor, der optimal einzusetzen ist ↔ Mitarbeiter als Innovationspool mit Problemlösungspotenzial und Initiativkraft) werden damit zu beeinflussenden Komponenten einer Unternehmenskultur.

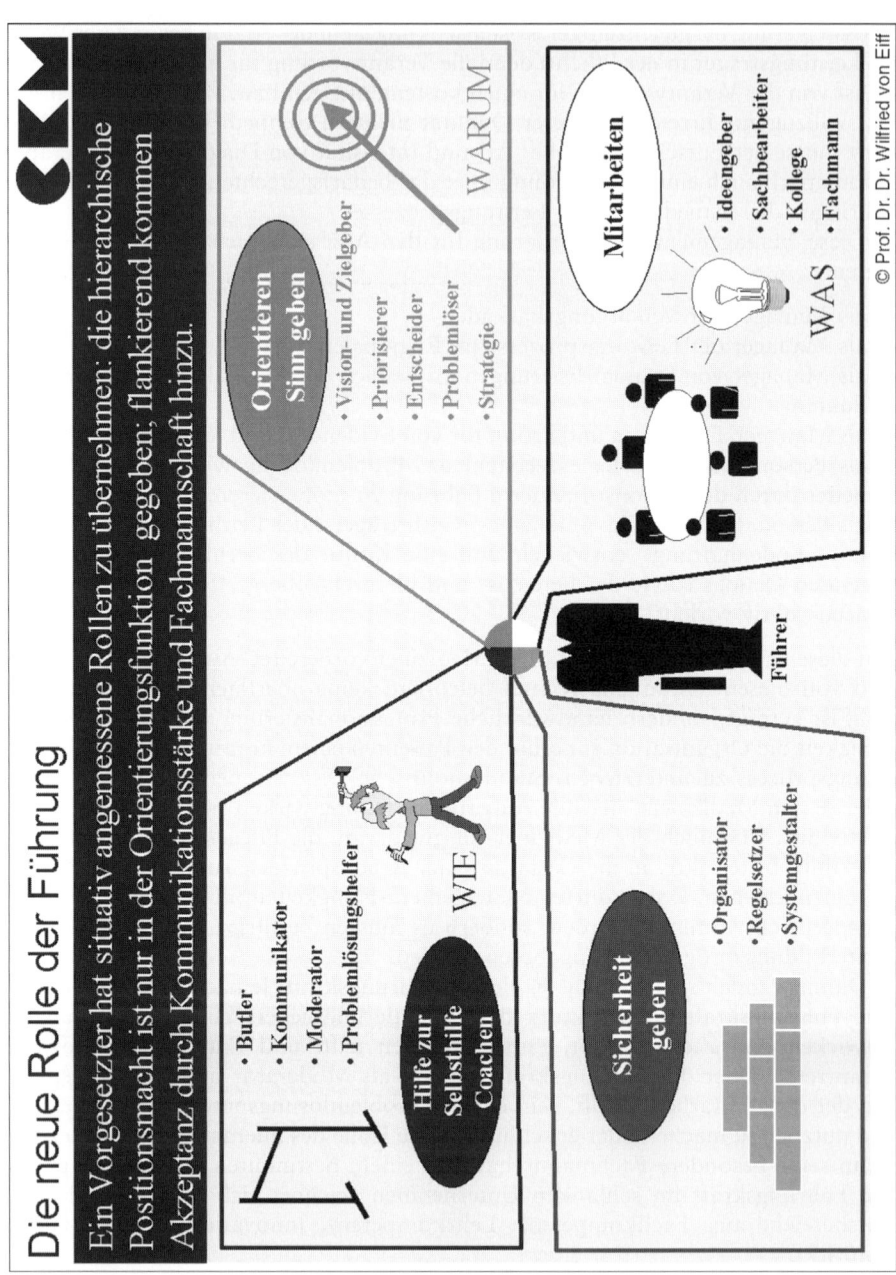

Abb. 4.7: Die Führungskraft im schlanken Unternehmen zeichnet sich durch drei Fähigkeitsbereiche aus: Fachkompetenz, Lehrkompetenz, Innovationsfähigkeit.

Prägend für eine Unternehmenskultur im Spannungsfeld zwischen autoritärem und partizipativem Führungsstil, Delegation und Kontrolle, Zentralisation und Subsidiarität und damit prägend für die Glaubwürdigkeit einer Führung, ist die Art und Weise, in der Entscheidungs- und Informationsprozesse ablaufen. Führung setzt die organisatorischen Rahmenbedingungen, in denen engagierte Mitarbeiter Selbstmotivation entwickeln können und beeinflusst den Prozess der Mitarbeiter-Selbstmotivation durch Verwendung entsprechender Führungstechniken in Verbindung mit einem auf Partizipation ausgelegten Führungsverhalten.

Der Erfolg dieses Führungsverhaltens hängt allerdings von zwei Voraussetzungen ab:

– Loyalitätsgrad der Mitarbeiter und
– Selbstständigkeitsgrad der Organisation (siehe Abb. 4.8).

Der Loyalitätsgrad kann erhöht werden, indem die Führungskraft dafür sorgt, dass nachvollziehbare Entscheidungen getroffen werden und die Mitarbeiter den Sinn einer Entscheidung erkennen. Das Delegationskontinuum von Mc Gregor verdeutlicht, dass der kooperative bzw. der autoritäre Führungsstil durch die Art des Informations- und Entscheidungsverhaltens aussagefähig beschrieben werden kann (siehe Abb. 4.9).

> **Führung durch Loslassen**
> „Führen heißt dem Mitarbeiter die Möglichkeit einzuräumen, aus eigenen Fehlern zu lernen."
>
> Reinhard Mohn, Bertelsmann

Andererseits kann die motivationsgebende Hebelwirkung der Organisationsstruktur nur mobilisiert werden, wenn die Strukturierung von Aufgabe, Kompetenz und Verantwortung delegationsorientiert erfolgt (siehe Abb. 4.10 und Abb. 4.11). Dies bedeutet:

– Delegation von Aufgaben und „Fallabschließende Verantwortung";
– Übertragung von Aufgaben mit Problemlösungsverantwortung (z. B. im Rahmen von KVP-Programmen und Qualitätszirkelarbeit);
– Begrenzung der Anzahl auf maximal drei Hierarchieebenen (i. S. v. Steuerungs- bzw. Kommandoebenen), die an einer Entscheidung beteiligt werden;
– Steuerung des Einflusses von Instanzen auf Basis von Wertschöpfungsbeiträgen für den Kunden, Effizienz (Kosten) und Zusammenarbeit.

> **Autoritäre Führung**
> „Eines der eklatantesten Merkmale autoritärer Führung ist es dem Mitarbeiter immer nur diejenigen Informationen zu geben, die er unbedingt benötigt um den nächsten Arbeitsschritt zu realisieren, ihn aber über den Gesamtzusammenhang eines Projekts im Unklaren zu lassen."
>
> Wilfried von Eiff

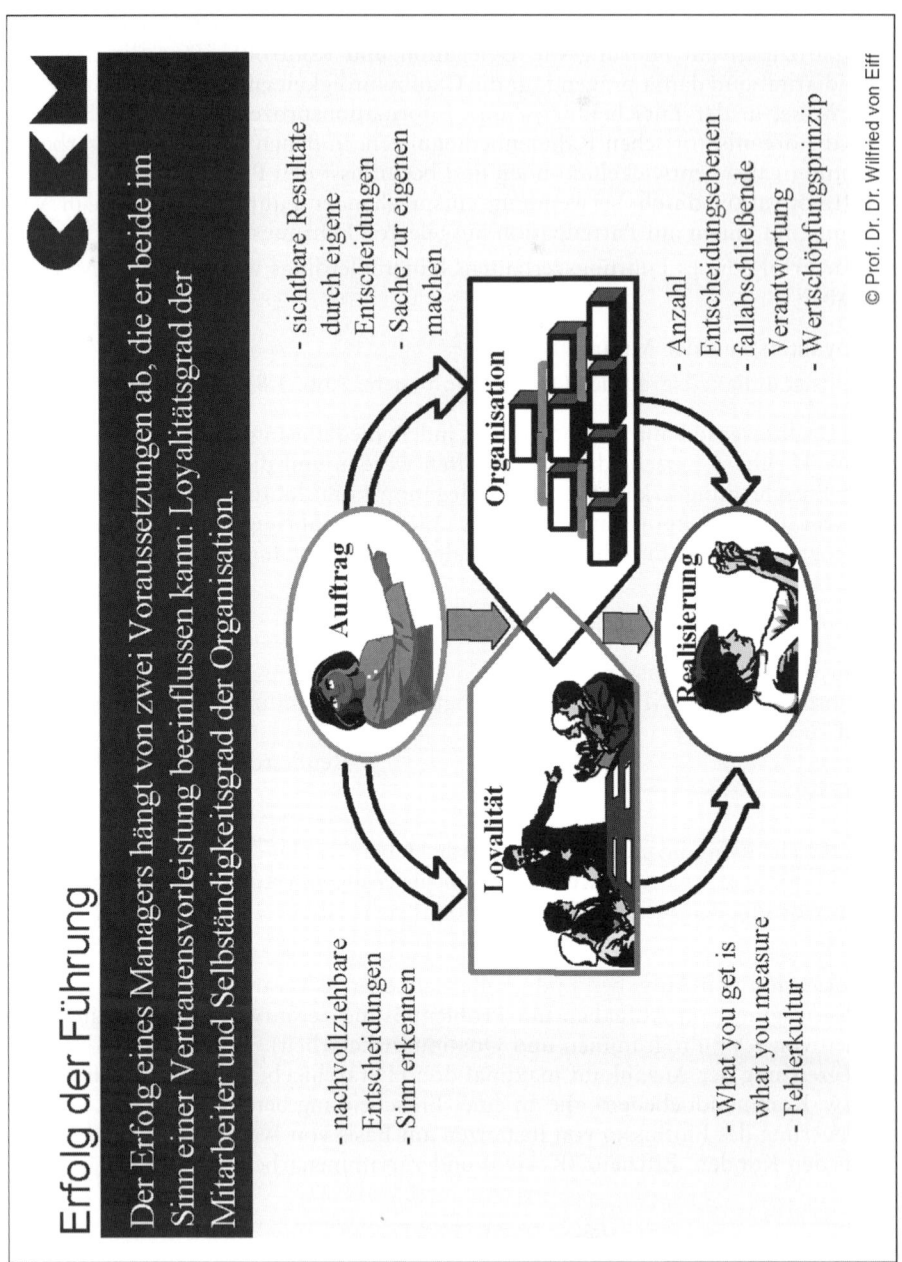

Abb. 4.8: Loyalität der Mitarbeiter und Selbstständigkeit der Organisation sind Voraussetzungen für den Führungserfolg des Managers.

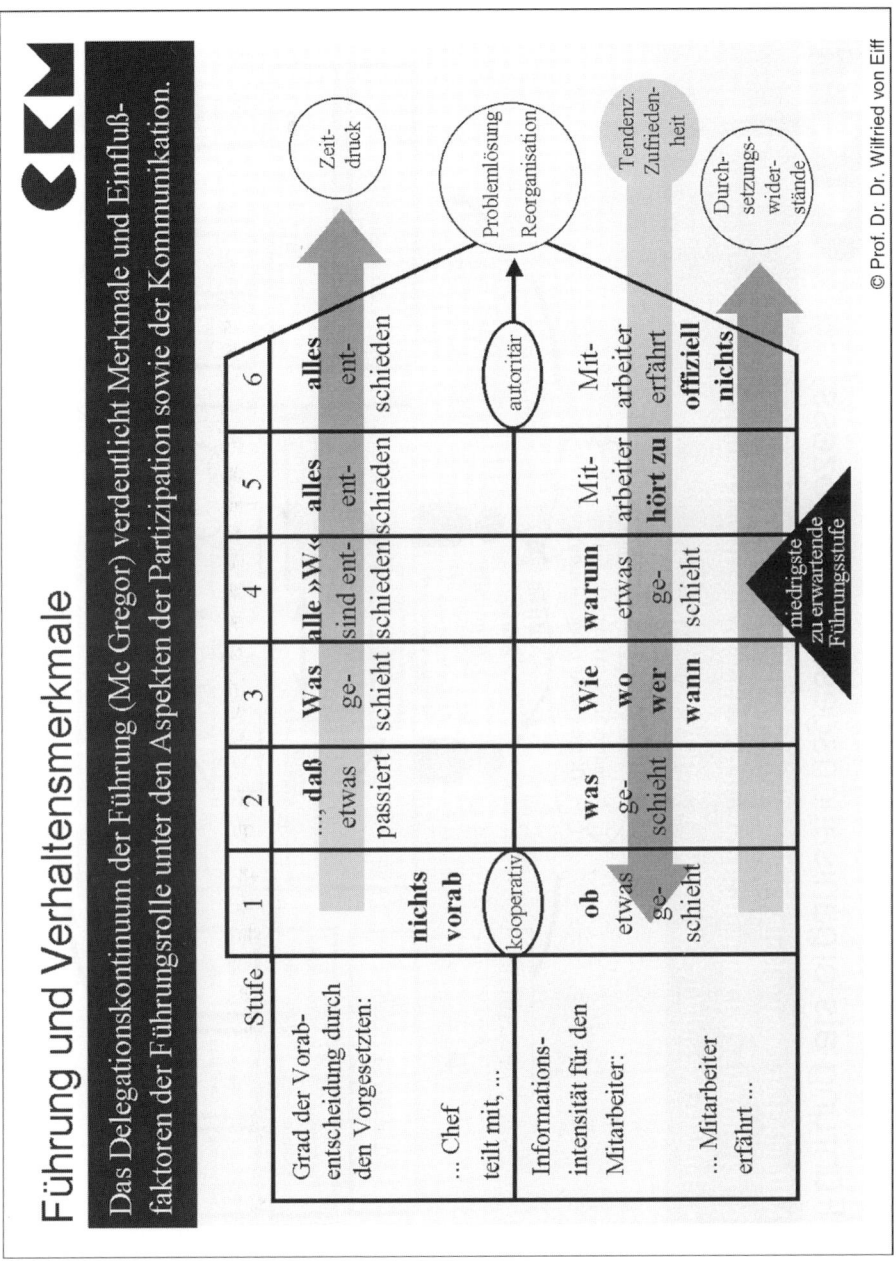

Führung und Verhaltensmerkmale

Das Delegationskontinuum der Führung (Mc Gregor) verdeutlicht Merkmale und Einfluß-
faktoren der Führungsrolle unter den Aspekten der Partizipation sowie der Kommunikation.

Stufe	1	2	3	4	5	6
Grad der Vorab-entscheidung durch den Vorgesetzten: ... Chef teilt mit, ...	**nichts vorab**	**..., daß** etwas passiert	**Was** ge-schieht	**alle »W«** sind ent-schieden	**alles** ent-schieden	**alles** ent-schieden
Informations-intensität für den Mitarbeiter: ... Mitarbeiter erfährt ...	**ob** etwas ge-schieht	**was** ge-schieht	**Wie wo wer wann**	**warum** etwas ge-schieht	Mit-arbeiter **hört zu**	Mit-arbeiter erfährt **offiziell nichts**

kooperativ — autoritär

Zeit-druck

Problemlösung Reorganisation

Tendenz: Zufrieden-heit

Durch-setzungs-wider-stände

niedrigste zu erwartende Führungsstufe

© Prof. Dr. Dr. Wilfried von Eiff

Abb. 4.9: Die Führungskraft beeinflusst über die Art der Partizipation und Kommunikation.

81

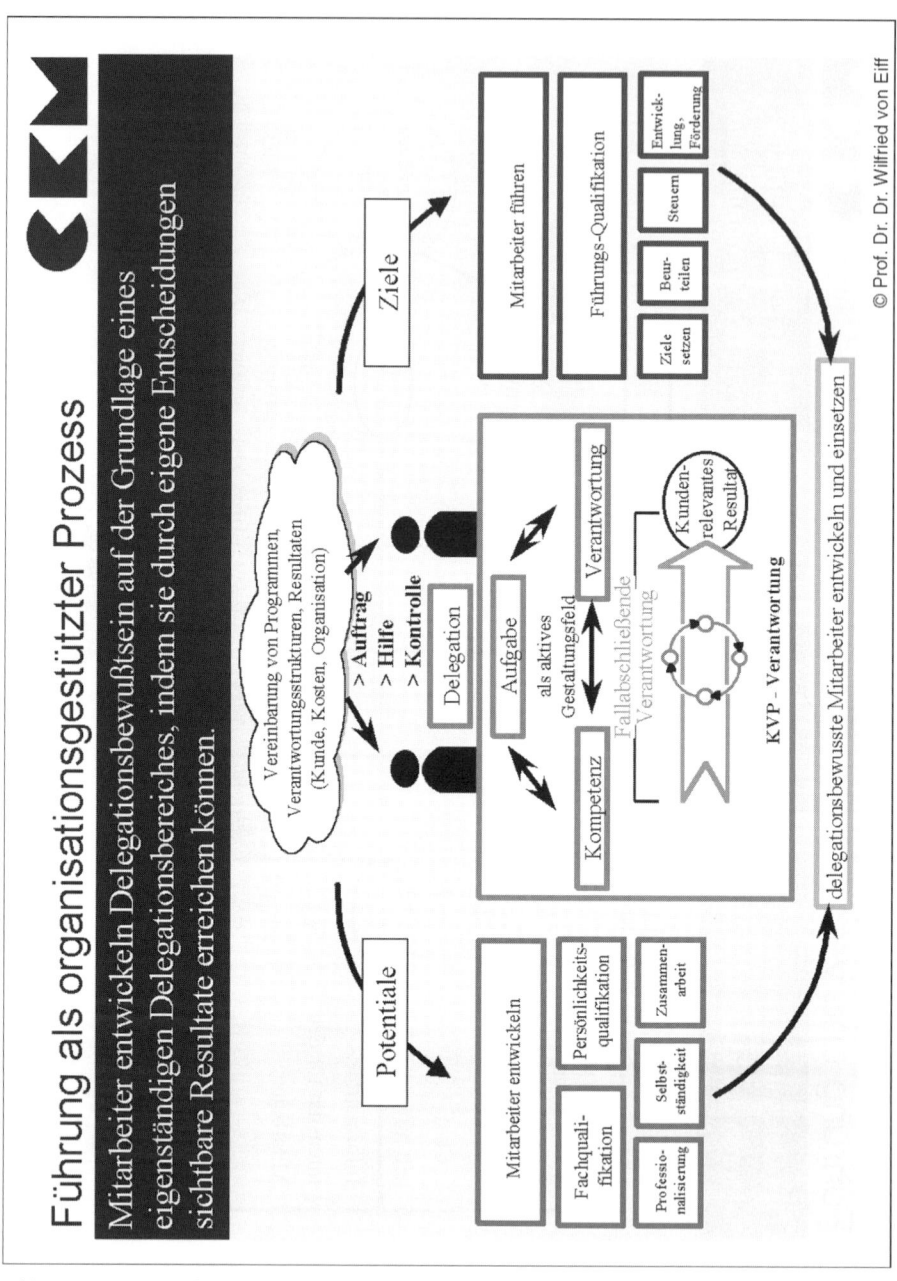

Abb. 4.10: Die Delegation von Problemlösungsverantwortung bildet die Grundlage einer leistungsorientierten Führung.

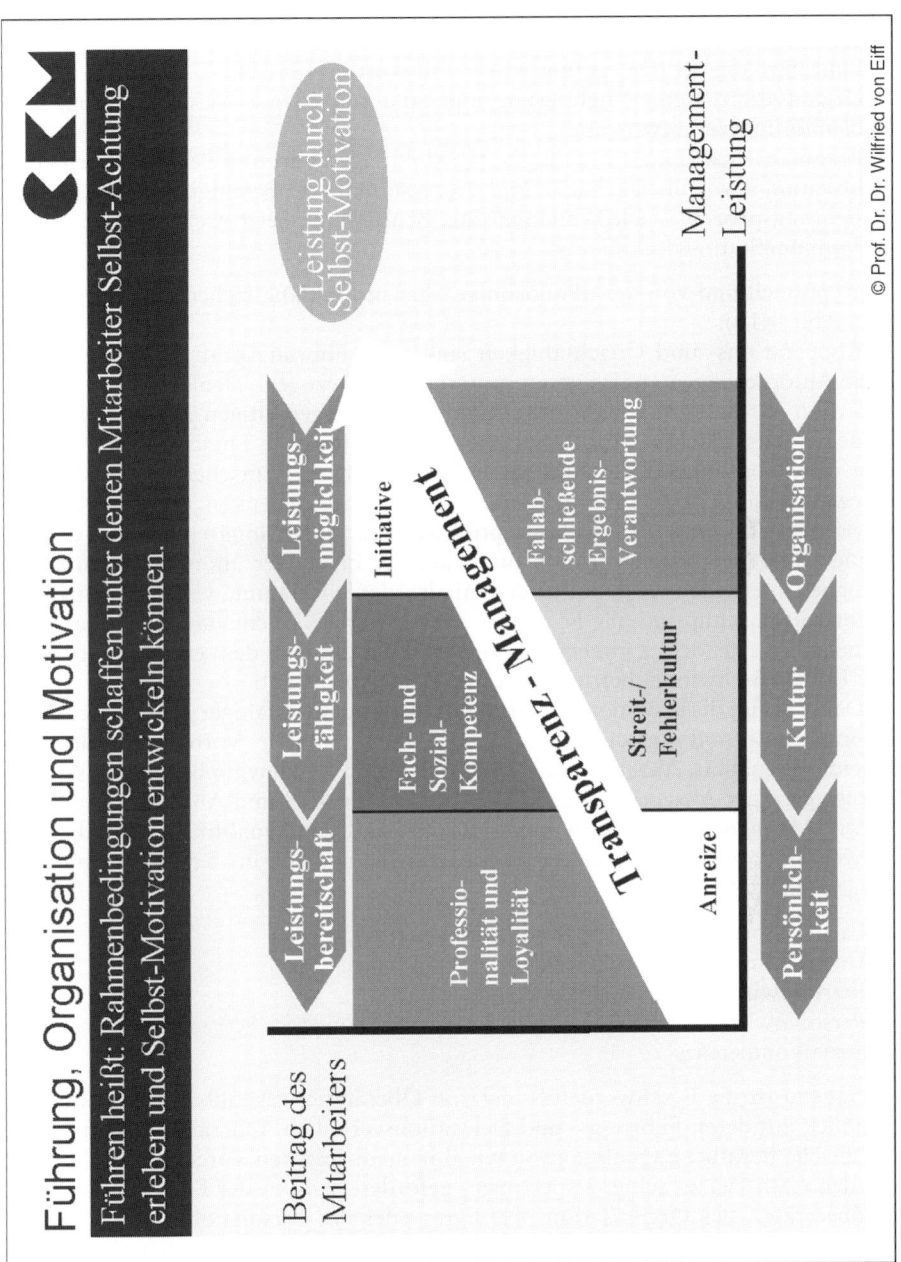

Abb. 4.11: Die Übertragung von Aufgabe, Kompetenz und Verantwortung muss delegationsorientiert erfolgen.

Dies setzt natürlich voraus, dass

- Führungskonzept (Delegation von Verantwortung),
- Organisation (Centerorientierung und fallabschließende Verantwortung, Problemlösungsverantwortung),
- Personalentwicklung (Vielseitigkeitsausbildung, Fach- und Persönlichkeitsqualifikation sowie überfachliche und prozessorientierte Befähigung),
- Führungsprozess (Ziele, Vereinbarung, Beurteilung, Feed-back) sowie
- Kommunikationstechnik

konzeptionell und von der „Philosophie" her in Einklang stehen (siehe insbesondere Abb. 4.10).

Kooperations- und Coachfähigkeit stellen an Führungskraft und Mitarbeiter hohe Anforderungen an das gesamtunternehmensbezogene Denken, wie die Identifikation mit der Unternehmenskultur sowie der gegenseitigen Zusammenarbeit. In der arbeitstäglichen Realität gleichen insbesondere die Entscheidungsprozesse eher einer kontinuierlichen Abfolge von Idee, Konzept, Entscheidung, Bedenken, Konzeptrevision, neuer Entscheidung, noch stärkerer Bedenken, erneuter Konzeptrevision ... bis entweder die konzeptionsstarken und visionären Macher desillusioniert aufgeben oder ein Kompromiss auf der Ebene der „hinreichenden Ungenauigkeit" gefunden wird, mit dessen Inhalt jeder leben kann, weil alles beim alten bleibt. Gleichzeitig sind alle begeistert ein schwieriges Thema angepackt und einvernehmlich „gehört" zu haben: bis zu dem Zeitpunkt, zu dem erkannt wird, dass nur Etikettenschwindel betrieben wurde (siehe Abb. 4.12).

Dabei bringt die systematische Einbindung delegationsfähiger Mitarbeiter in die Informations- und Entscheidungsprozesse drei deutliche Vorteile hervor: Entscheidungsqualität, Akzeptanz der Mitarbeiter und Zeitgewinn bei der Umsetzung infolge geringer Akzeptanzwiderstände (siehe Abb. 4.13 und Abb. 4.14).

Der Manager der Zukunft muss einen Strauß von Qualifikationsmerkmalen aufweisen; dabei werden sich die Anforderungen deutlich in vier Richtungen ausprägen (siehe Abb. 4.15):

- Fachkompetenz (Selbstverständlichkeitsfaktor),
- Unternehmerisches Bewusstsein,
- Betriebswirtschaftliche Methodenkenntnis,
- Personalwirtschaftliche Methodenkompetenz sowie
- Sozialkompetenz.

Auffallend ist die Beschwerdeführung von Oberärzten gegenüber ihren Chefs im Hinblick auf deren Führungs- und Delegationsverhalten. Oberärzte haben i. d. R. die gleiche berufliche Qualifikation wie ihre medizinischen Vorgesetzten. Aber sie werden noch viel zu selten als Manager gefordert, z. B. in der Funktion des Budgetoberarztes, des Organisationsoberarztes oder des Personaloberarztes. Gerade die Delegation von Managementverantwortung bietet den Oberärzten die Chance zur Entwicklung von Managementfähigkeiten und entlastet den Chef.

Abb. 4.12: Eine gründliche Entscheidungsvorbereitung unter Einbindung der fachlich und machtpolitisch relevanten Mitarbeiter führt zu akzeptierten Entscheidungen.

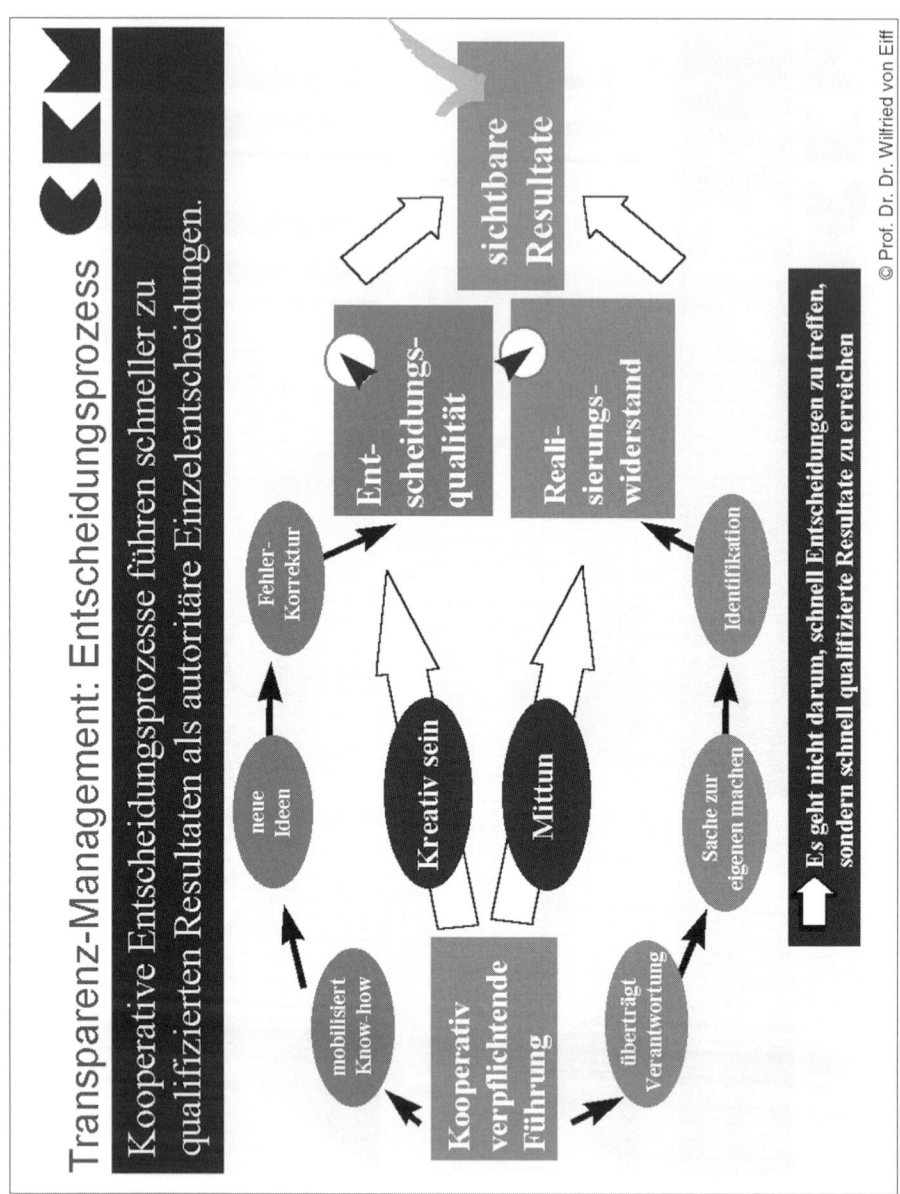

Abb. 4.13: Die Einbindung der „richtigen" Mitarbeiter in die Entscheidungsprozesse ermöglicht innovative, qualifizierte, akzeptierte und schnelle Entscheidungen.

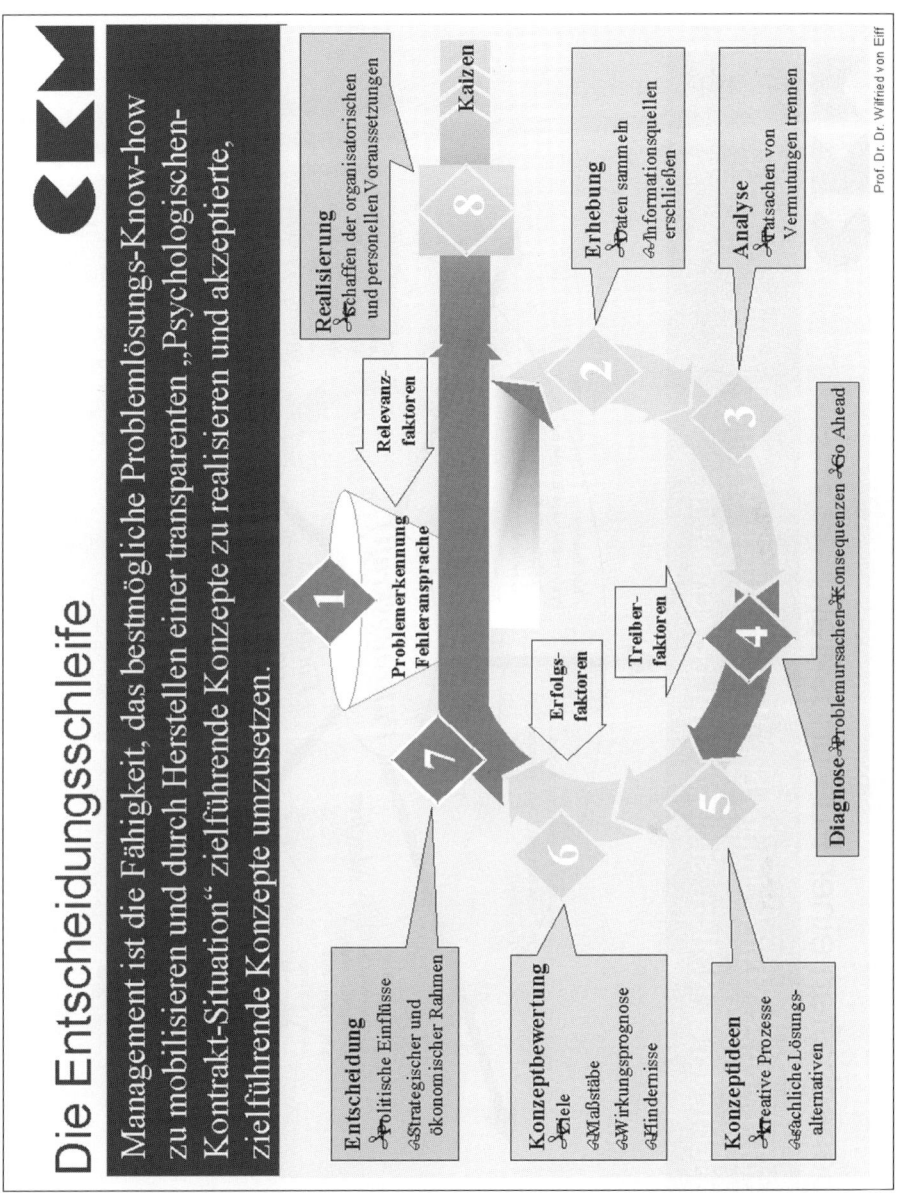

Die Entscheidungsschleife

Management ist die Fähigkeit, das bestmögliche Problemlösungs-Know-how zu mobilisieren und durch Herstellen einer transparenten „Psychologischen Kontrakt-Situation" zielführende Konzepte zu realisieren und akzeptierte, zielführende Konzepte umzusetzen.

Realisierung
↳Schaffen der organisatorischen und personellen Voraussetzungen

Kaizen

Erhebung
↳Daten sammeln
↳Informationsquellen erschließen

Analyse
↳Tatsachen von Vermutungen trennen

Relevanz-faktoren

Problemerkennung Fehleransprache

Erfolgs-faktoren

Treiber-faktoren

Diagnose ↳Problemursachen ↳Konsequenzen ↳Go Ahead

Entscheidung
↳Politische Einflüsse
↳Strategischer und ökonomischer Rahmen

Konzeptbewertung
↳Ziele
↳Maßstäbe
↳Wirkungsprognose
↳Hindernisse

Konzeptideen
↳Kreative Prozesse
↳fachliche Lösungs-alternativen

Prof. Dr. Wilfried von Eiff

Abb. 4.14: Die Entscheidungsschleife charakterisiert den Prozess der Führung delegationsfähiger Mitarbeiter.

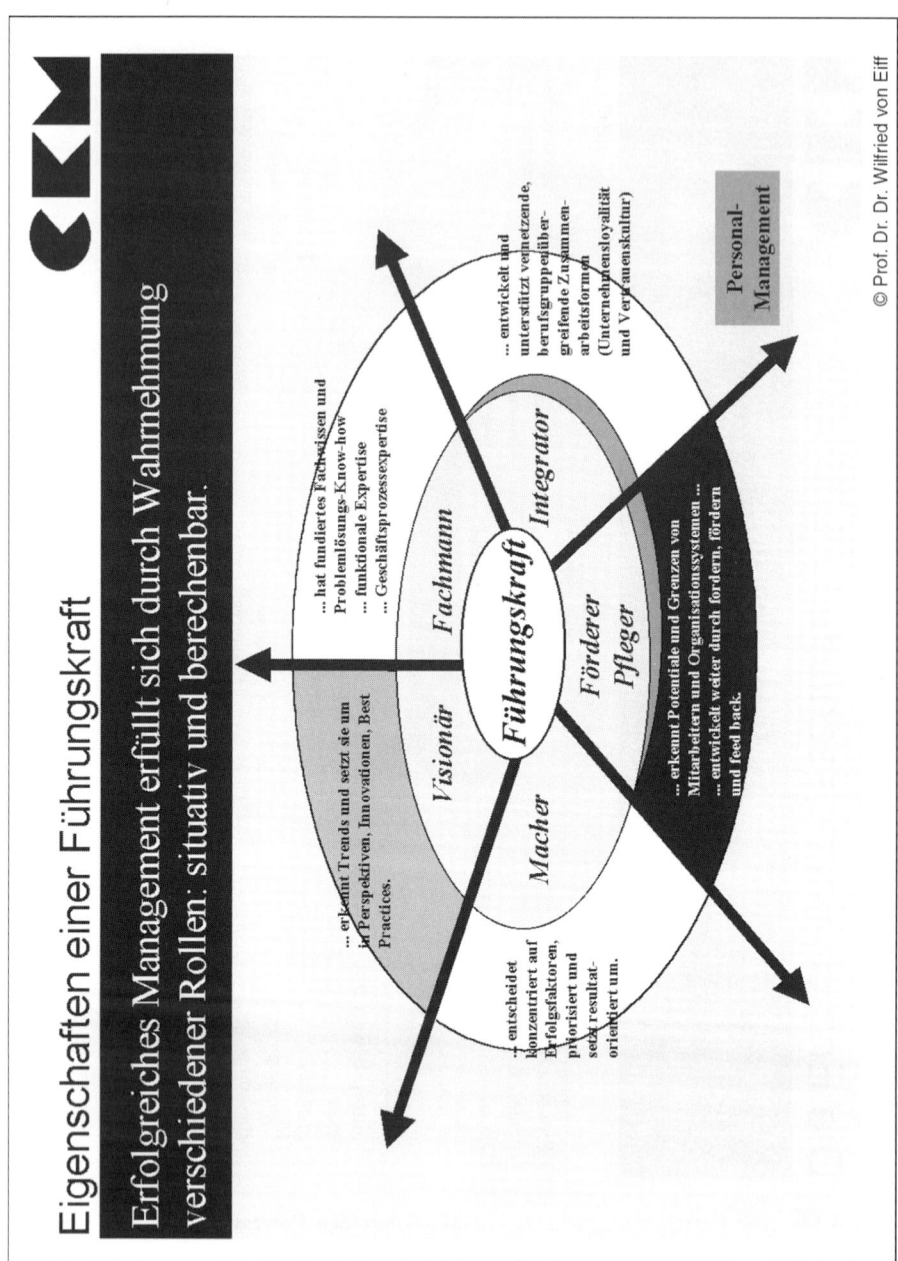

Abb. 4.15: Fachkompetenz, unternehmerisches Bewusstsein, Methodenkenntnis und Sozialkompetenz zeichnen die Führungskraft aus: Förderer- und Integrator-Fä-
higkeiten sind typische Personalmanagement-Fähigkeiten.

4.4 Führungsdefizite und Handlungsbedarf für das Personalmanagement

Auf dem harten Prüfstand der täglichen Führungsrealität sind derartige Eigenschaftssträuße von Qualifikationsmerkmalen der Führung weniger von Bedeutung: hier spielen Verhaltenskompetenzen eine Rolle, die weniger die „hohe Kunst" der Führung beschreiben, sondern eher den Charakter von „Selbstverständlichkeiten" und „Kleinigkeiten" haben; aber augenscheinlich sind diese Dinge eben besonders wichtig. Denn die strategischen und visionären Fähigkeiten interessieren den Mitarbeiter arbeitstäglich relativ wenig; für den Mitarbeiter ist wichtig, wie der Chef sich im täglichen Arbeitsablauf verhält. Besonders bemängelt werden zwei Arbeitstechniken und Verhaltensweisen des Managers: das „Go-to-Gemba" (Gehen-vor-Ort) und die „Moderationsfähigkeit".

Führungskräfte, die sich selten vor Ort sehen lassen, verlieren den Kontakt zur Basis (siehe Abb. 4.15). Dabei bedeutet „nicht vor Ort gehen": Die Führungskraft arbeitet nicht wertschöpfend an den Sachaufgaben mit und lässt sich nur über ihre „Hofschranzen" über das Arbeitsgeschehen berichten und setzt sich mit den wirklichen Arbeitsprobleme der Mitarbeiter nur oberflächlich auseinander. 83 % der Mitarbeiter bemängeln diese Verhaltensweise und ziehen daraus den Schluss, der Vorgesetzte sehe ihre Aufgabe als nicht so wichtig und sie als Person als jederzeit austauschbar an. Die dringende Empfehlung kann nur lauten: „Go-to-Gemba".

„...
> **Go to Gemba and ask the people who do the work.**
> „Wenn wir nur mit denen sprechen, die wir hören wollen, wie es die Diktatoren aller Zeitalter hielten, dann erfahren wir nichts Überraschendes oder Bestürzendes, aber dafür entgeht uns vielleicht die eine oder andere wesentliche Information."
>
> Charles Handy

Die Mitarbeiterbeschwerden gehen noch weiter: Sie meinen, Go-to-Gemba-Bereitschaft führt zu realitätsfernen und sprunghaften Entscheidungen. Um es deutlich zu machen: Sich als Chef vor Ort physisch sehen zu lassen ist nicht gemeint; die Mitarbeiter beklagen, dass sich die Chefs viel zu wenig um die Probleme der Mitarbeiter kümmern, die diese arbeitstäglich mit desorganisierten Abläufen, unsachlicher Zusammenarbeit etc. haben. In Ermangelung dieser Kenntnis sowie in Verbindung mit einer unzureichenden regelmäßigen Einbindung (zumindest der „Schlüsselmitarbeiter") in die Informations- und Entscheidungsprozesse treffen die Führungskräfte sachfremde Entscheidungen.

Frappierend ist auch, dass 63 % der Mitarbeiter mit den Fähigkeiten ihres Vorgesetzten als „Konferenz-/Besprechungsmanager" höchst unzufrieden sind (siehe Abb. 4.17).

Aufgabe der Führung ist es Rahmenbedingungen zu schaffen in denen Mitarbeiter von sich aus Engagementbereitschaft und Leistungswillen entwickeln, d. h. sinnvolle Arbeit geben.

Führung

Der Chef sollte mehr vor Ort gehen und die Arbeitsprozesse und Abteilungen der Mitarbeiter besser kennen.

83 %

83 % der Mitarbeiter in Krankenhäusern und krankenhausähnlichen Einrichtungen (nicht befragt wurden Chefärzte und leitende Oberärzte) bemängeln, dass der Chef zu wenig Zeit vor Ort an den Arbeitsplätzen der Mitarbeiter verbringt.

Durch mangelnde Chefpräsenz, so die Klage führender Mitarbeiter,

➡ seien die Entscheidungen des Chefs oftmals realitätsfern,

➡ hätte der Chef völlig falsche Vorstellungen über die Geschwindigkeit von Organisations- und Verhaltensänderungen,

➡ zeige der Chef, dass er die Arbeit der Mitarbeiter für nicht so wichtig hält,

➡ komme es zu sprunghaften Chefanweisungen,

➡ fehle Feedback als Grundlage für zukünftige Qualitätsverbesserungen,

➡ entstehe Informationslücken,

➡ werde Delegation nicht möglich.

Abb. 4.16: Vorgesetzte, die sich mit den arbeitstäglichen Problemen und Organisationsbedingungen der Mitarbeiter nicht inhaltlich auseinander setzen, treffen sachlich unqualifizierte Entscheidungen.

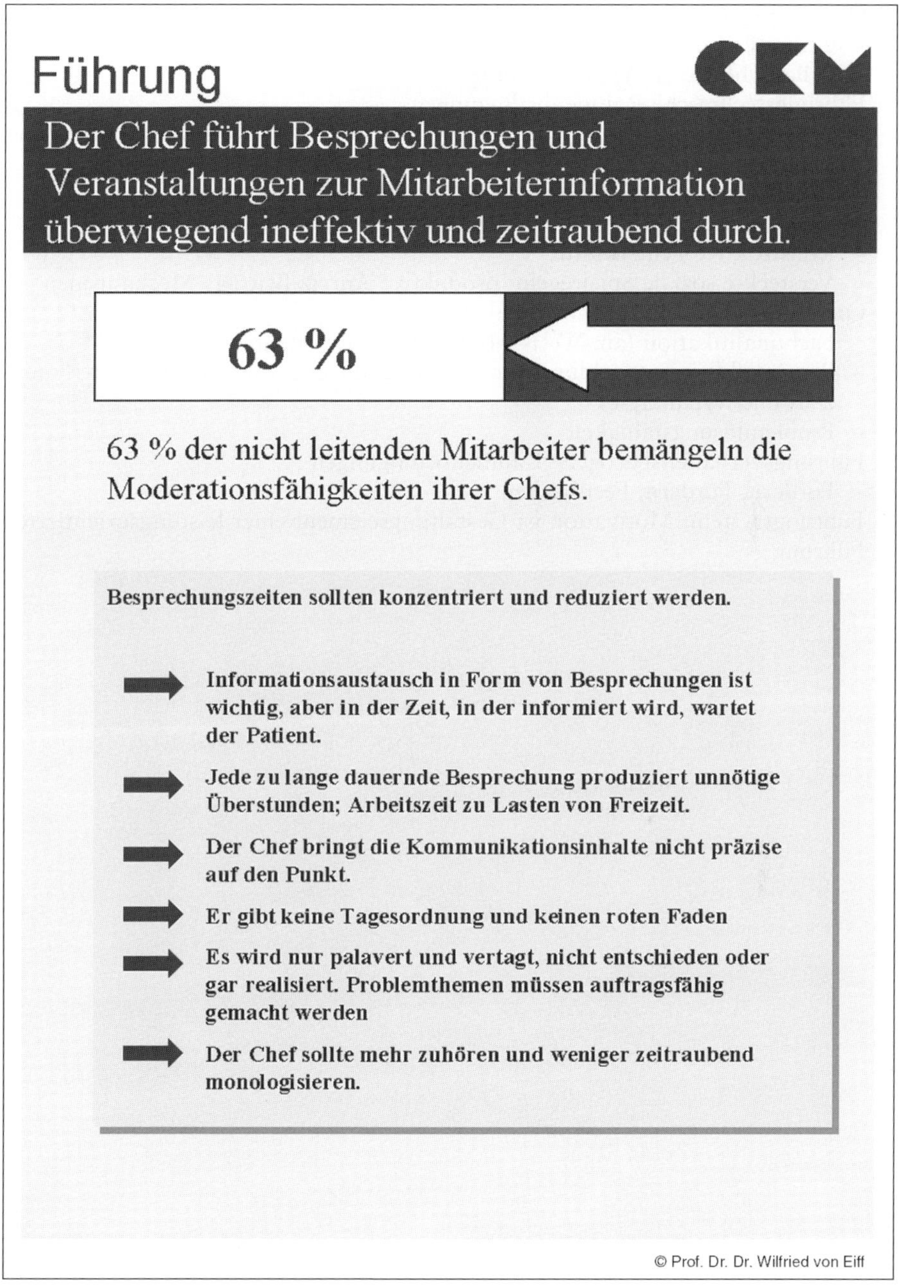

Führung **CKM**

Der Chef führt Besprechungen und Veranstaltungen zur Mitarbeiterinformation überwiegend ineffektiv und zeitraubend durch.

63 %

63 % der nicht leitenden Mitarbeiter bemängeln die Moderationsfähigkeiten ihrer Chefs.

Besprechungszeiten sollten konzentriert und reduziert werden.

➤ **Informationsaustausch in Form von Besprechungen ist wichtig, aber in der Zeit, in der informiert wird, wartet der Patient.**

➤ **Jede zu lange dauernde Besprechung produziert unnötige Überstunden; Arbeitszeit zu Lasten von Freizeit.**

➤ **Der Chef bringt die Kommunikationsinhalte nicht präzise auf den Punkt.**

➤ **Er gibt keine Tagesordnung und keinen roten Faden**

➤ **Es wird nur palavert und vertagt, nicht entschieden oder gar realisiert. Problemthemen müssen auftragsfähig gemacht werden**

➤ **Der Chef sollte mehr zuhören und weniger zeitraubend monologisieren.**

© Prof. Dr. Dr. Wilfried von Eiff

Abb. 4.17: Moderationsfähigkeit gehört zur Schlüsselqualifikation eines Chefs.

- Organisatorische Rahmenbedingungen
  - Center-Prinzip
  - Fallabschließende Verantwortung
- Führungstechnische Rahmenbedingungen
  - Delegation von Problemlösungsverantwortung und ein kontinuierlicher Verbesserungsprozess
  - Fähigkeitsorientierte Partizipation im Entscheidungsprozess
- Unternehmenskulturelle Rahmenbedingungen
  - Konstruktive Fehlerkultur
  - Versteckte soziale Spielregeln: produktive Anreiz-Beitrags-Mechanismen
- Qualifikatorische Rahmenbedingungen
  - Fachqualifikation (am Wertschöpfungsprozess orientiert)
  - Persönlichkeitsentwicklung, Kommunikation und Zusammenarbeit (Potenzial- und Typanalyse)
  - Problemlösungsfähigkeit
- Führungsverhaltensbezogene Rahmenbedingungen
  - Fordern, Fördern, Feedbacken
- Führungssystem: Motivation ist Gestaltungselement einer leistungsorientierten Führung

5 Die Rolle des Mitarbeiters:
Zwischen Hoffnung auf Partizipation und Enttäuschung durch Lippenbekenntnisse

5.1 Die arbeitstägliche Realität im Umgang mit dem „Erfolgsfaktor" Mitarbeiter

Auf Führungsseminaren und in Publikationen ebenso wie in „Sonntagsreden", die anlässlich von Führungskräftetreffen gehalten werden, wird mit geradezu gebetsmühlenartiger Penetranz darauf verwiesen, dass der Mitarbeiter der eigentliche Erfolgsfaktor eines Unternehmens ist. „Bei uns steht der Mitarbeiter im Mittelpunkt", so heißt es in Hochglanzbroschüren, in denen Personalentwicklungskonzepte und Krankenhausleitlinien bekannt gemacht werden.

Die Ergebnisse der CKM-Trendstudie „Krankenhaus-Management im Wandel" zeichnen aber für viele Krankenhäuser das gegenteilige Bild einer geradezu nachdenklichen Verhaltenslandkarte. „Wenn der Arzt entscheidet, dann ist schon alles in Ordnung...", so charakterisiert eine Pflegekraft ihre Arbeitssituation, die durch Fremdbestimmtheit und ausführende, repetitive Tätigkeiten gekennzeichnet ist. „Verbesserungsvorschläge unterbreite ich nicht mehr, denn ich lasse mich nicht noch einmal fragen, ob ich nichts Besseres zu tun hätte, als über meine Arbeitssituation zu lamentieren".

Die Liste solcher frustrationsgeprägten Äußerungen ließe sich einerseits beliebig verlängern. Andererseits darf auch nicht unterschlagen werden, dass es in einer Reihe von Krankenhäusern bzw. in einzelnen Krankenhausbereichen hochengagierte Mitarbeiter gibt, die mit ihren Vorgesetzten im ständigen Dialog zielführend und partnerschaftlich zusammenarbeiten.

Natürlich: Der Mensch in einer Organisation kann je nach Einstellung, Tagesform oder sonstigen sozialen Einflüssen Leistungsträger oder Störfaktor sein, als Bedenkenträger nerven oder als Problemlöser beeindrucken, durch sein Laisserfaire-Verhalten provozieren oder als Ideengeber begeistern.

„Die herausragenden Leistungen eines Mitarbeiters werden der Führung zum Trotz erbracht", so die wenig schmeichelhafte Meinung von Bob Woodword. Auch in diesem Zusammenhang zeigt die CKM-Studie die schlimmsten Führungsfehler, die von Führungskräften im Krankenhaus begangen werden: Neben Desinteresse an den Problemen der Mitarbeiter werden Unberechenbarkeit und Wankelmut die Unfähigkeit zu loben das Abwürgen berechtigter Kritik und das Abkanzeln von Mitarbeitern in der Öffentlichkeit u. Ä. genannt (siehe Abb. 5.1).

Im Einzelnen werden folgende Führungsfehler als „besonders schlimm" und „überdurchschnittlich oft vorkommend" kommentiert:

Schwächen gegenüber Mitarbeitern
- Keine Loyalität bei Fehlverhalten des Mitarbeiters,
- Mitarbeiter vor anderen Beteiligten zur Rede stellen,

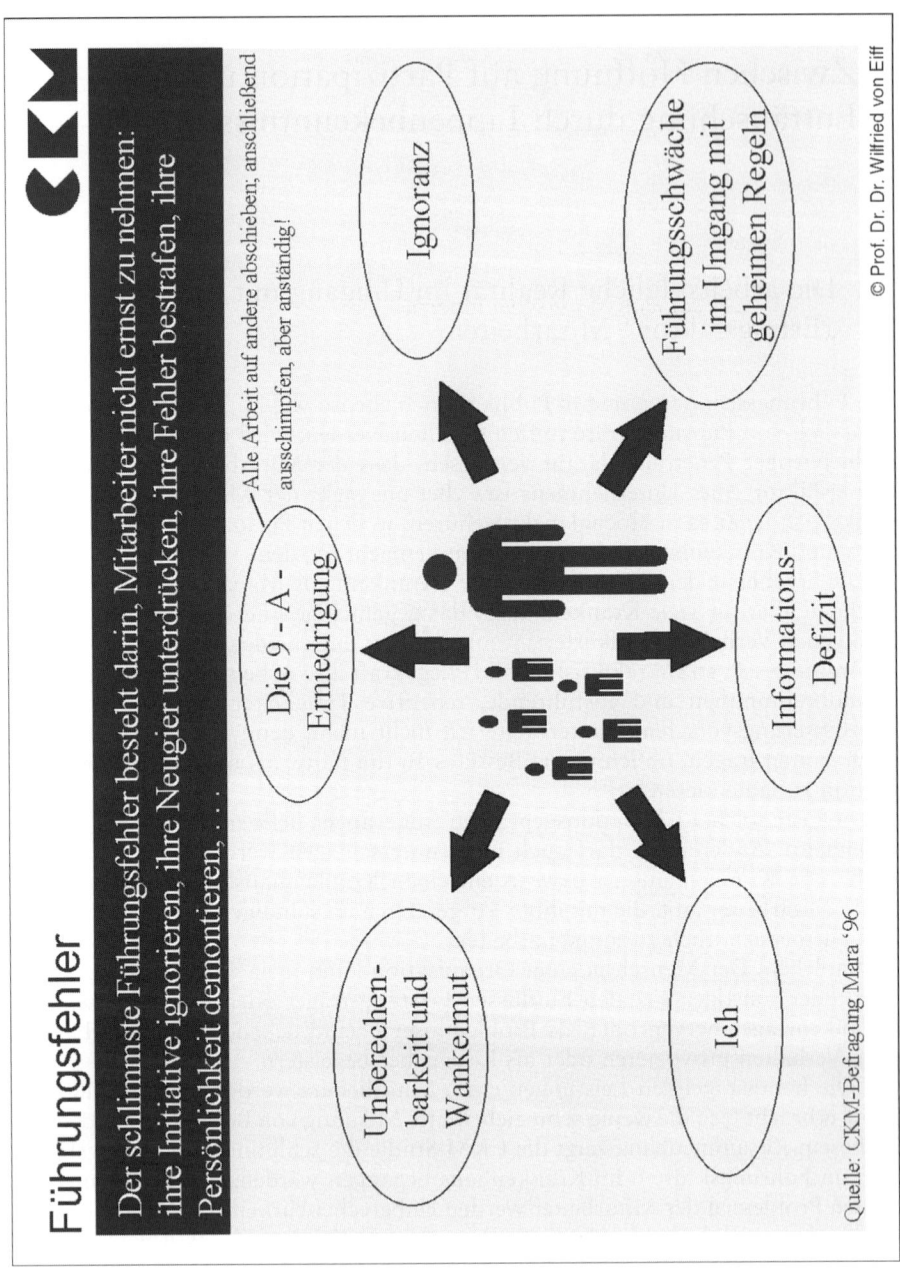

Abb. 5.1: Die Mitarbeiter müssen von ihrem Vorgesetzten ernst genommen werden.

- Entmündigung der Mitarbeiter, „Menschliche" Respektlosigkeit,
- Desinteresse an den Problemen der Mitarbeiter,
- Keine Zeit für Mitarbeitergespräche,
- Abwürgen berechtigter Kritik,
- Quertreiber werden nicht gemaßregelt und gekündigt.

Entscheidungsschwächen
- Ziele nicht konkret benennen,
- Entscheidungen hinauszögern,
- Zusagen nicht einhalten,
- Zu frühe oder subjektive Entscheidungen,
- Durch schlechte Organisation schlechte Medizin (Fehler) machen.

Persönliche Defizite
- Keine Information, keine Verantwortung, kein Vertrauen,
- Falsch verstandene Nachgiebigkeit,
- Druck durch Intrigen,
- Fehlende Kongruenz von Anspruch am Einsatz der Mitarbeiter und eigenem Einsatz,
- Inkonsequenz, Launenhaftigkeit, Unfähigkeit zu loben
- Desinteresse an den Problemen der Mitarbeiter,
- Abwürgen berechtigter Kritik.

Auf Grund dieser Meinungssituation von Mitarbeitern über ihre Führungskräfte mutet es schon verwunderlich an, dass Führungskonzepte, die auf den Mitarbeiter als unternehmerisch denkenden Partner des Managements setzen, sich in der Management-Literatur Bestnoten verdienen. „Every employee a manager", forderte Myers in seinem vielbeachteten Buch bereits 1981 (Every employee a manager, Myers 1981).

5.2 Erfolgsfaktoren der Führung im Umgang mit dem „Erfolgsfaktor" Mitarbeiter

Unter dem Gesichtspunkt der Führung ergibt sich genau an dieser Stelle eine zentrale Herausforderung, der sich jeder Verwalter auf dem Weg zum Management stellen muss: der Führung des Erfolgsfaktors ‚Mensch'.

...“
> **Kommunikation**
> „Wir können nicht nicht kommunizieren."
>
> Sammy Molchow

Die arbeitstägliche Realität sieht in den Krankenhäusern (aber genauso auch in zahlreichen Industriebetrieben) noch häufig anders aus.

Zwei Fragen drängen sich auf:
1. WILL das Management überhaupt den mitdenkenden engagierten Mitarbeiter oder ist der ideengetriebene, sachlich hinterfragende Mitarbeiter eher als Stö-

renfried verfemt? Querdenker werden als Mangelware beklagt, aber wenn einer erscheint, ist die Diffamierung zum Quertreiber programmiert. Zu oft wird ,Delegation' gepredigt, aber in der arbeitstäglichen Praxis durch die Führung verhindert (siehe Abb. 5.2) und

2. KANN der Mitarbeiter diese Engagementleistung, die für das Funktionieren einer delegationsorientierten Organisations- und Führungsstruktur Voraussetzung ist, überhaupt erbringen oder ist er grundsätzlich überfordert?

„ ... "

> **Delegieren verkehrt herum**
> „Leuten ihre Verantwortung zu stehlen ist Unrecht."
>
> Charles Handy (Die Fortschrittsfalle)

Grundsätzlich gilt: wer nicht gefordert wird, kann sich auch nicht entwickeln, wem nicht vertraut wird, der kann sich auch nicht als vertrauenswürdig erweisen.

Andererseits sind idealisierende Vorstellungen von der generellen Leistungsfähigkeit *des* Mitarbeiters zur Bewältigung der Realität wenig hilfreich. Unter Rückgriff auf die Motivationsstudie von Corell (Corell 1993) ist festzustellen, dass etwa 30 % der Mitarbeiter delegationsfähig im unternehmerischen Sinn sind, weitere 30 % kann man „mitreißen", aber die verbleibenden 40 % der Mitarbeiter binden das Engagement einer Führungskraft über Gebühr (siehe Abb. 5.3 und Abb. 5.4).

Durch diese Tagesgeschäftsbindung verbleibt wenig Zeit für die eigentlichen Aufgaben einer Führungskraft: Entwicklung von Zielen und Geschäftsfeldstrategien, Kundenorientierungsmaßnahmen und interne Organisationsverbesserungen usw.

Um Mitarbeiter „delegationsfähig" zu entwickeln helfen regelmäßige Fachfortbildungen wenig. Gefragt ist eine Personalentwicklung (PE), durch die

- Problemlösungsfähigkeit in sog. "Organisationsfamilien" an konkreten Fragestellungen des Tagesgeschäfts trainiert wird;
- lernen durch systematisches Probieren und aktives, verantwortliches Tun ermöglicht wird;
- der Geschäftsprozess als Lernfeld begriffen wird und nicht die aktuelle Funktion bzw. die isolierte Aufgabe in Verbindung mit einer Stellenbeschreibung.

5.3 Motivation als Aufgabe der Führung

In über 60 Workshop mit insgesamt 750 Teilnehmern wurden im Rahmen der CKM-Studie motivationsfördernde und demotivierende Einflüsse sowie Bedingungen analysiert.

Abfragen per Metaplan-Technik mit anschließender Diskussion auf Basis eines inzidenzorientierten Analyseansatzes brachten Erkenntnisse, die sich in der Tendenz auffallend einheitlich darstellen (siehe Abb. 5.5).

- Selbstmotivation entwickeln Mitarbeiter, wenn sie durch eigenes Tun und eigenes Entscheiden ein sichtbares Resultat erzielen, das von anderen (insbesondere

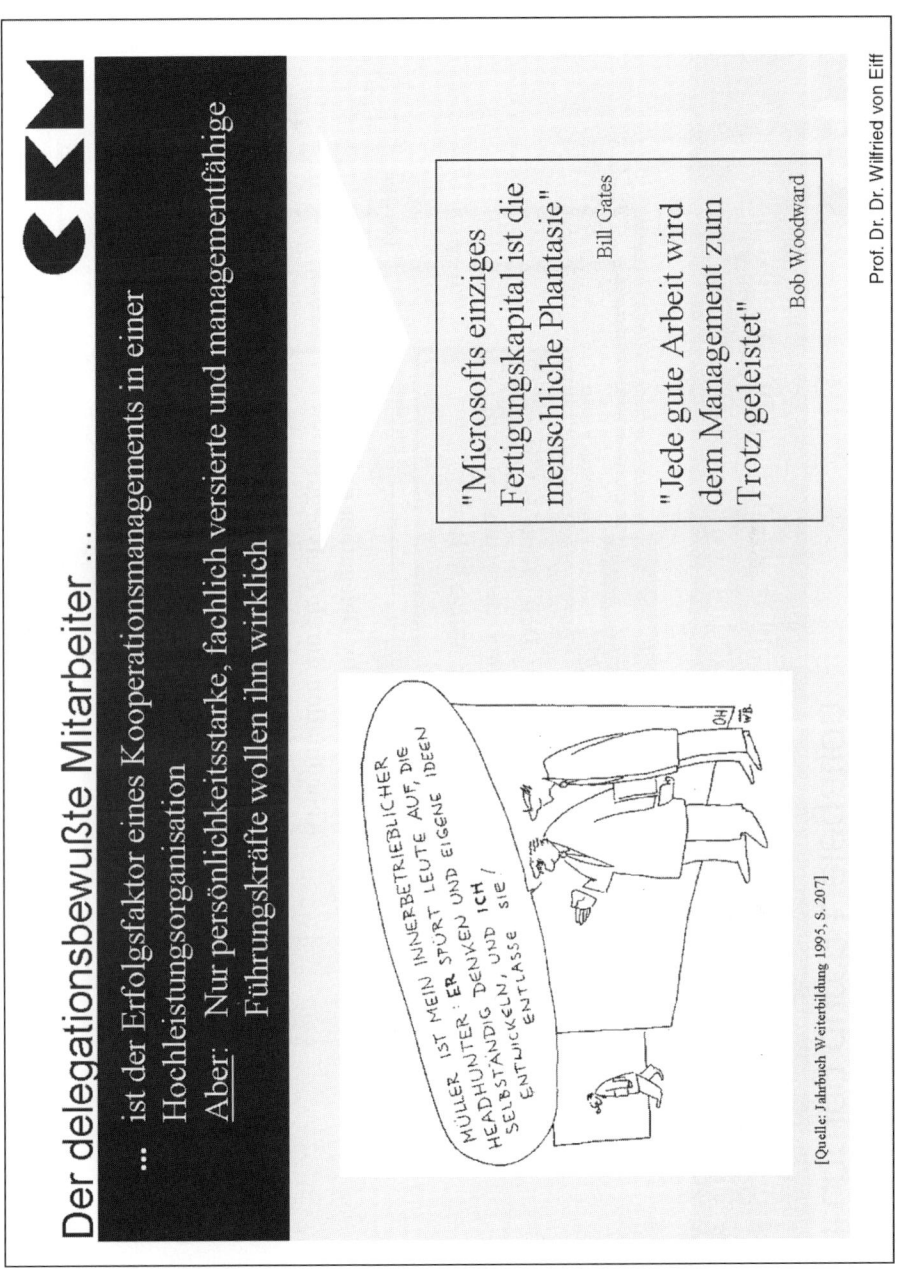

Abb. 5.2: Zu oft wird „Delegation" gepredigt, aber in der arbeitstäglichen Praxis durch die Führung verhindert.

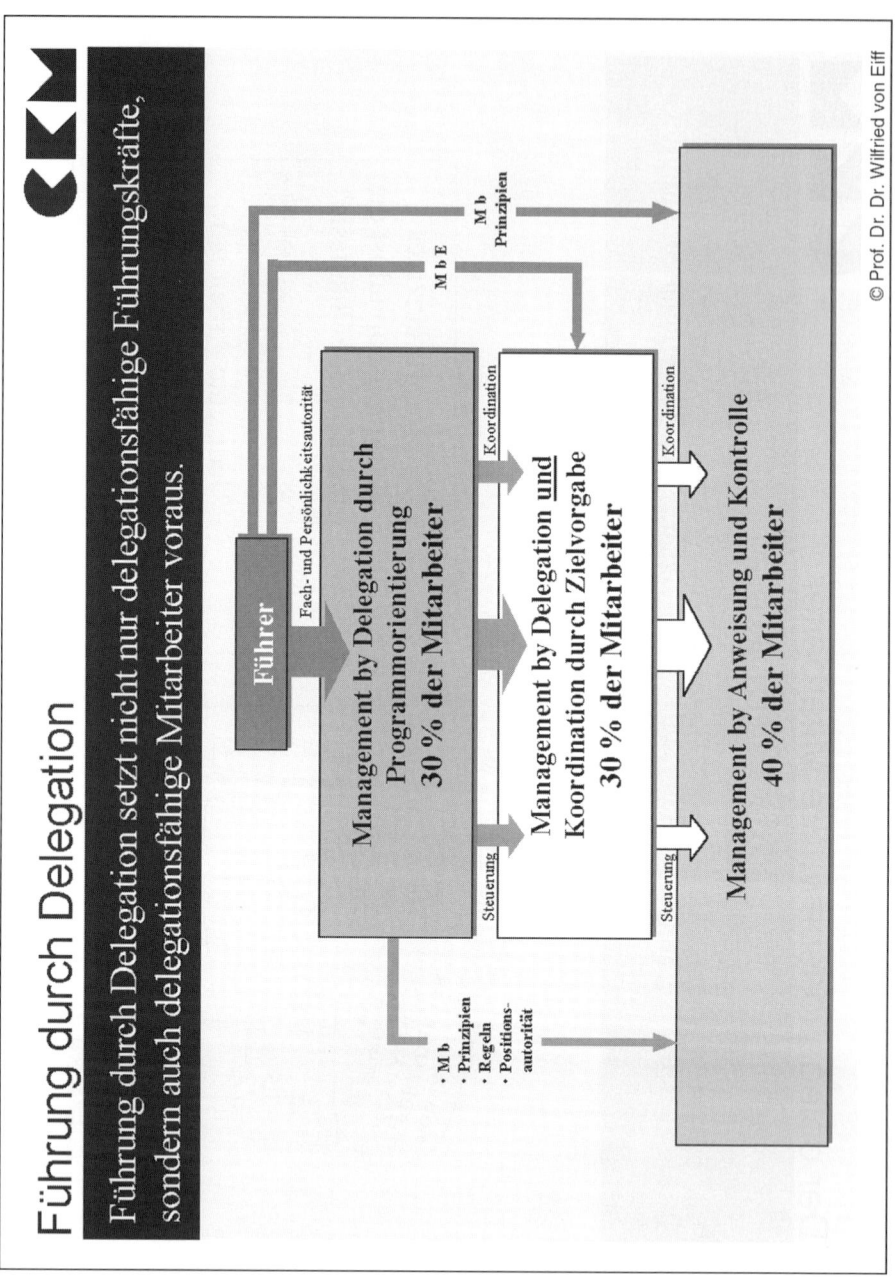

Abb. 5.3: Nur etwa 30 % der Mitarbeiter sind „delegationsfähig" im Sinne der anspruchsvollen Managementempfehlungen und Theorieansätze zur delegationsorientierten Führung.

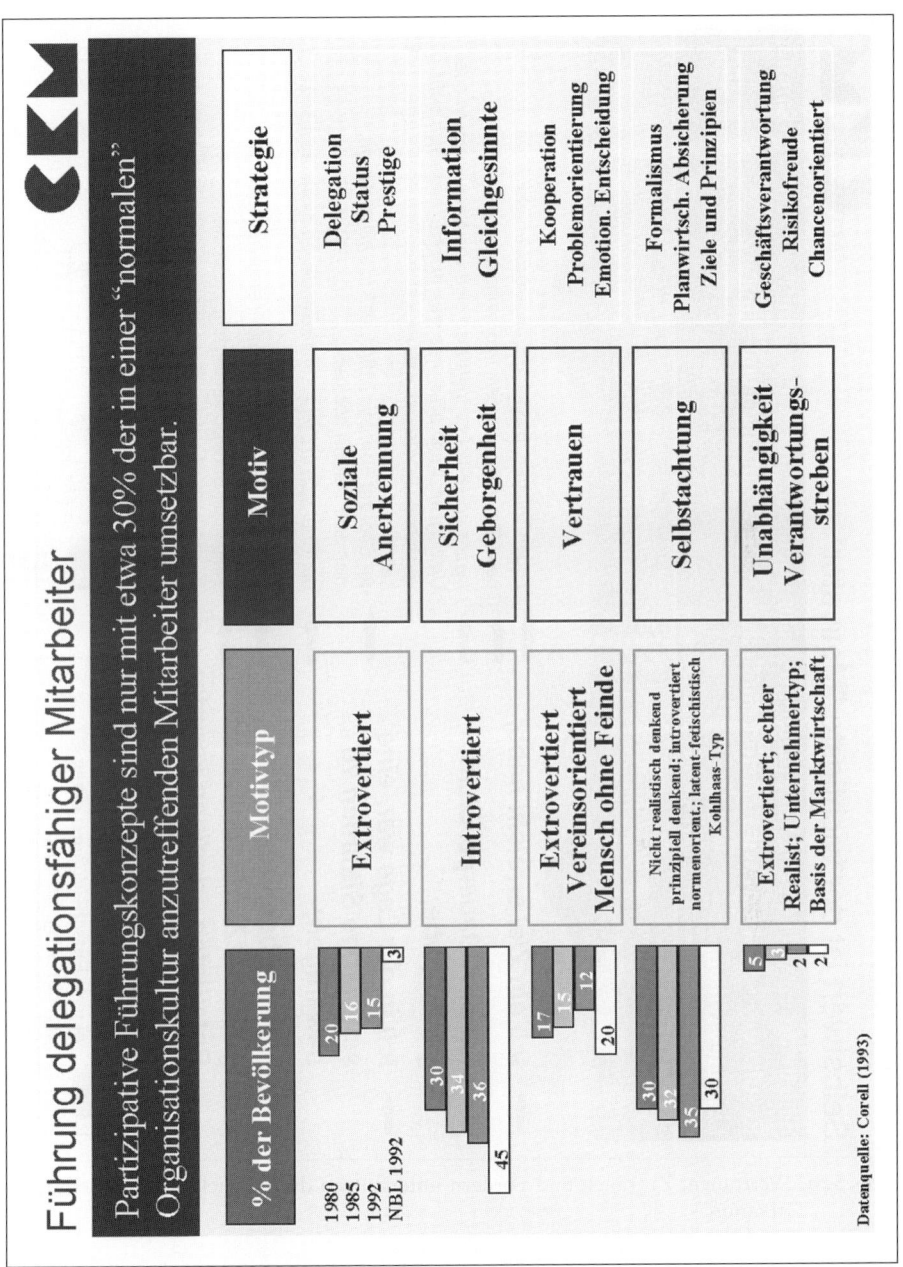

Abb. 5.4: Jede Führungskraft muss selbst identifizieren, welchem Motivtyp die ihm unterstellten Mitarbeiter zuzurechnen sind (Quelle: Correll).

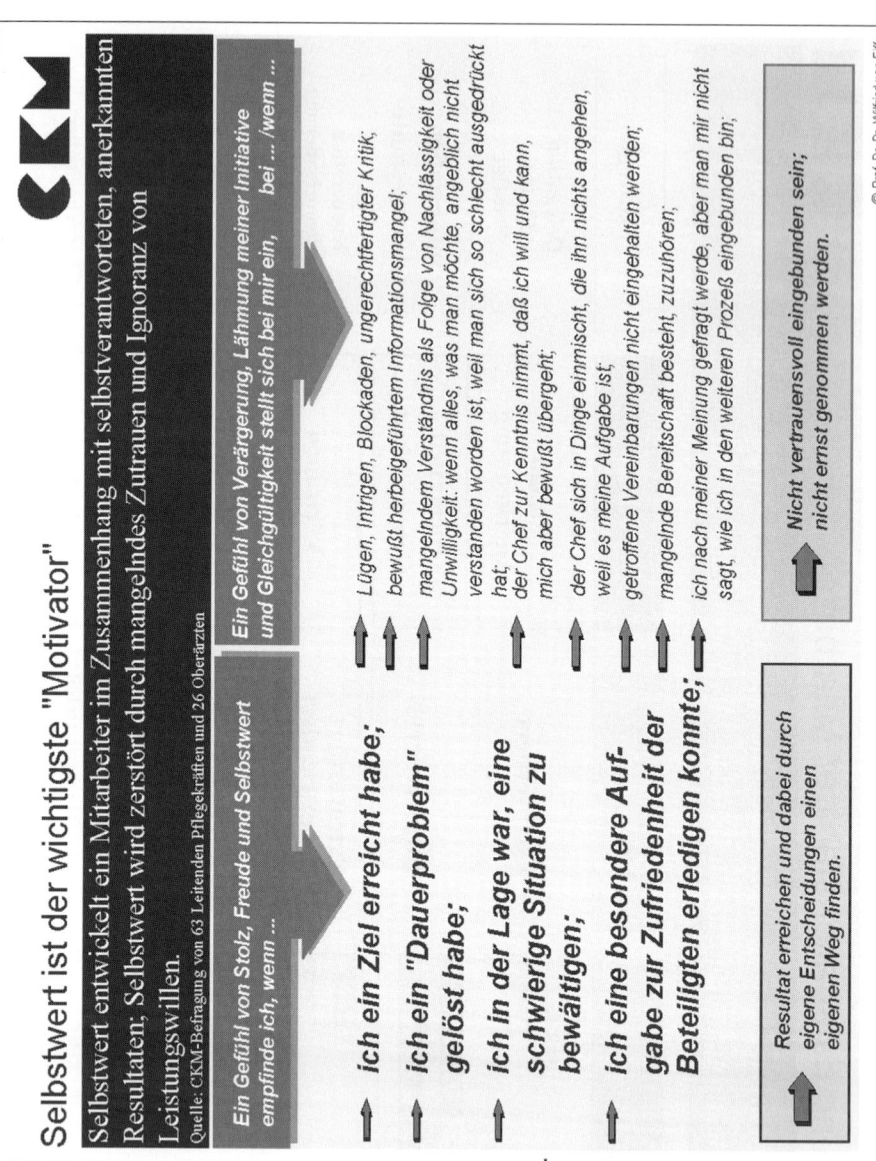

Abb. 5.5: Vertrauen, Zutrauen und Fordern unterstützen die Entwicklung von Selbstmotivation.

dem Chef, den Kollegen und dem Kunden) anerkannt wird und das auch der eigenen Person als Leistung zugerechnet wird (siehe Abb. 5.6).
- Demotiviert fühlen sich Mitarbeiter, wenn sie nicht ernst genommen werden, indem man ihnen nichts zutraut und sie nicht in die Informationsprozesse einbindet. Ein Mitarbeiter, dessen Meinung nicht zählt, fühlt sich ausgestoßen oder wertlos.

> **Lean Management**
> „Gebt den Menschen sinnvolle Arbeit ... und lasst sie nicht vor einem Roboter darauf warten, bis dieser ausfällt um ihn dann reparieren zu dürfen."
> Taiichi Ohno (Das Toyota-Produktionssystem)

Es kommt darauf an, den wichtigsten Frustrationserlebnissen (Demotivationsfaktoren) entgegenzuwirken und gleichzeitig engagementförderndes Führungsverhalten vorzuleben.

> **Personalmanagement ist gefordert, ...**
> ... die Transparenz über die Motivations- und Erwartungshaltungen von Mitarbeitern herzustellen (z.B. Mängel-/Wunschliste, Erwartungsabfrage bei Neueinstellungen, Abgangsinterview, Versetzungsinterview).
> Weiterhin sind Programme zur Einführung neuer Mitarbeiter eine wichtige Aufgabe des Personal-Managements mit dem Ziel, Frustrationserfahrungen bei neu eingestellten Mitarbeitern frühzeitig entgegenzuwirken.

Die Qualität einer Führung und damit (als Folge der Vorbild-Funktion der Führung) auch die Zusammenarbeits- und Kommunikationsqualität einer Organisationskultur, zeigt sich in der Praxis insbesondere an folgenden Merkmalen:

- Umgang mit Initiative und Ideen;
- Umgang mit Fehlern;
- Umgang mit Widerspruch und anderen Meinungen;
- Umgang mit Ressourcen („Die kleinen Nachlässigkeiten und Gedankenlosigkeiten, die unnützen Verschwendungen im Tagesgeschäft);
- Besprechungs- und Informationsverhalten.

Es gehört sicherlich zu den wichtigsten Erkenntnissen der Führungslehre, dass kein Führer in der Lage ist, Mitarbeiter auf Dauer zu „motivieren". Motivation kann nur von innen heraus entstehen, geboren aus der Überzeugung, etwas wert zu sein im Rahmen der Krankenhausorganisation, einen Beitrag, in welcher Form auch immer für das Funktionieren des Krankenhausbetriebes zu leisten der auch als solcher anerkannt wird (siehe Abb. 5.7 und Abb. 5.8).

Insofern kann es auch immer nur die Aufgabe der Führung sein organisatorische Rahmenbedingungen und kulturelle Spielregeln zu manifestieren in deren Rahmen Mitarbeiter Motivation und Engagement, Arbeitsfreude und Begeisterung für ihr Krankenhaus selbst entwickeln. Man könnte auch sagen: Es ist nicht die Aufgabe der Führung Mitarbeiter zu motivieren, sondern sie nicht zu demotivieren.

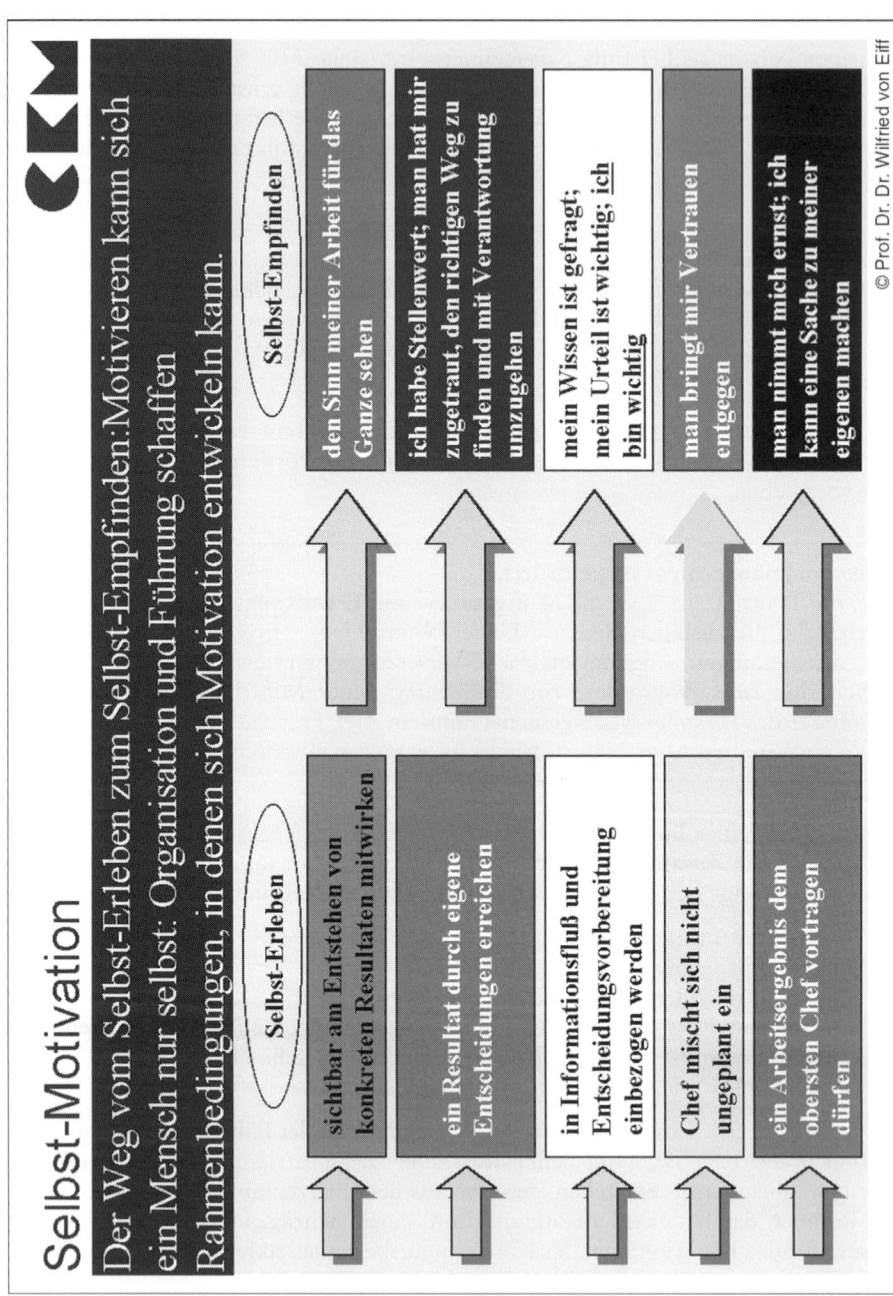

Abb. 5.6: Die höchste Stufe der Selbstmotivation: Durch eigene Entscheidungen sichtbare Resultate erzielen und dafür anerkannt werden.

Motivationsabfrage

Ein Gefühl von Stolz, Freude und Selbstwert empfinde ich, wenn...

...ich weiß, daß ich gute Arbeit leiste/geleistet habe

...Anerkennung meiner/unserer Professionalität von außen erfolgt (Patienten, Angehörige, KollegInnen, Vorgesetzte)

...ein Projekt erfolgreich abgeschlossen werden konnte

...meine Arbeit Erfolg hat

...der Erfolg mir Recht gibt

...Unmögliches möglich wird

...ich erlerntes Fachwissen praktisch umsetzen konnte (Wundbehandlung)

...ich den Mut hatte, meinen Weg beizubehalten: mit Erfolg

...ein Patient lächelte

...meine Arbeit erfolgreich umgesetzt wird

Erfolg haben

...es mir gelingt, auch andere für eine Sache zu begeistern

...ich mich ernst genommen fühle

...gute Organisation auch im Ausnahmefall klappt

...ich Lob, Anerkennung erfahren habe

...meine Arbeit gelobt wird

...meine Arbeit geschätzt wird, wenn sie gelingt

...ich aufrichtiges Lob durch den Vorgesetzten erhalte

Anerkennung erfahren

© Prof. Dr. Dr. Wilfried von Eiff

Abb. 5.7: Eine Analyse der Motivationsfaktoren erfolgte in Kleingruppen.

Motivationsabfrage

CKM

Ein Gefühl von Verärgerung, Gleichgültigkeit und Lähmung meiner Initiative stellt sich bei mir ein, wenn...

...ich persönlich versage

...ich festgefahrene Verhaltensstrukturen erlebe

...ich zwar Erfolg habe, aber den anderen nicht überzeugt habe

...ich keine positive oder negative Rückmeldung über meine Arbeit bekomme

...Arbeitsergebnisse ignoriert werden

Kein Feedback

...wenn ich sinnlose Arbeit ausführen muß

...Ziele nicht produktiv sind

Sinnlose ABM

...nach erfolgter Weiterbildung die PDL kein Interesse zeigt

...Kompetenz nicht gefragt ist

...wenn ich Erlerntes nicht anwenden kann

Professionalität nicht gefragt

...Erfolg an Banalitäten scheitert

...veränderbare Rahmenbedingungen meine Arbeit erschweren

Strukturmängel

...Entscheidungen mir aufdiktiert werden (keine Transparenz)

...unsachlich Macht ausgeübt wird

...ich auf Inkompetenz stoße, die verbunden ist mit Arroganz

...ich Gleichgültigkeit bemerke

...ich ungerechtfertigte Kritik erhalte

... Initiative geblockt wird

Unglaubwürdige Führung

© Prof. Dr. Dr. Wilfried von Eiff

Abb. 5.8: Eine Analyse der Demotivationsfaktoren erfolgte in Kleingruppen.

Foto 1:   Ergänzend zur Kleingruppenarbeit wurden die von den Mitarbeitern herausgear-
          beiteten Aussagen durch Interviews und Reflexionsgespräche auf inhaltliche Vali-
          dität überprüft.

Wie eine Umfrage unter 63 Pflegekräften und 26 Assistenzärzten zeigt, bewegen
sich die Ansprüche an selbstständiges Arbeiten und eigenverantwortliches Tun in
Delegationsbereichen, die das Tagesgeschäft bzw. den konkreten Aufgabenbereich
von Mittelmanagern betreffen. So wird es von den Mitarbeitern als selbstmotivie-
rendes Erlebnis empfunden, wenn diese ein Arbeitsergebnis, an dessen Erreichung
sie maßgeblich mitwirkten, auch den obersten Chefs persönlich präsentieren durf-
ten (siehe Abb. 5.9).

Die in zahlreichen Workshops herausgearbeiteten „Auslöser" und „Verstärker"
für Motivation (im Sinne von Selbstmotivation) und Demotivation (im Sinne von
Frustration und innerer Kündigung) sind in Abb. 5.10 und Abb. 5.11 zusammen-
gestellt. In diesen beiden Übersichten wird weiterhin gezeigt, durch welche konkreten Verhaltensweisen eine Führungskraft dazu beitragen kann der Frustration
entgegenzuwirken bzw. die Entwicklung von Selbstmotivation zu fördern.

In diesem Zusammenhang ist eine weitere Erkenntnis von großer Bedeutung für
die Führungspraxis: Die verhaltens- und einstellungsprägenden Rahmenbedingungen für Motivations- und Demotivationserlebnisse entstehen im Verlauf einer
Gestaltungskette an deren Ausgangspunkt nicht das unmittelbare Führungsverhalten, sondern die direkten, den Mitarbeiter betreffenden Arbeitsbedingungen
stehen (siehe Abb. 5.12).

Damit sind organisatorische Gestaltungsparameter im Wechselspiel mit den gelebten sozialen Spielregeln der Ausgangspunkt für die Entwicklung motivierender
oder demotivierender Einstellungs- und Verhaltensmuster in einer Organisation.
Mit anderen Worten: die Übertragung einer fallabschließenden Verantwortung
(dies umfasst Prozess-, Resultat- und Problemlösungsverantwortung) in Verbindung mit der Einhaltung der akzeptierten sozialen Spielregeln durch die Mitarbeiter (wobei die Führungskräfte eine „Wächterfunktion" übernehmen, durch die die
Einhaltung der Spielregeln garantiert wird) stellt den eigentlichen Effizienz- und
Qualitätsförderer in einer Organisation dar (siehe Abb. 5.13).

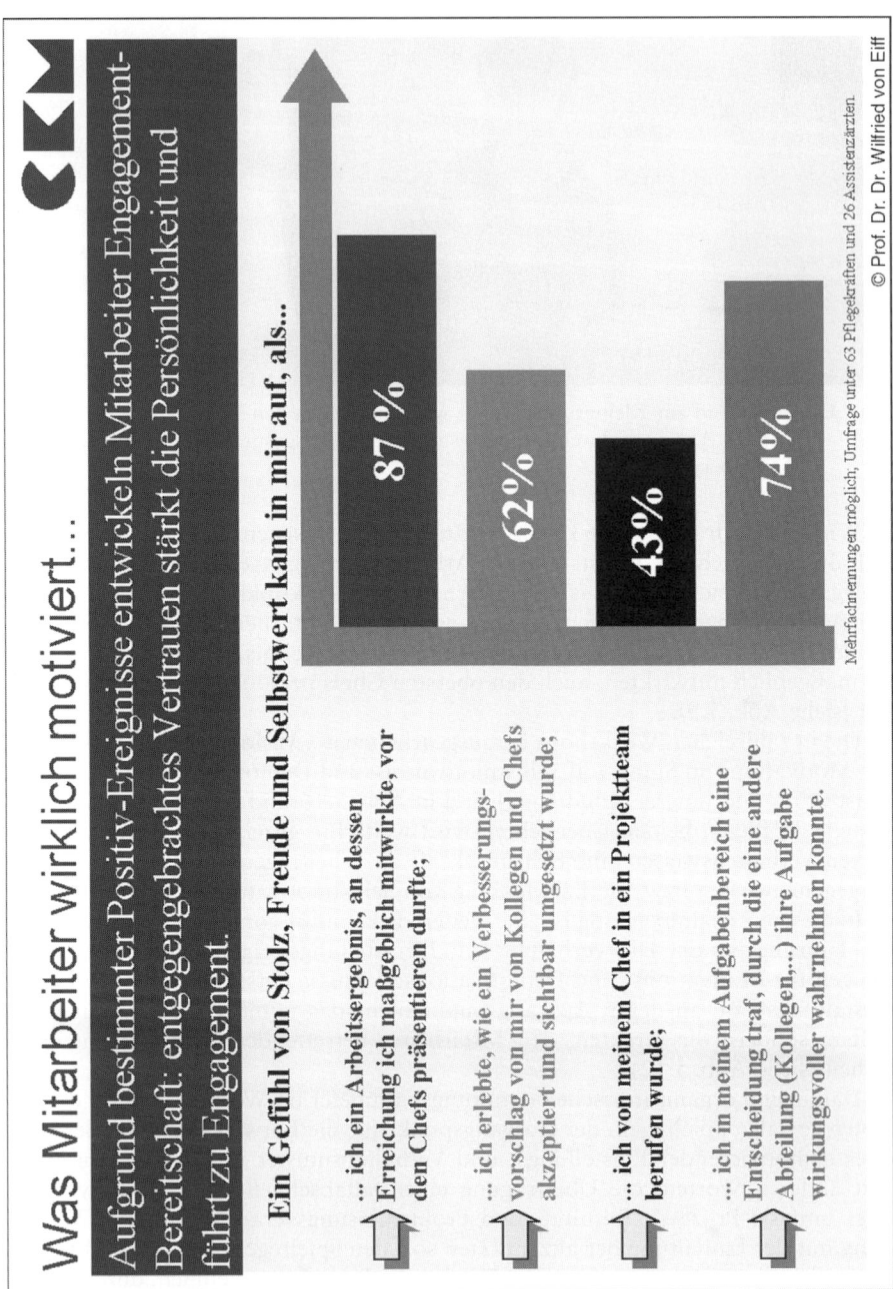

Abb. 5.9: Mitarbeiter entwickeln Selbstmotivation, wenn sie ihre Arbeitsumgebung selbst gestalten dürfen und ihnen die Fairness entgegengebracht wird, eigene Leistungen auch als eigenen Erfolg zu genießen.

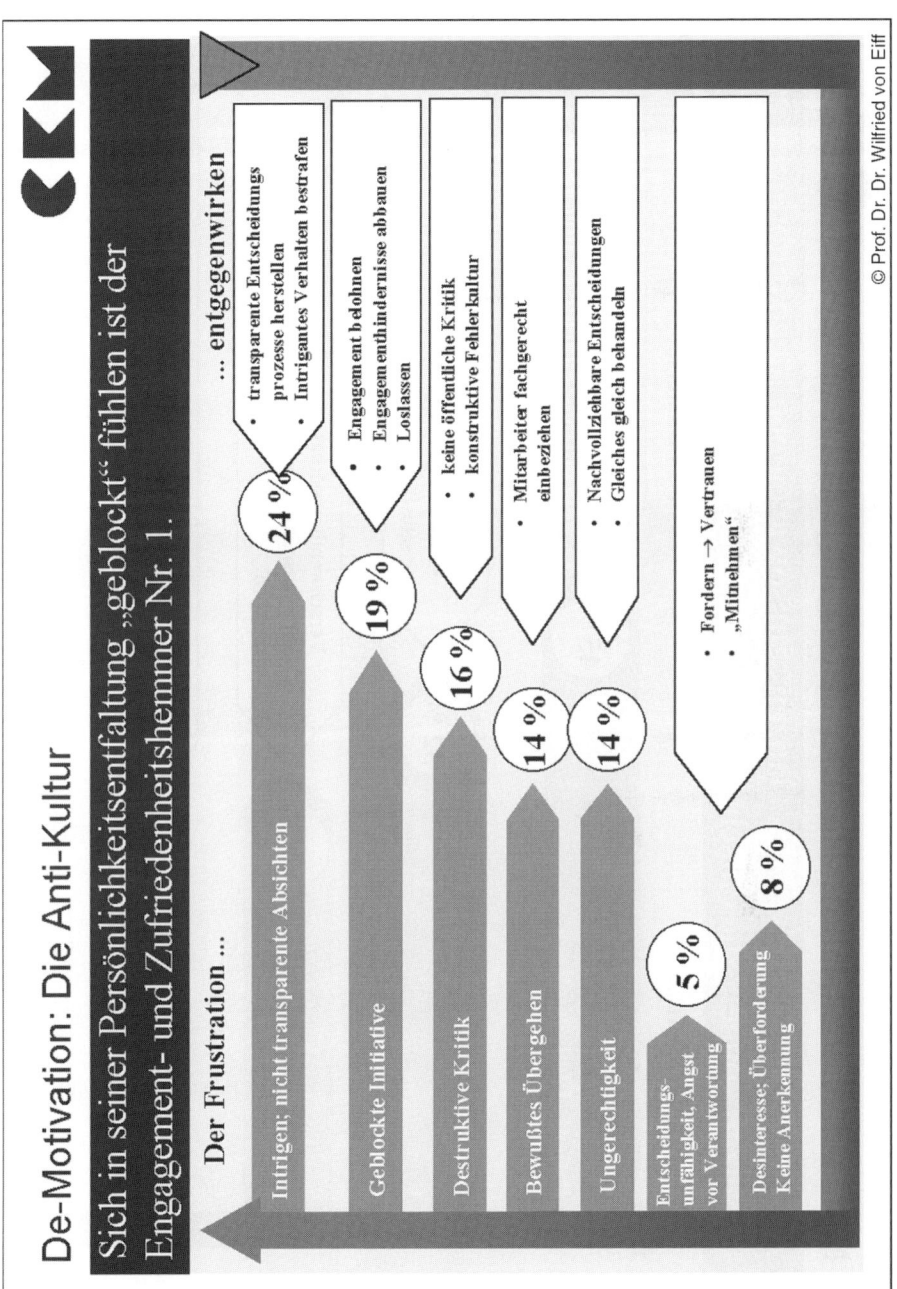

Abb. 5.10: Die größten Demotivationseffekte treten durch „unfaire" versteckte soziale Spielregeln auf.

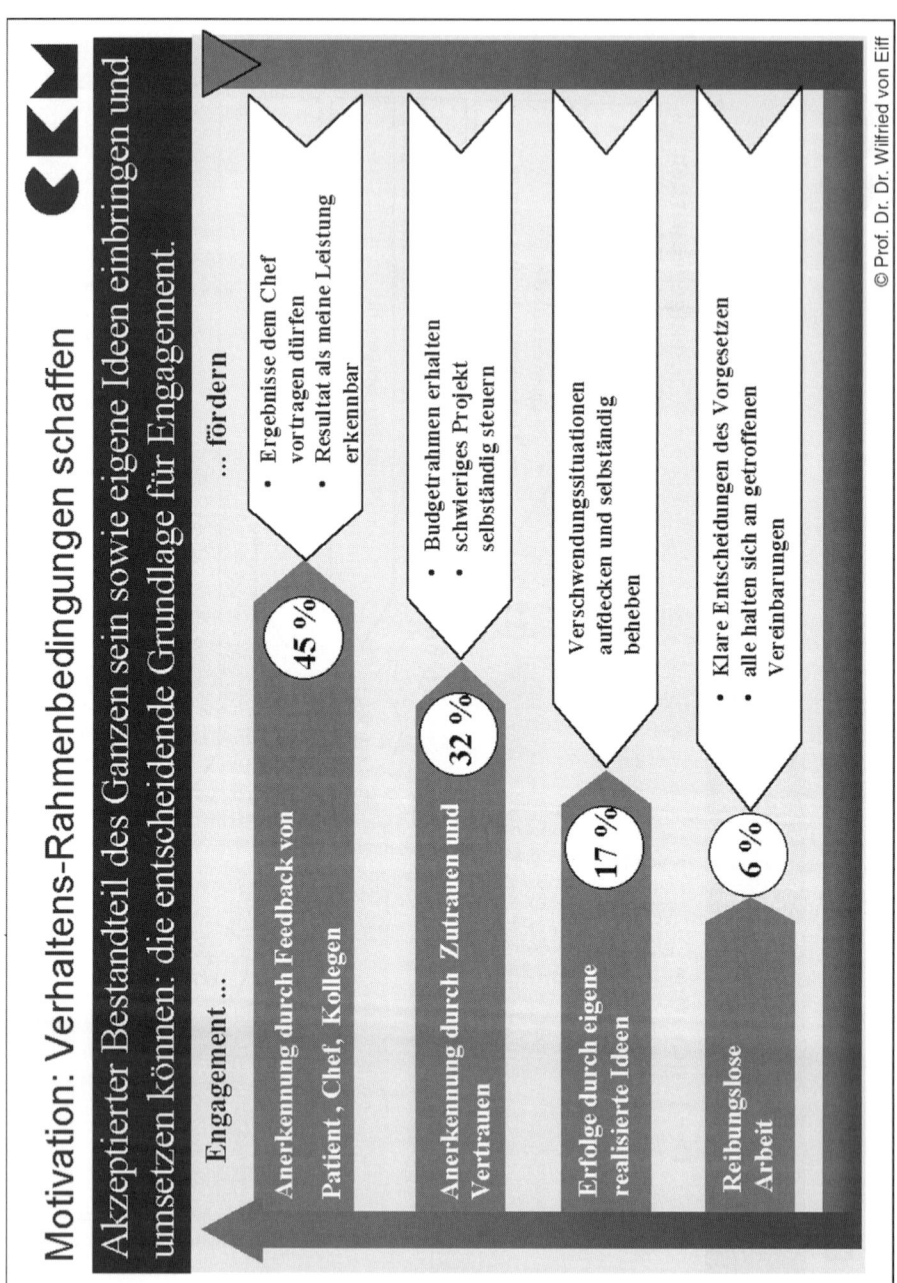

Abb. 5.11: Selbstmotivation entsteht durch die Schaffung von organisatorischen und kulturellen Rahmenbedingungen, die dem Mitarbeiter Raum für Gestaltungsinitiative eröffnen.

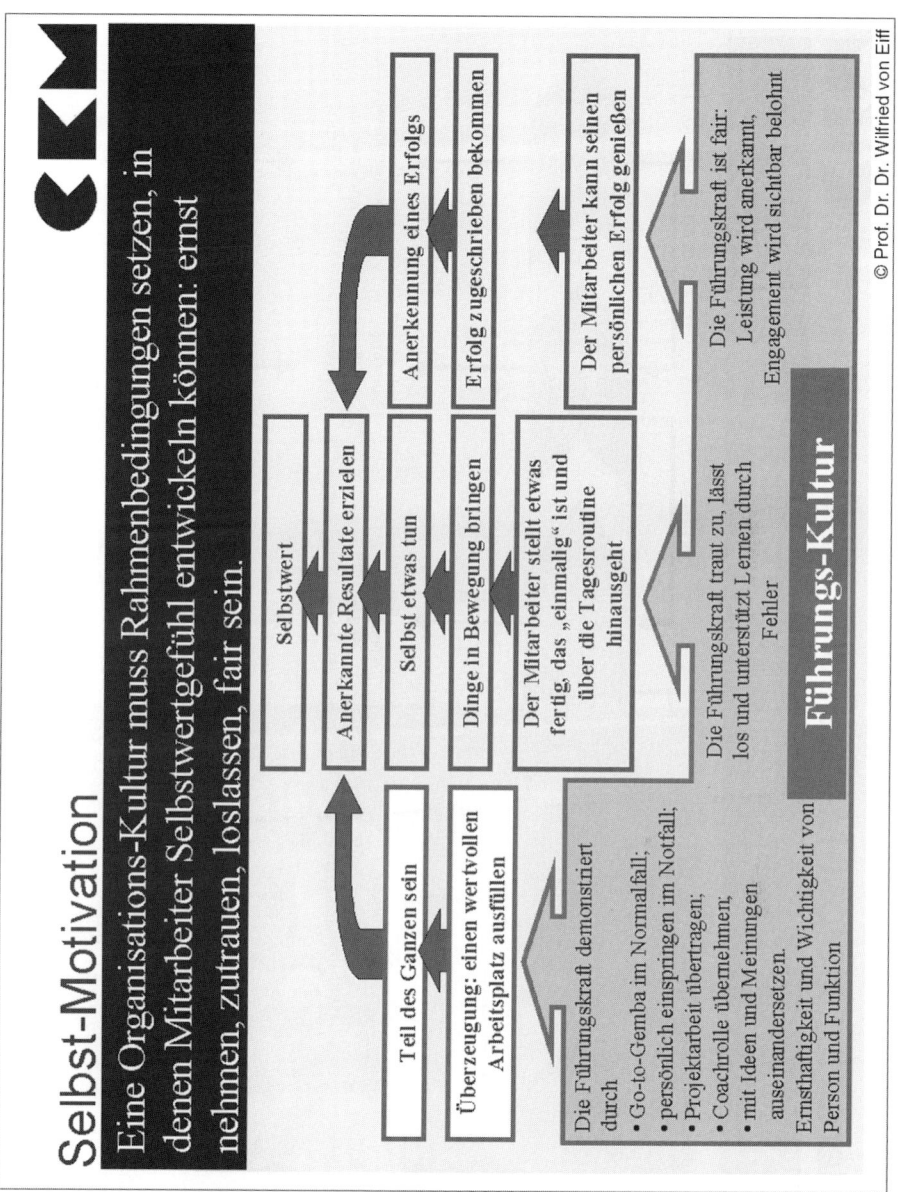

Abb. 5.12: Die Führungskultur ist Ausgangspunkt für das Prinzip der Selbstmotivation.

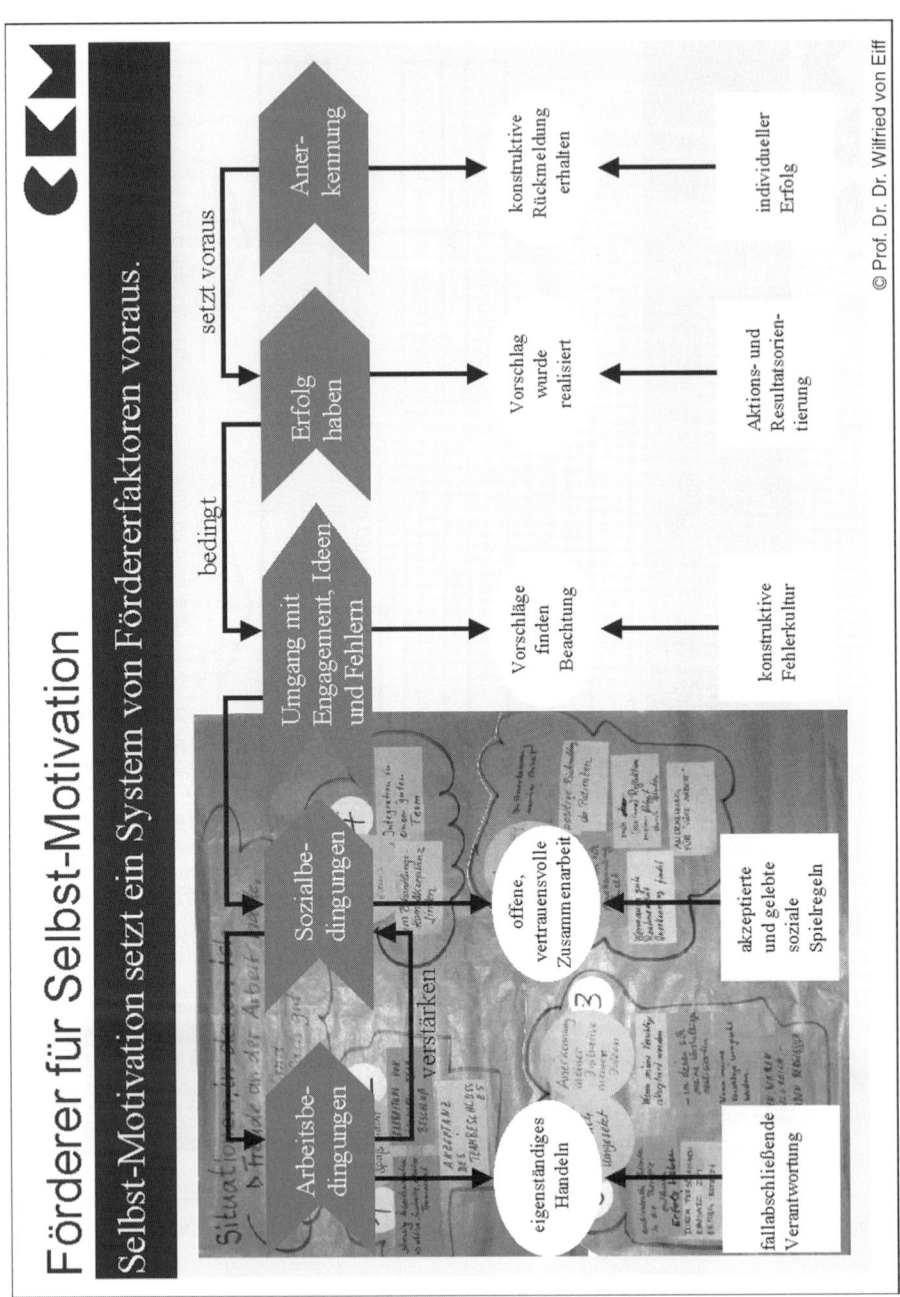

Abb. 5.13: Die organisatorische Gestaltung insbesondere einer fallabschließenden Verantwortung ist die Grundlage zur Entwicklung selbst-motivierender Rahmenbedingungen.

5.4 Wirkung auf die Verhaltensstrukturen von Mitarbeiter- und Führungsebene: Das Phänomen der Trägerorganisation

Der Irrglaube von der Motivierbarkeit durch die Führung in Verbindung mit einer hierarchischen Führungsstruktur sowie einer funktionalen Organisation hat letztlich zu einem „Träger-Modell" der Krankenhausorganisation geführt: In jeder Organisationseinheit, egal ob Abteilung, Klinik oder Gesamtkrankenhaus sind „Fürstentümer" etabliert, in denen drei verschiedene Arten von „Führungstypen und Mitarbeitertypen" anzutreffen sind:

- **Die Würdenträger** ruhen sich auf ihrer hierarchischen Position oder auf einem einmaligen Erfolg oder auf einem Lob des Vorgesetzten aus und beobachten, dass andere Kollegen nicht in ihr Refugium eindringen; sie pflegen ihren Besitzstand durch Ausübung von Positionsmacht.
- **Die Bedenkenträger** weisen eine besondere Fähigkeit auf: Sie sehen Probleme, wo gar keine sind, sind wahre Meister im Umgang mit Killerphrasen und können hervorragend begründen, warum Vorschläge Dritter nicht funktionieren können. Einem Führer, dem es gelingt, diese Destruktionsenergie der Bedenkenträger in konstruktive problemlösende Ideenvielfalt zu transformieren dürfte in seinem Verantwortungsbereich weder Kosten- noch Qualitätsprobleme haben. Bedenkenträger wahren ihren Besitzstand durch die Forderung, dass jede Veränderung die 100-prozentige Erfolgsgarantie beinhalten müsse. Die Art und Weise, in der die Diskussion um die Liberalisierung des Ladenschlussgesetzes geführt wurde, ist ein Paradebeispiel dafür, wie durch Bedenkenträgerei eine völlig unproduktive Diskussion entfacht wird.
- **Die Leistungsträger** sind in der Regel die zahlenmäßig unterlegene Gruppe in einem Unternehmen und sie verfügen in den wenigsten Fällen über eine politische Lobby noch können sie auf „Seilschaften" zurückgreifen; diese Gruppe ist extrem gesundheitsgefährdet, denn durch ihre Engagementbereitschaft sowie ihre Selbstmotivation sind sie ständig bereit sich zum Wohle der Sache aufzureiben. Sie stehen im permanenten Kleinkrieg mit Bedenkenträgern und erfahren arbeitstäglich die Konsequenzen der Entscheidungsschwäche von Würdenträgern. Leistungsträger haben die liebenswert naive, aber in der Realität eher selten anzutreffende Überzeugung, Besitzstände seien nur durch Leistung und ständige Verbesserung zu bewahren. Allerdings: ohne Leistungsträger ist keine Innovation und kein Fortschritt möglich. Leider erleben die wenigsten Leistungsträger ihre Ideen in der Umsetzung, weil sie kurz vor dem Erfolg von den Bedenkenträgern mit Positionsmacht „versetzt" worden sind, damit diese selbst die Lorbeeren ernten können.

Einem Interpretationsirrtum sei vorgebeugt: Leistungsträger finden sich nicht nur auf der Arbeitsebene; ebenso ist der Status des Würdenträgers keineswegs nur das zweifelhafte Privileg der obersten Führung. Vielmehr handelt es sich um typische Verhaltensmuster, die in jeder sozialen Gruppe in jeder Hierarchieebene anzutreffen sind, gleichgültig, ob es sich um ein Arbeitsteam, eine Projektgruppe, eine Abteilung oder um ein komplettes Krankenhaus handelt (siehe Abb. 5.14).

In dieser „Trägerstruktur" einer Organisation nehmen die Bedenkenträger die fatale Funktion einer Lähmschicht ein. Dies hat Konsequenzen für den Inhalt, den

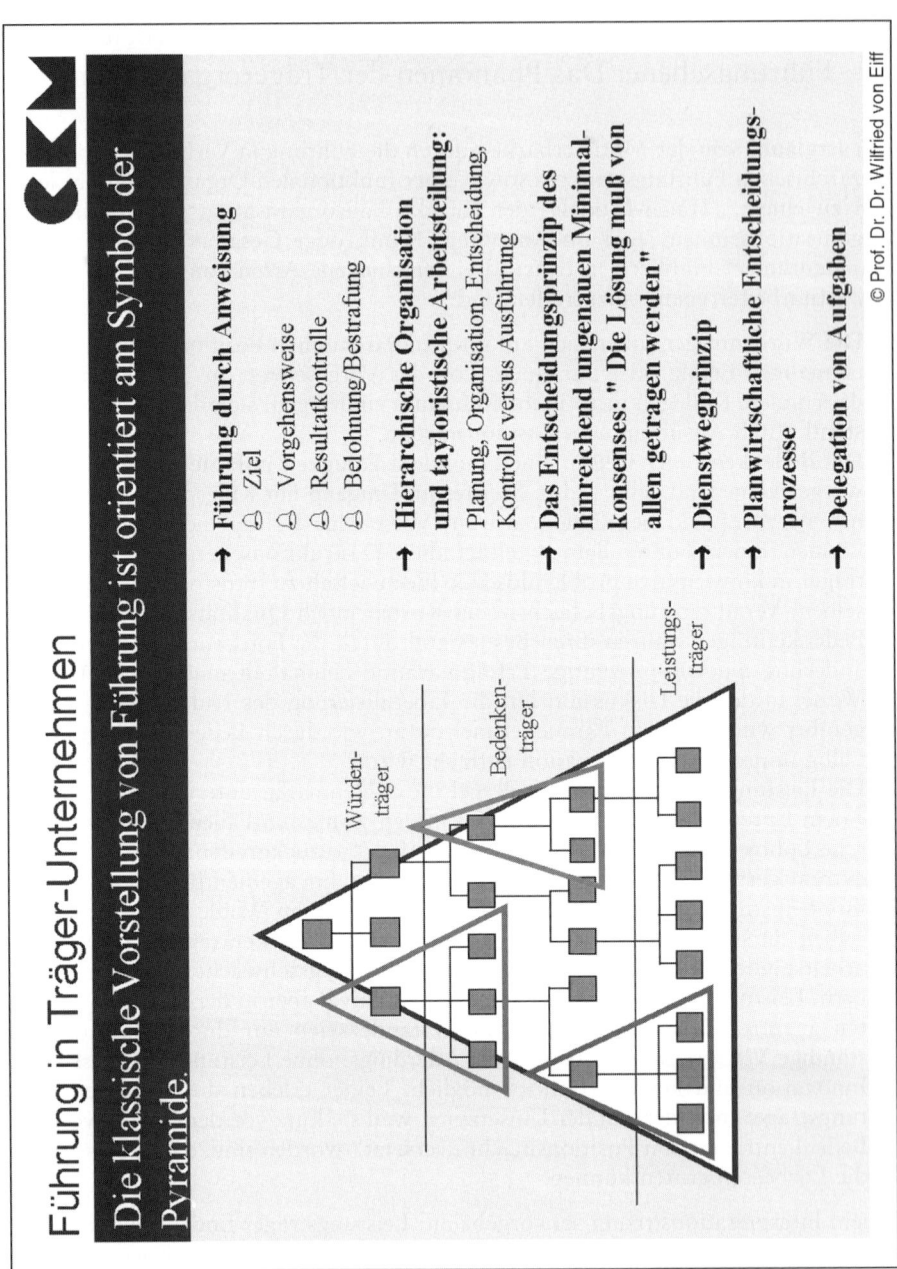

Abb. 5.14: Das ‚Träger-Phänomen' findet sich auf jeder Ebene einer Organisation.

Verlauf und die Qualität von Entscheidungsprozessen. Vielerorts wird beklagt, Sitzungen würden zu lange dauern, die Diskussionen seien nicht zielführend, die Gremien seien überbesetzt und gemessen am zeitlichen Aufwand seien die erreichten Ergebnisse beschämend.

Diese Anzeichen pseudodemokratischer Zusammenarbeit sprechen mittlerweile für ein zweifelhaftes Organisationsprinzip: das Entscheidungsprinzip des Minimalkonsenses. „Das neue Konzept, die neue Problemlösung muss von allen getragen werden!", ist die Forderung. Dies ist aber weniger das Zeichen harmoniebedürftiger Zusammenarbeitsorganisation, sondern vielmehr die Erscheinungsform einer Laisser-faire-Führung, die den individual-politischen Interessenvertretern ungehemmt Freiräume eröffnet und eine Instrumentalisierung der Organisation für eigene Zwecke zulässt.

Von der Führung wird erwartet, dass sie diese Minimalkonsenszone der ‚hinreichenden Ungenauigkeit' von Konzepten endlich verlässt und Flagge zeigt. Es muss wieder Transparenz hergestellt werden über Ziele, Absichten und Maßnahmen; insbesondere ist Kongruenz herzustellen zwischen Entscheidungsrechten und Entscheidungslasten. Nur Verantwortung, die mit allen Konsequenzen im Fall des Scheiterns (und des Erfolges) übertragen wird, berechtigt zum Entscheiden. „Mit"-Verantwortung führt nur zu „Mitreden", erzwingt aber kein „Mittun".

5.5 Motivationsfaktor Fehlerkultur: Der Umgang mit Fehlern

In der beschriebenen organisationskulturellen Wirkungskette spielt die Fehlerkultur eine wichtige Rolle. Denn die Art und Weise, in der mit Fehlern umgegangen wird, bestimmt automatisch den Stellenwert des Faktors „Engagement" in einer Organisationskultur.

Das Thema „Fehlerkultur" füllt Bände theoretischer Abhandlungen, fehlt in nahezu keinem Leitbild und wird von den TQM-Protagonisten als Grundlage des QM-Erfolges deklariert:

– „Fehler sind eine Lernchance", oder
– „Probleme sind Schätze" oder
– „Wer keine Fehler macht, arbeitet nicht",

so lassen die „Fehler-Philosophen" unter den Management-Gurus verlauten.

Aber die Realität sieht deutlich anders aus: Es dominiert das Phänomen der „verborgenen Fabrik":

Fehler werden vertuscht. Fehlerproduzierende Organisationsabläufe werden nicht reorganisiert, sondern durch kosmetische Maßnahmen in ihren Fehlerwirkungen erträglich gemacht.

In einer Autofabrik wird ein Computer benötigt um Ausschuss und Nacharbeit „optimal" zu steuern; anstatt einen beherrschten Prozess zu installieren, der Ausschuss und Nacharbeit gar nicht erst entstehen lässt.

Im Krankenhaus werden Springer eingesetzt um fehlende Medikalprodukte während einer Operation aus dem Lager zu holen. Egal ob Computer oder Springer: beide Maßnahmen sind Investitionen in die „verborgene Fabrik"; sie stellen Investitionen in Ressourcen und Arbeitsabläufe dar, die ohne wirkliche Wertschöpfung für den Kunden sind. Sie kommen zu Stande durch Planungsfehler, durch nicht beherrschte Arbeitsprozesse, durch eine unabgestimmte Organisation, usw.

Warum werden solche „Hidden Factory-Strukturen" nicht verbessert? Weil in den meisten Organisationen eine Fehlerkultur vom „Typ A" anzutreffen ist:

a) Fehler werden durch Personen verursacht.
b) Damit Personen in Zukunft keine Fehler mehr machen, müssen sie für Fehler bestraft werden.
c) Bestrafte Personen begehen dann auch keine Fehler mehr, weil sie ab sofort Fehler vermeiden. Die Folge: Diese Mitarbeiter
   - machen Dienst nach Vorschrift;
   - verschweigen Fehler;
   - lasten Fehler anderen an;
   - berichten geschönt;
   - beantragen Investitionen in die verborgene Fabrik (und begründen logisch nachvollziehbar);
   - stehlen sich durch Bedenkenträger aus der Verantwortung oder
   - arbeiten nicht mehr, sondern „wirken" nur noch „mit".

„ … " | **Fehlerkultur Typ A**
„Wer Fehler macht, wird bestraft. Wer keine Fehler macht, wird befördert. Wer arbeitet, macht Fehler. Also wird befördert, wer nicht arbeitet."
(angebliche) Schweizer Beamtenweisheit

Etwa 85 % der befragten Mitarbeiter wurden für gemachte Fehler aus deren Sicht ungerecht bestraft, weil die Fehler

- aus Zeitdruck,
- als Folge von außerordentlichem Engagement oder
- auf Grund der schlechten Organisation

begangen wurden.

Immerhin fast 60 % bemängelten, dass sie darüber hinaus wegen ihres Fehlers in ungebührlicher Weise getadelt worden sind, indem sie vor Patienten, Angehörigen, unbeteiligten Dritten oder Kollegen „fertig gemacht" wurden.

Die Fehlerkultur vom „Typ B" hat in den meisten deutschen Krankenhäusern eher den Charakter einer Langfrist-Vision.

Diese Fehlerkultur geht davon aus, dass Fehler durch ein System erzeugt werden: also durch das Zusammenwirken von Organisation, Person, Gebäude, Technik, usw. Personen spielen eine besondere Rolle: Sie verfügen über die Fähigkeit der Fehlererkennung und Fehlerabstellung, also der Systemverbesserung.

In dieser Kultur sind Fehler keine Ergebnisse, sondern Episoden bzw. Zwischenschritte auf dem Weg zu Innovationen und Wettbewerbsvorteilen.

5.6 Demotivationsfaktor Delegationsfalle: Delegieren, aber richtig

Der größte Fehler der Führung liegt nach den Ergebnissen der CKM-Studie darin, dass nicht nur falsch „motiviert" wird, sondern insbesondere falsch delegiert wird.

Die klassische Form der Delegation erfolgt einerseits, indem Aufgaben, Kompetenz und Verantwortung für eine bestimmte Stelle an eine Person übertragen werden; andererseits werden Arbeits- bzw. Leistungsziele vereinbart und dann auf Einhaltung kontrolliert.

Angesichts der Erkenntnis, dass Mitarbeiter dann Selbstmotivation entwickeln, wenn sie durch eigene Entscheidungen sichtbare Resultate erreichen können, ist diese Form von Delegation eher kontraproduktiv.

Denn:
- Ziele lassen sich fast immer nur in Verbindung mit Projekten vergeben; und welche Tagesarbeit ist schon projektfähig?
- Die Übertragung von Aufgaben bzw. Tätigkeiten beinhaltet einen „Durchführungsauftrag" für den Normalfall. Eine Stellenbeschreibung hilft nicht weiter, wenn ein bisher unbekanntes Kundenproblem nur durch Flexibilität und eine schnelle, klare Entscheidung zu lösen ist. Verbesserungen von Arbeitsabläufen im delegierten Arbeitsfeld werden nicht als Delegationsbestandteil angesehen; für Verbesserungsvorschläge existiert ein aufwändiges Bewertungs- und Vergütungssystem (siehe Abb. 5.15).

In der Praxis sehr positiv aufgenommen wird das in zahlreichen Qualitätsmanagement-Projekten des CKM praktizierte ‚Verschwendungsmanagement': Hierbei können die Mitarbeiter in überschaubaren Arbeitsbereichen durch eigenes Entscheiden sichtbare Verbesserungen erzielen (siehe Abb. 5.16).

Dieses Verschwendungsmanagement entspricht dem Prinzip Problemlösungsverantwortung im Sinne einer fallabschließenden Verantwortung zu delegieren (siehe Abb. 5.17) und damit führungstechnisch gesehen die Rahmenbedingungen für die Entwicklung von Selbstmotivation bei Mitarbeitern zu setzen.

In den meisten Krankenhäusern besteht eine ausgeprägte Notwendigkeit zur Einführung eines Delegationsprogramms auf der Grundlage der Verschwendungsmanagement-Idee; dies belegen die unter Anwendung eines einfachen Arbeitsstrukturmodells durchgeführten Analysen (siehe Abb. 5.18).

Nach Einschätzung von Befragten auf Mitarbeiterebene („Ort der Wertschöpfung") sind die Verschwendungsanteile an der täglichen Gesamtarbeitszeit mit durchschnittlich 35 % signifikant hoch. Demgegenüber spielen qualitätsfördernde, organisationsverbessernde und wertschöpfungssteigernde Aktivitäten im Rahmen der „normalen" Arbeitszeit und im Rahmen der „normalen" Tätigkeitsstruktur (besser Verantwortungsstruktur) kaum eine Rolle. Fast 90 % der Befragten (insgesamt 53 Personen aus Pflege und Physiotherapie) gaben an für qualitäts- und organisationsverbessernde Aktivitäten keine Zeit zu haben; 38 Befragte ergänzten, dass derlei Aktivitäten durch die Führung ohnehin nicht honoriert würden bzw. man würde für solches Engagement faktisch noch bestraft, weil die normale Arbeit zusätzlich verrichtet werden müsse.

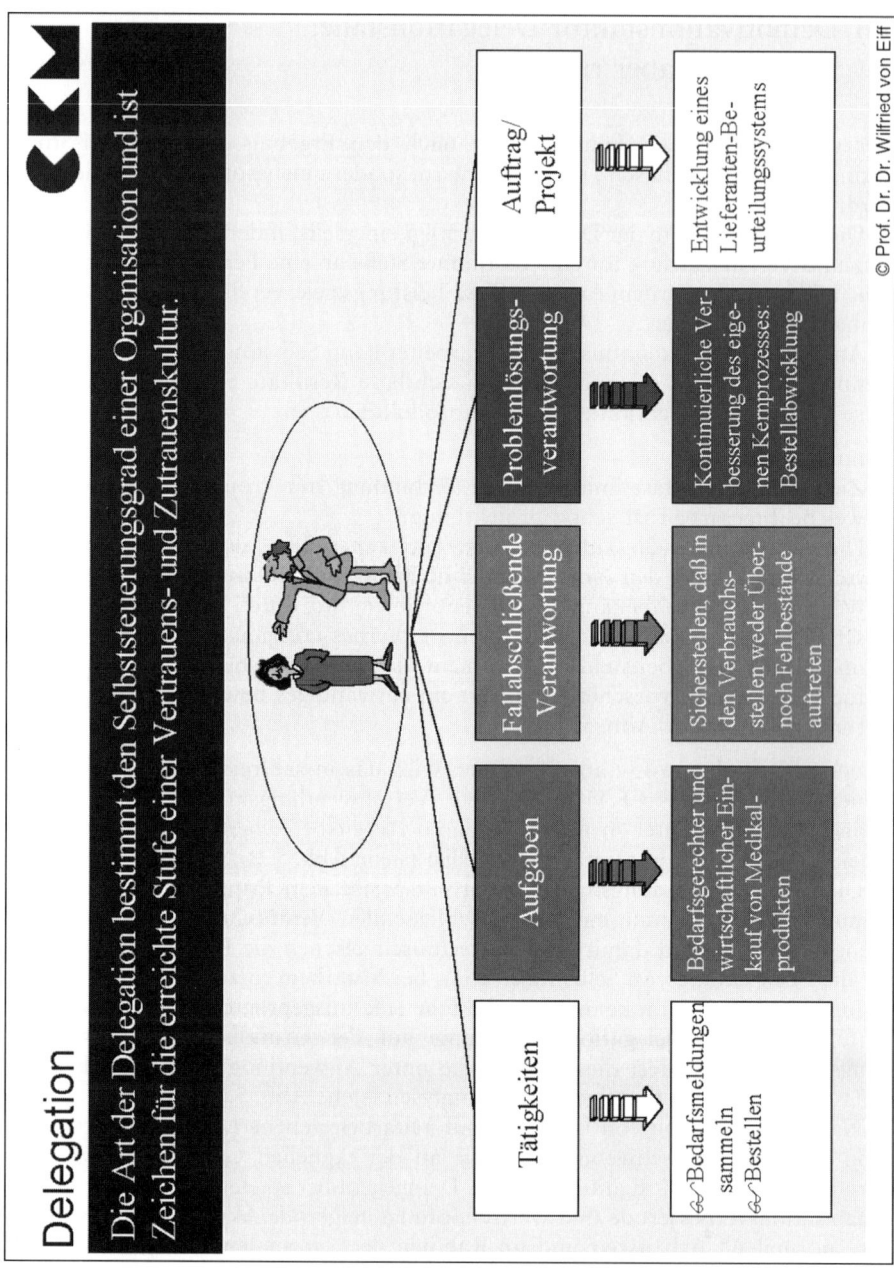

Abb. 5.15: Die Bandbreite der Delegation reicht von repetitiven Tätigkeiten bis zum innovativen Projektmanagement.

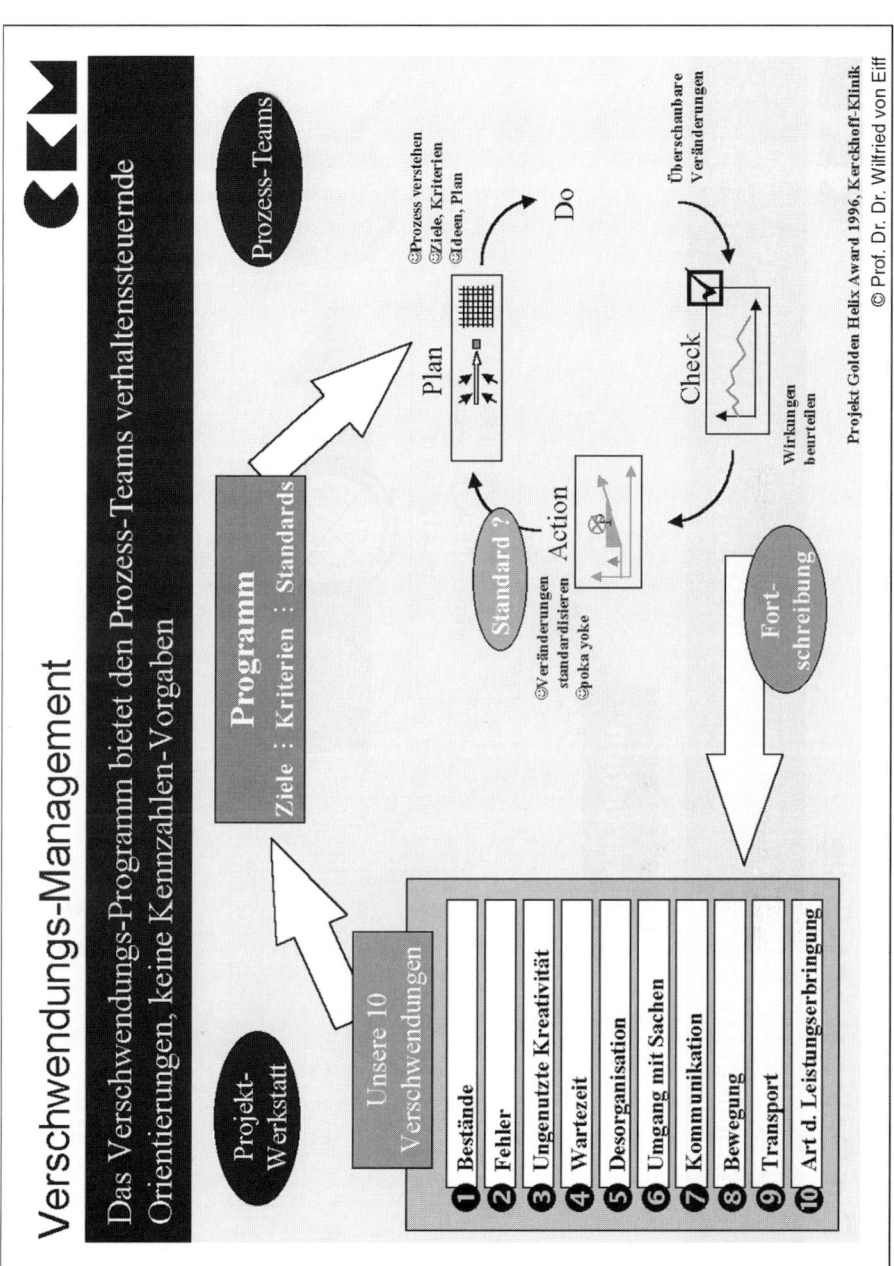

Abb. 5.16: Alles was dem Kunden nicht dient, ist Verschwendung.

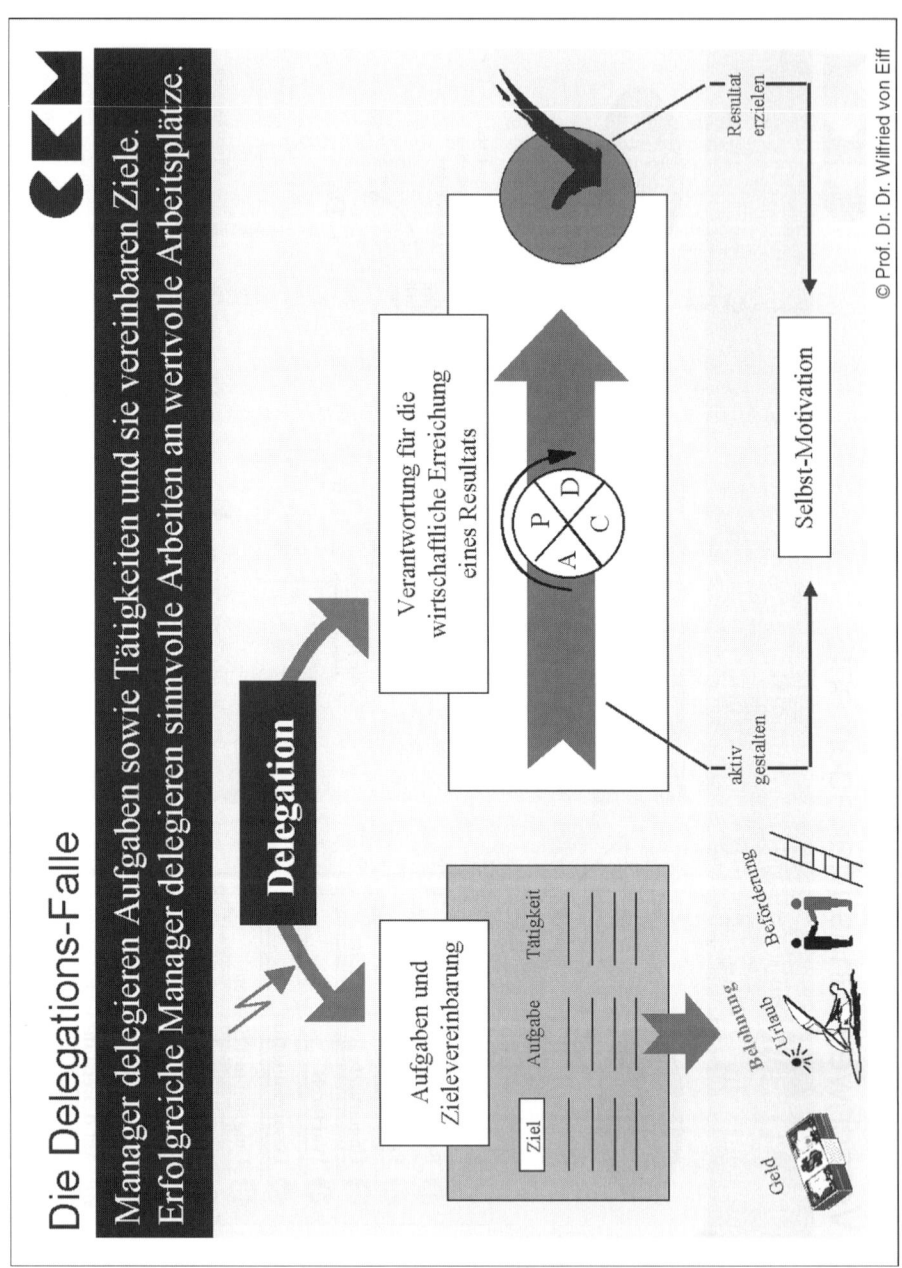

Abb. 5.17: Erfolgreiche Manager delegieren sinnvolle Arbeiten an wertvolle Arbeitsplätze.

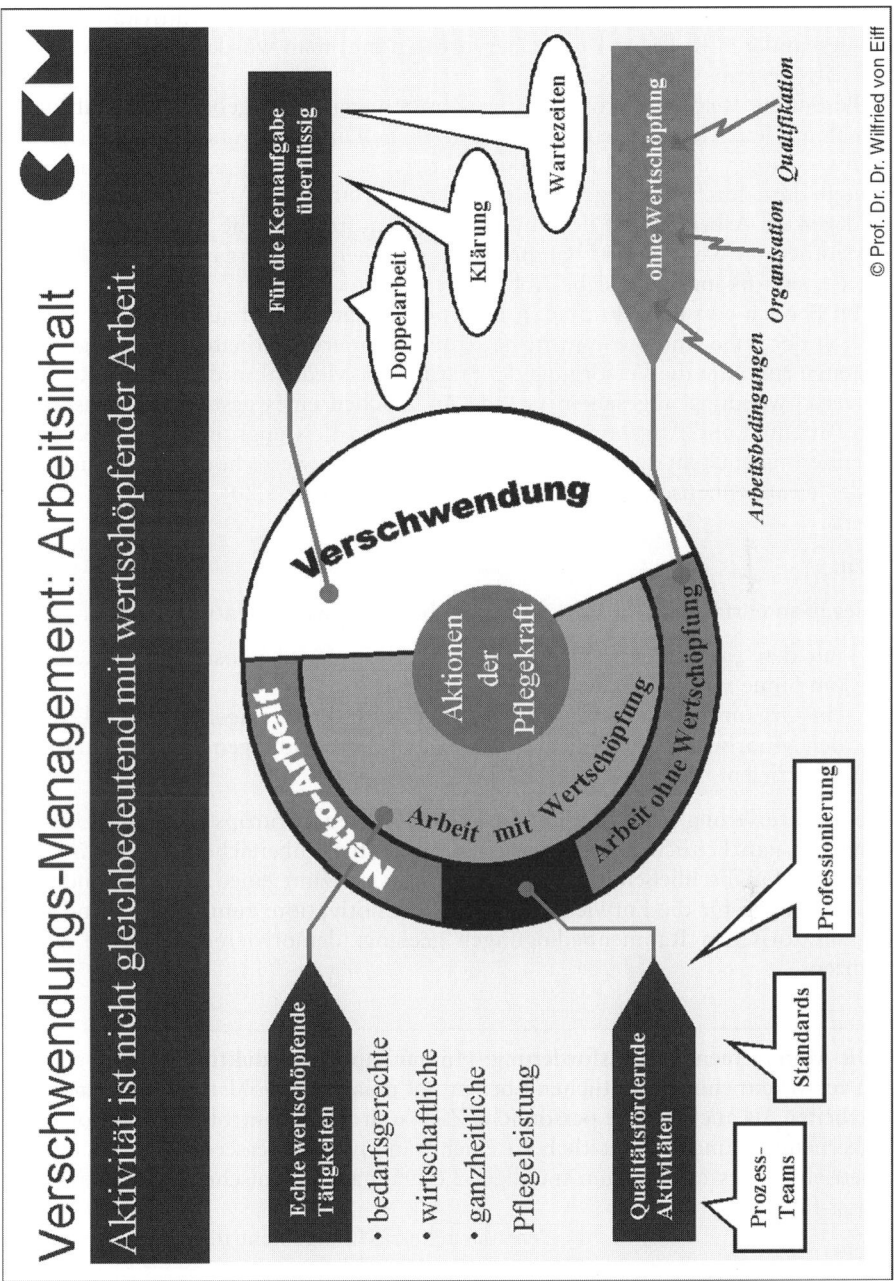

Abb. 5.18: Jeder Aktivitätsbereich einer Stelle kann nach Wertschöpfungs-, Wertvernichtungs- und Innovationsanteilen aufgeteilt werden.

19 Befragte sagten aus, Engagement für qualitätsfördernde Aktivitäten würde bei den anderen Kollegen Unmut hervorrufen und man würde sich dem Vorwurf des „Strebertums" aussetzen.

Besondere Reibungsverluste in der Zusammenarbeit ergeben sich erfahrungsgemäß an den Schnittstellen, an denen ärztliche Direktiven und physiotherapeutische Leistungen in einen Effizienzkonflikt treten. So beklagten z. B. Physiotherapeuten, dass durch einseitige Prioritätensetzung durch den Arzt zwangsläufig Ineffizienzen im Arbeitsablauf der Physiotherapie auftreten. Eine Analyse im Bereich Physiotherapie weist dieses Phänomen, das in seinem Kern organisationskultureller Art ist, signifikant nach (siehe Abb. 5.19).

Im Bereich von Pflegekräften in Funktionsbereichen und auf Station wird wiederholt der hohe Anteil von nicht-patientenorientierten Arbeiten (z. B. Logistiktätigkeiten rund um die Versorgung der Station mit Medikalprodukten) als Ressourcenverschwendung angesehen. Gerade im Zeichen eines gesteigerten Anspruchs von Patienten und Angehörigen in Richtung Dienstleistungsqualität und Kundenorientierung entsteht durch derart hohe Anteile nicht wertschöpfender Tätigkeiten in den Krankenhäusern eine Qualitätslücke (siehe Abb. 5.20).

Fazit:

Delegation entfaltet dann Wirkung in Richtung Selbstmotivation, wenn

(1) mit den „normalen" Fachaufgaben auch die Problemlösungsverantwortung (im Sinne von KVP) mitdelegiert wird und

(2) ein Organisationsrahmen durch die Führungskraft eingerichtet wird, der es den Mitarbeitern ermöglicht durch eigene Entscheidungen sichtbare Resultate zu erzielen.

Die Strukturierung nach der Organisation des Centerprinzips sowie die Übertragung von ganzheitlichen prozessorientierten Aufgabenbereichen nach dem Kriterium der fallabschließenden Verantwortung sind zum einen entscheidende Voraussetzungen für die Entwicklung von Selbstmotivation; zum anderen sind diese organisatorischen Rahmenbedingungen geeignet demotivierende Effekte zu begrenzen.

„ ...“ | **Die Management-Herausforderung: Humankapital produktiv machen**
„Die Arbeitnehmer sämtlicher Ebenen ... müssen sowohl für eigenständiges Arbeiten als auch für die persönliche Ziel- und Selbstkontrolle Verantwortung übernehmen und sich letztlich zu einer ständigen Verbesserung des gesamten Betriebsprozesses bzw. zum ständigen Lernen nach japanischem Vorbild veranlasst fühlen."

Peter Drucker (Management in turbulenter Zeit)

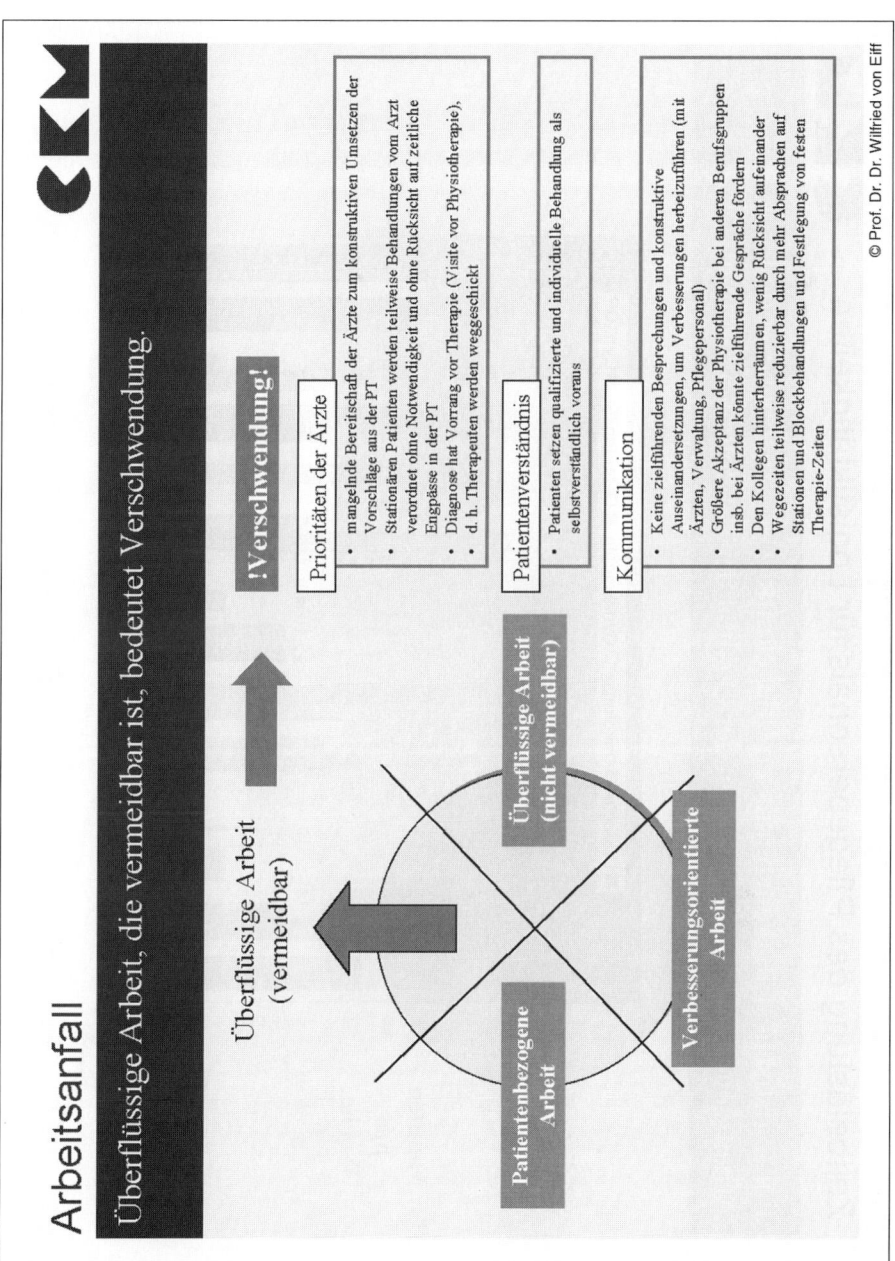

Abb. 5.19: Die wichtigste Ursache für Verschwendung ist mangelhafte Kommunikation und mangelhafte Zusammenarbeit.

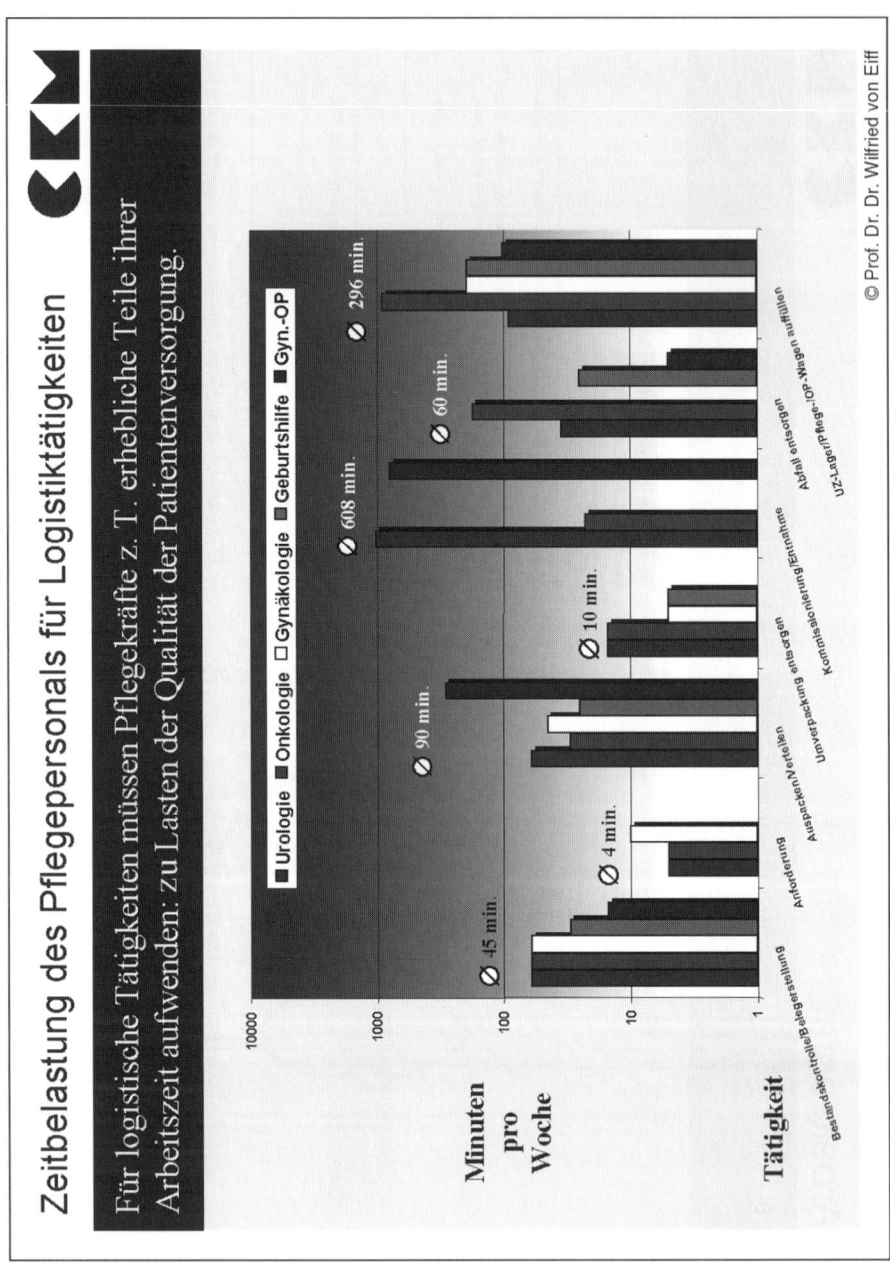

Abb. 5.20: Durch unkoordinierte und unstandardisierte Abläufe wird das Pflegepersonal mit erheblichem Aufwand für pflegefremde Tätigkeiten belastet.

5.7 Selbst- und Fremdbild: Fehleinschätzungen der „motivierenden Führungskraft"

Die Analysen von Führungs- und Motivationssituationen sind in der Praxis sehr schwierig. Denn: Die arbeitstägliche Realität zeigt, dass sich die meisten Führungskräfte in einem Zustand des Nicht-Wissens, der selektiven Wahrnehmung oder der positiven Umdeutung negativer Realitäten befinden. Welche Variante auch immer anzutreffen ist, alle führen zum gleichen Ergebnis: zu einer Vertrauenskluft zwischen Führung und Mitarbeiter und in der Konsequenz zu einer Motivations- und Leistungskluft zwischen unternehmerischen Notwendigkeiten: „Als wir den Sinn in unserer Arbeit nicht mehr erkennen konnten, begannen wir, über Motivation zu diskutieren" oder: „Wir beschäftigten uns mehr mit uns selbst, als mit dem Anliegen unserer Kunden."

„ ...

Frühwarn-Symptome: „Wenn ein Facility Manager gesucht, aber ein Hausmeister gebraucht wird!"
„Ein Unternehmen ist krank,

- wenn die Beförderung für die Mitarbeiter wichtiger wird als die Erledigung ihrer Arbeit;
- wenn es mehr darauf bedacht ist Fehler zu vermeiden als Risiken einzugehen;
- wenn es als sinnvoller erachtet wird, den Schwächen der Mitarbeiter entgegenzusteuern, als ihre Stärken auszubauen;
- und wenn gute menschliche Beziehungen wichtiger werden als Leistung und Ziele.

Ein Unternehmen hat Fieber,
wenn die Leute auf einmal „implementieren" sagen statt „machen" und „finalisieren" statt „beenden".

Peter Drucker (Landmarks of Tomorrow [Zitat nach Jack Beatty])

Derlei Einschätzungslücken diskutierte Likert bereits 1972 in seinem Buch „New Patterns of Management" (siehe Abb. 5.21). Die Diskrepanzen zwischen Angaben von Vorgesetzten und Beurteilung ihres Verhaltens durch die Mitarbeiter wurden damals auf zwei Ursachen zurückgeführt:
1. Verschiedene Mitarbeiter reagieren verschieden auf gleiches Führungsverhalten;
2. Ausbildungsprogramme für Vorgesetzte scheinen die Aussagen eines Vorgesetzten über sein Führungsverhalten stärker zu ändern als sein tatsächliches Verhalten.

Die im Rahmen der CKM-Studie ermittelten Ergebnisse über die Einschätzung des Führungsverhaltens im Selbstbild-/Fremdbild-Verfahren zeigen ähnlich dramatische Ergebnisse, aber nur auf den „ersten Blick" (siehe Abb. 5.22).

Besonders deutlich wurden die gegensätzlichen Einschätzungen im Rahmen des Einsatzes von Qualitätszirkeln. So waren die Vorgesetzten der Meinung, sie würden ihre Mitarbeiter immer wieder ermutigen in Qualitätszirkeln zu arbeiten, Ver-

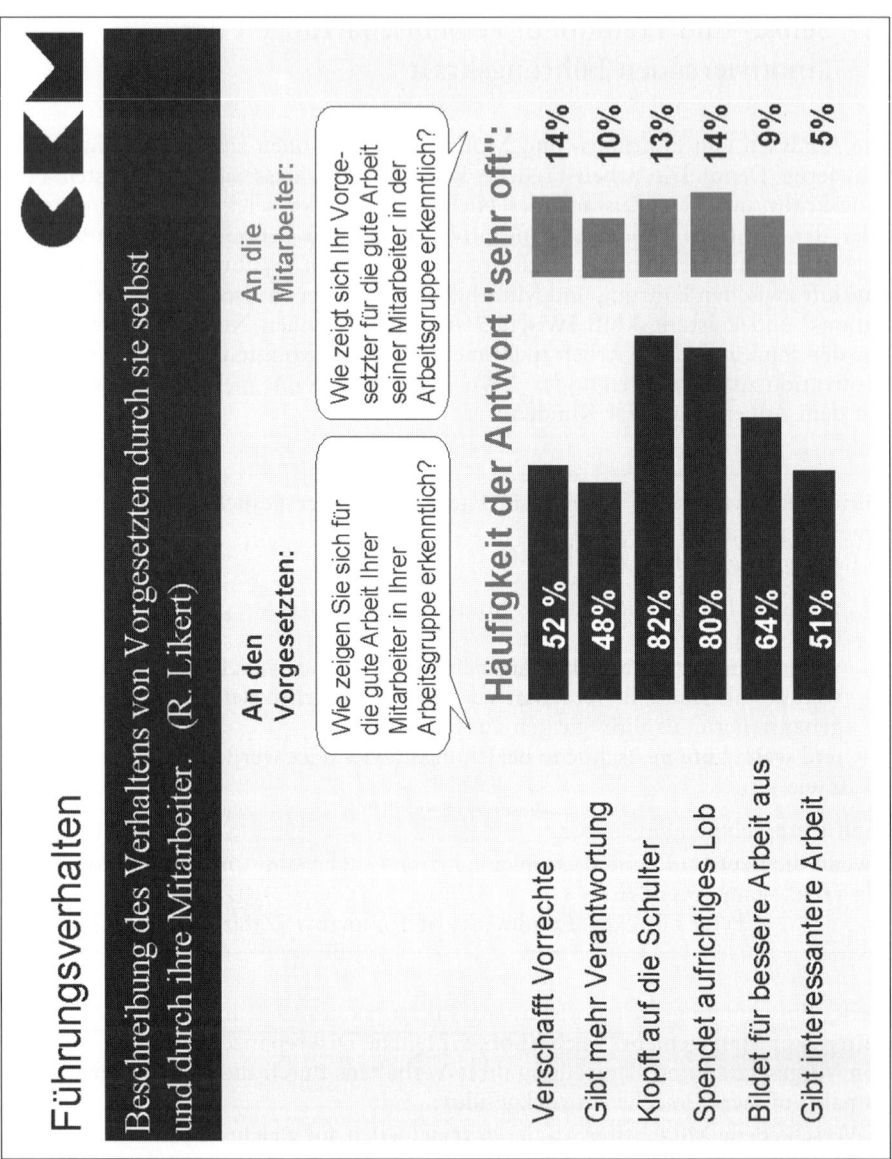

Abb. 5.21: Führungskräfte beurteilen ihr Verhalten anders als die ihnen unterstellten Mitarbeiter.

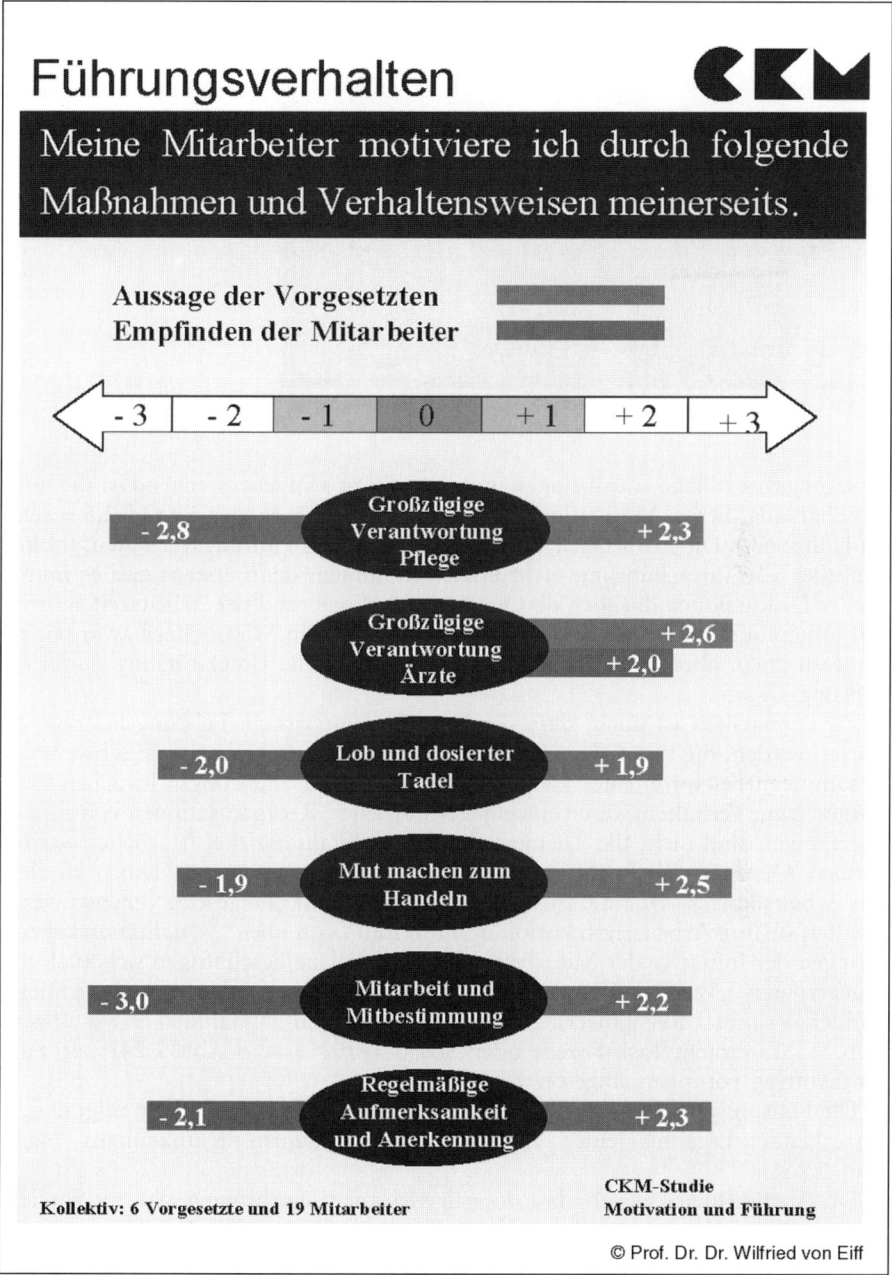

Abb. 5.22: Eine Selbstbild-/Fremdbildanalyse zeigt dramatische Ergebnisse.

Foto 2:
In Informations-Märkten wurden die in Kleingruppen erarbeiteten Ergebnisse und Meinungen kritisch reflektiert und sachlich fundiert.

besserungsvorschläge einzubringen und initiativ zu sein; entsprechend ist die hohe Einschätzung dieses ‚Motivationsmittels' durch die Führungskräfte (+ 2,5 = setze ich häufig ein). Die Mitarbeiter bestätigen zwar dieses Führungsverhalten, fühlten sich aber von ihrer Führung nicht ernst genommen; denn erstens gab es immer wieder Diskussionen darüber, ob Qualitätszirkel während der Arbeitszeit stattfinden sollten oder nicht; zweitens wurden Vorschläge von Mitarbeitern zwar positiv aufgenommen, aber in der Umsetzung gab es keinerlei Unterstützung durch die Führung.

Zu beobachten ist auch, dass von den Qualitätszirkeln Leistungsbeiträge erwartet werden, die mit diesem Instrument gar nicht erbringbar sind: schwebende Zusammenarbeitsprobleme zwischen Mitarbeitern, Führungsschwächen von Vorgesetzen, Verhaltenswesen einzelner Mitarbeiter, Reorganisationen von ganzen Abteilungen sind nicht die Themen, die durch Qualitätszirkel bearbeitet werden können. Qualitätszirkel arbeiten an konkreten Organisationsproblemen im eigenen Arbeitsbereich. Qualitätszirkel werden auch nicht „eingesetzt" ebenso wenig erhalten sie ihre Arbeitslegitimation im Einzelfall „von oben". Qualitätszirkel entspringen der Initiative der Mitarbeiter vor Ort und sie beschäftigen sich auch mit abgegrenzten „Vor-Ort-Themen". Für bereichsübergreifende, prozessorientierte Probleme (mit Reengineering-Charakter) werden Qualitäts-Teams (siehe Abb. 5.23), Projekt-Task-Forces oder Speed-Teams (siehe Abb. 5.24) per Führungsauftrag von oben eingesetzt.

Die Führungsproblematik im Zusammenhang mit Qualitätszirkeln zeigt das erschreckende Ergebnis einer Arbeitsanalyse in einem Krankenhaus (siehe Abb. 5.25).

Die Ausführungen zeigen, dass derartige Motivationsabfragen sehr mit Vorsicht zu genießen sind; ohne kritisches Hinterfragen der kulturellen Ursachen von solchen Verhaltens- und Einschätzungsphänomenen zieht man vorschnell die falschen Schlüsse.

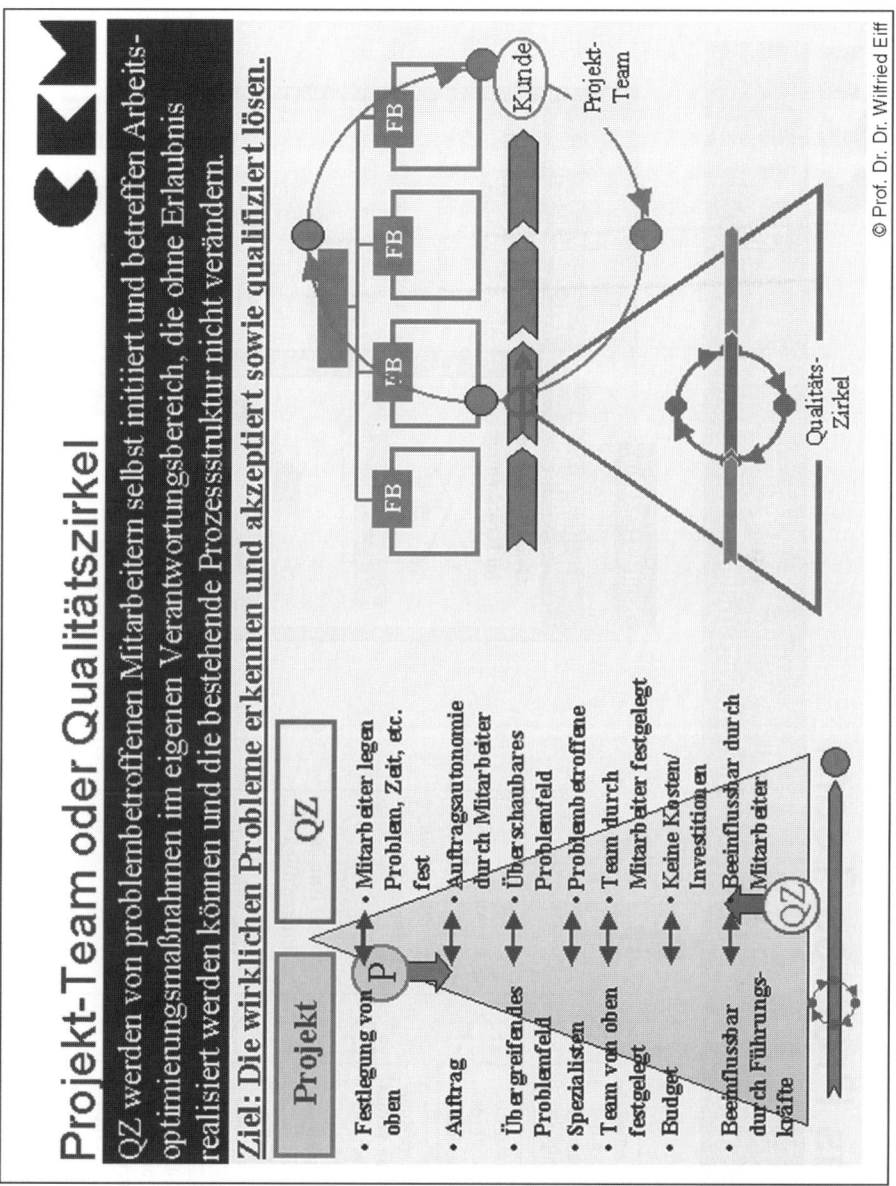

Abb. 5.23: Die Aufgaben- und Verantwortungsbereiche von Qualitätszirkeln und Projektteams unterscheiden sich erheblich; sie greifen aber auf ähnliche Arbeitstechniken zurück.

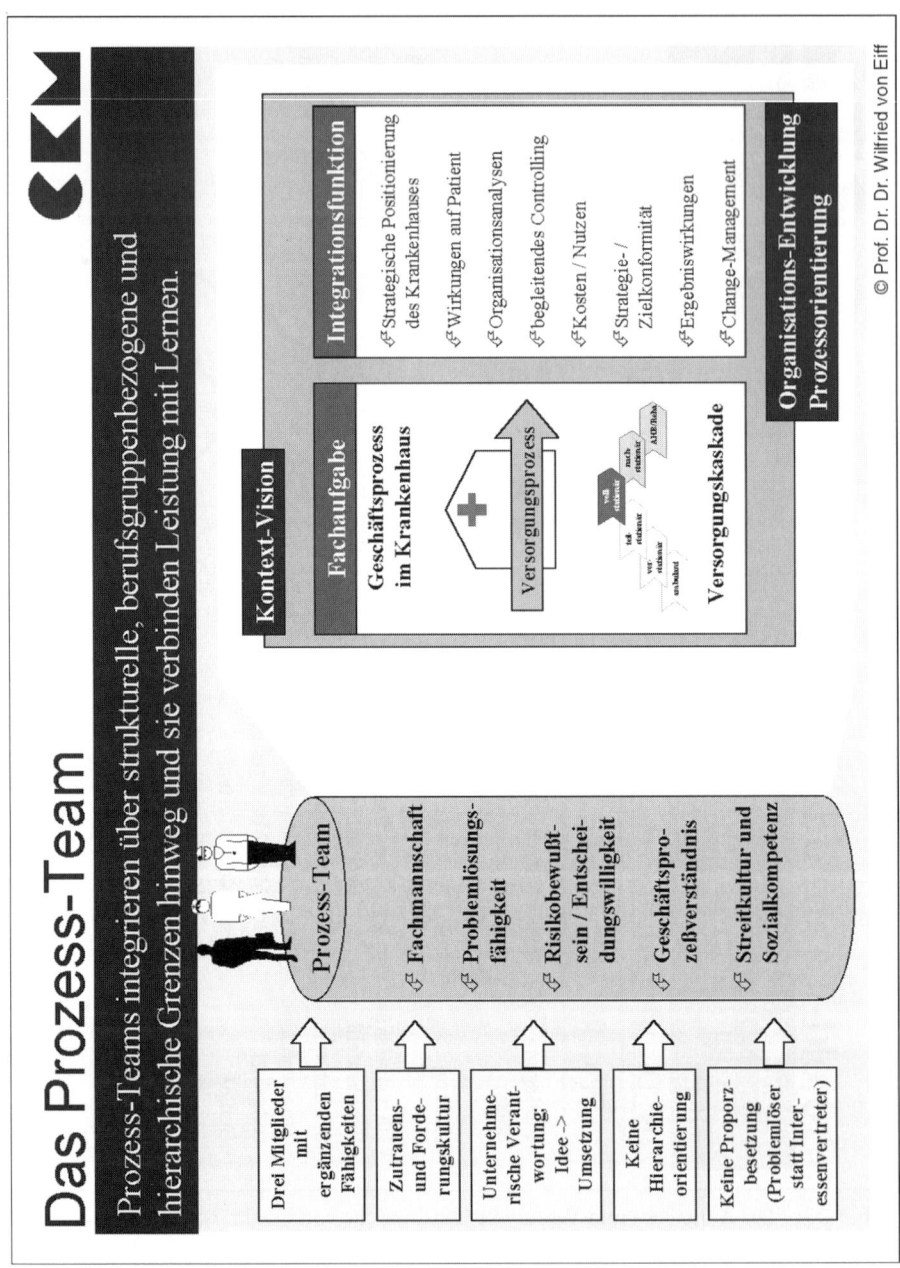

Abb. 5.24:   Ein Speed-Team/Prozessteam arbeitet immer an der Verbesserung eines Prozesses in teilautonomer Verantwortung.

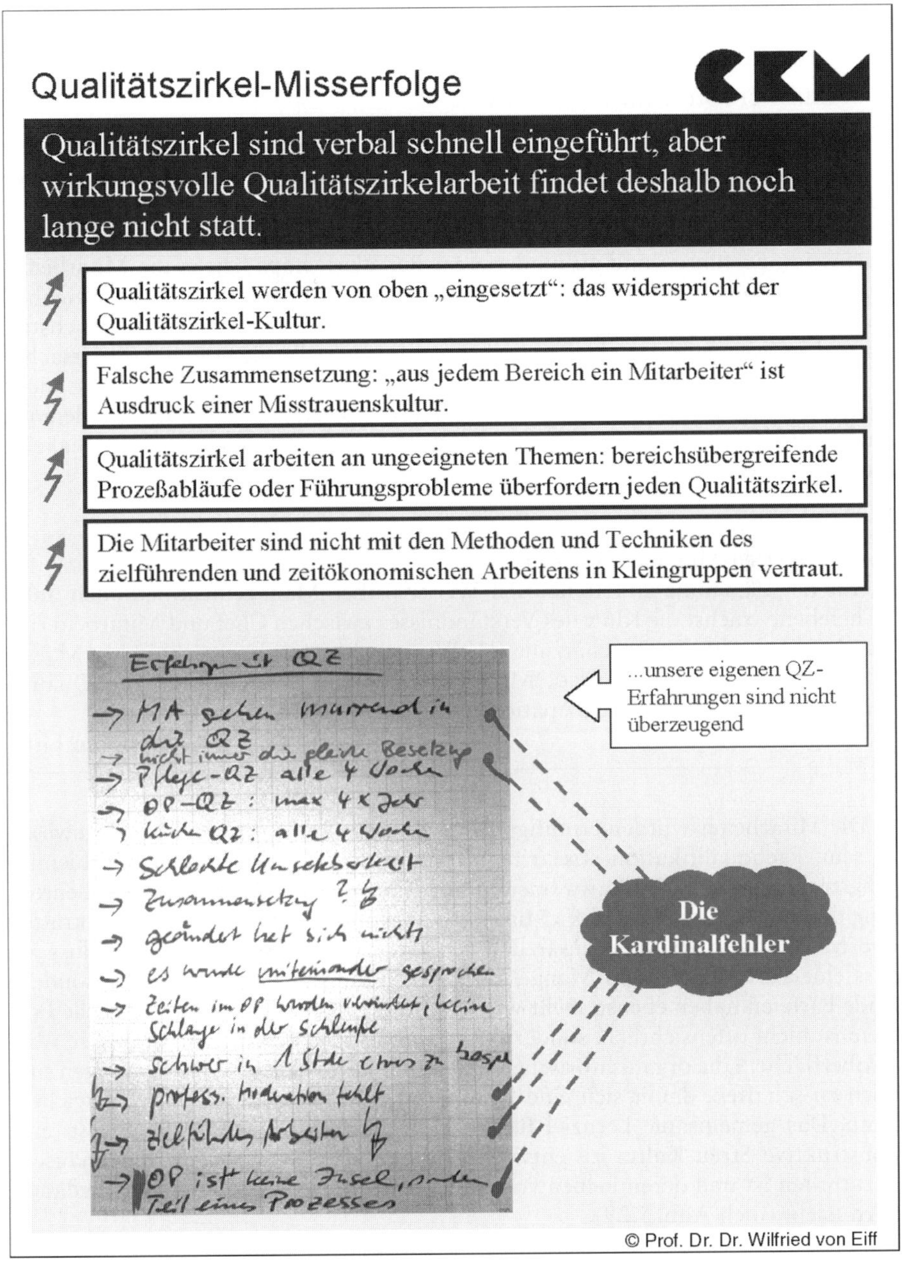
Qualitätszirkel-Misserfolge
CKM
Qualitätszirkel sind verbal schnell eingeführt, aber wirkungsvolle Qualitätszirkelarbeit findet deshalb noch lange nicht statt.
Qualitätszirkel werden von oben „eingesetzt“: das widerspricht der Qualitätszirkel-Kultur.
Falsche Zusammensetzung: „aus jedem Bereich ein Mitarbeiter“ ist Ausdruck einer Misstrauenskultur.
Qualitätszirkel arbeiten an ungeeigneten Themen: bereichsübergreifende Prozeßabläufe oder Führungsprobleme überfordern jeden Qualitätszirkel.
Die Mitarbeiter sind nicht mit den Methoden und Techniken des zielführenden und zeitökonomischen Arbeitens in Kleingruppen vertraut.
...unsere eigenen QZ-Erfahrungen sind nicht überzeugend
Die Kardinalfehler
© Prof. Dr. Dr. Wilfried von Eiff

Abb. 5.25: Die Kardinalfehler beim Einsatz von Qualitätszirkeln.

5.8 Fehlende Problemlösungsfähigkeit als Qualifikationsdefizit für Mitarbeiter und Führungskräfte: Handlungsbedarf für das Personalmanagement

Das entscheidende Manko ist, dass die Mitarbeiter nur sehr eingeschränkt in der Lage sind innerhalb von vier bis fünf jeweils einstündigen Sitzungen das wirkliche Problem prägnant zu definieren, eine zielführende und damit zeitökonomische Diskussion zu führen und zu moderieren. Bei Workshops hatten die Mitarbeiter außerdem große Schwierigkeiten ihre Gruppenarbeit präzise und nachvollziehbar für Dritte darzustellen (siehe Abb. 5.26). Ihnen fehlte die Fähigkeit in Schwachstellen und Konsequenzen zu denken (siehe auch Abb. 5.27). Sie konnten die Ursache-Wirkungs-Zusammenhänge in einem bereichsübergreifenden Arbeitsprozess nicht durchdringen. Sie waren nicht in der Lage Prozessziele aus Sicht des Kundennutzens zu definieren. Kurz: Ihnen fehlte das Rüstzeug der „Problemlösungsfähigkeit" (siehe auch Abb. 5.28).

„ ... "

> **Das Etiketten-Manager-Syndrom**
> „Mit der Zunahme etikettenhaften Wissens über Managementmethoden auf Chefebene wächst die Kluft des Verständnisses zwischen Chef und Mitarbeitern im Hinblick auf die Einschätzung der Wirksamkeit führungstechnischer Maßnahmen wie Delegationsgrad, Mitarbeiterförderung, Effektivität von Qualitätszirkeln, Vertrauen, Partizipation, etc."
>
> Wilfried von Eiff

Die Mitarbeiter wurden ermutigt etwas zu tun, ohne dafür qualifiziert gewesen zu sein. Fachqualifikation ersetzt nicht mangelndes Beherrschen der Problemlösungstechniken (z. B. Ishikawa oder Moderationstechnik). Wenn also die Beurteilung des Motivationsförderers „Mut machen zum Handeln" von Führungskräften und Mitarbeitern völlig gegensätzlich ausfällt, so lässt dies nicht den Schluss zu, dass eine Partei unter dem Mangel der selektiven Wahrnehmung leidet; sondern beide Parteien haben ebenso recht wie sie unrecht haben. Denn das wirkliche Problem ist nicht offensichtlich, sondern liegt „im Eisberg-Bereich unterhalb der Wasseroberfläche": die organisatorischen und qualifikatorischen Voraussetzungen sind noch zu schaffen, damit sich eine Qualitätszirkel-Kultur schrittweise entwickeln kann. Das gemeinsame Lernziel für Führungskräfte und Mitarbeiter heißt: eine konstruktive Streit-Kultur zu entwickeln die in den wenigsten Krankenhäusern anzutreffen ist und deren Fehlen von Führungskräften und Mitarbeitern bedauert wird (siehe auch Abb. 5.29).

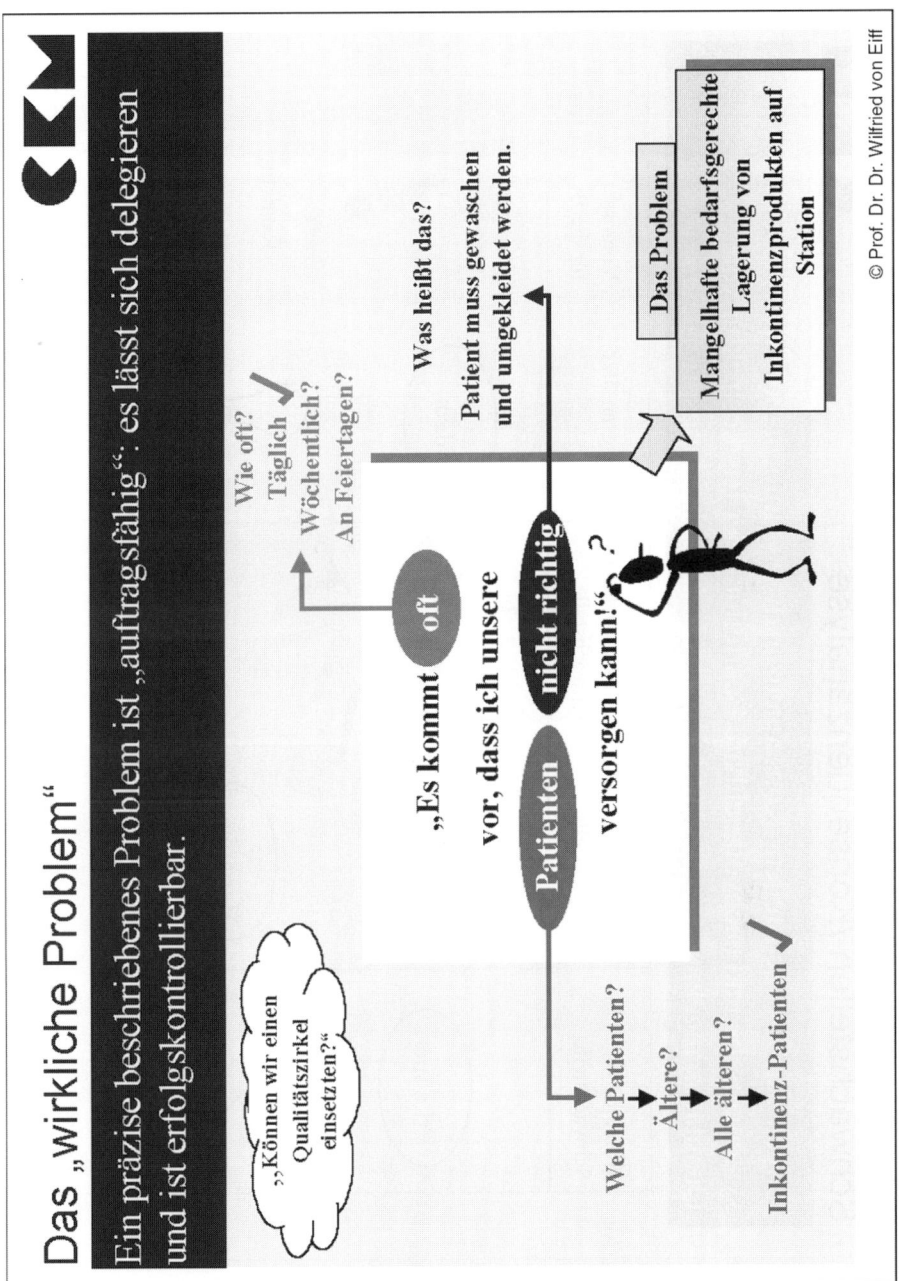

Abb. 5.26: Die Fähigkeit zur präzisen Definition eines Problems (des „wirklichen" Problems) ist Voraussetzung für eine gezielte und schnelle Problemlösung.

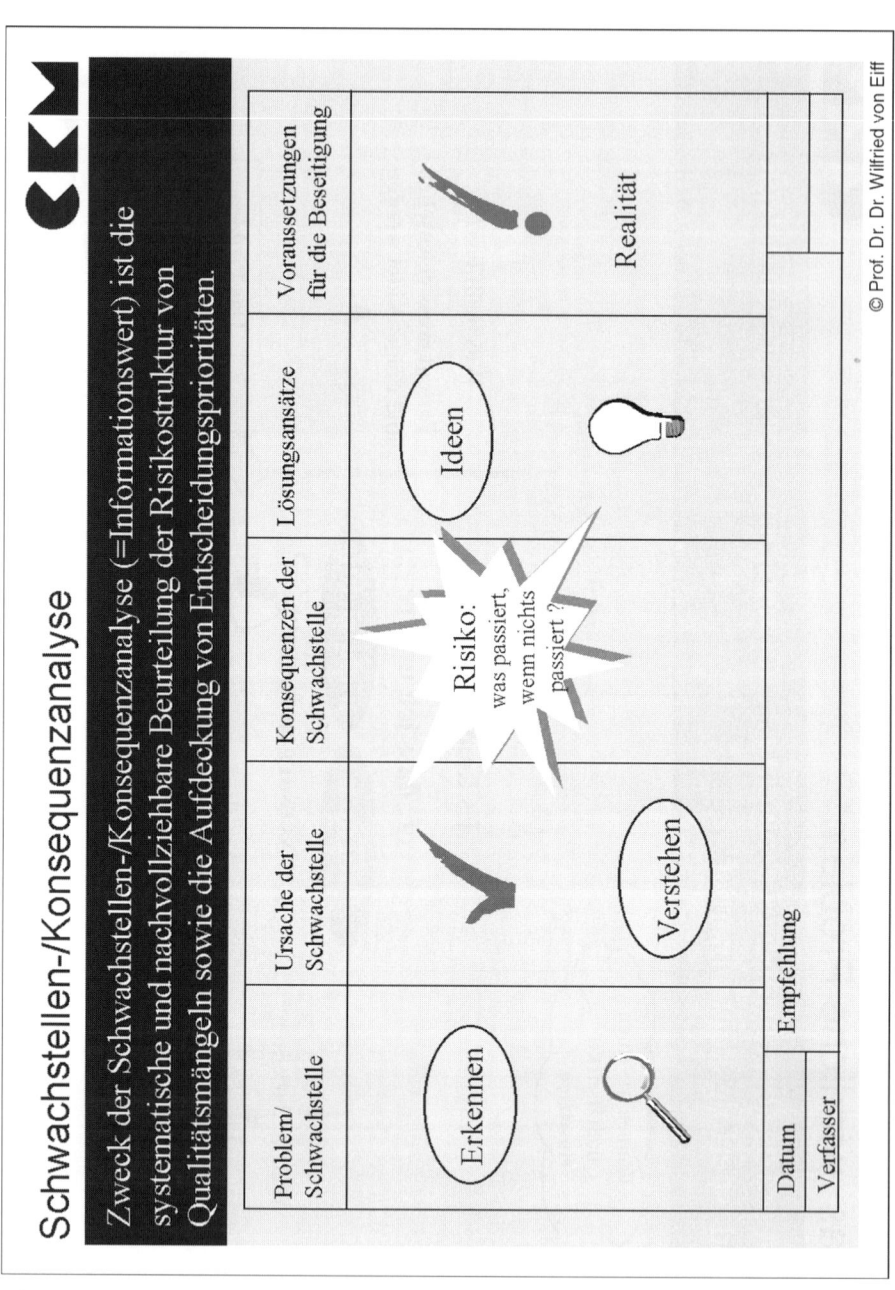

Abb. 5.27: Zu den Basisqualifikationen eines Mitarbeiters gehört die Fähigkeit Probleme präzise zu beurteilen und damit lösbar zu machen (dies gilt natürlich auch für Führungskräfte).

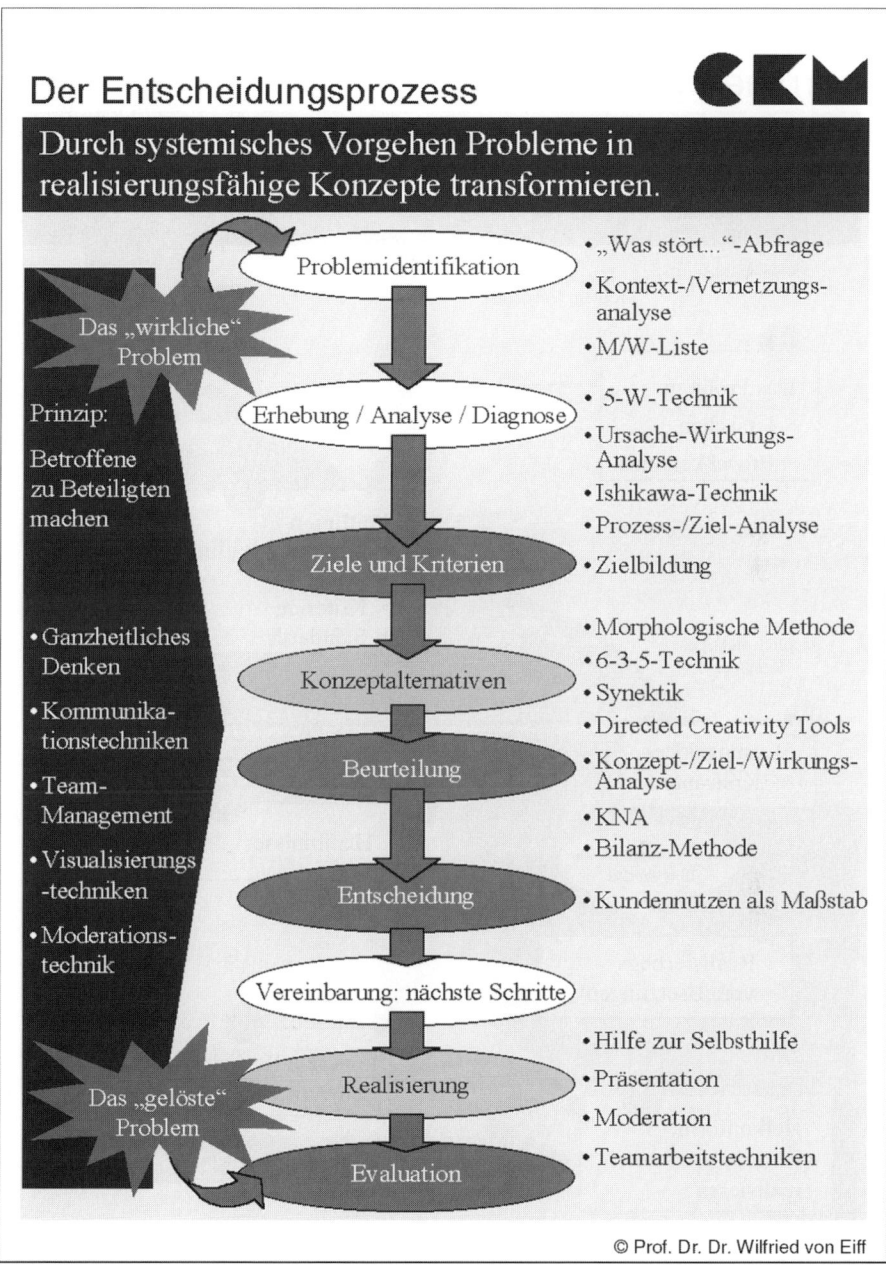

Abb. 5.28: Ein methodisches Vorgehen unterstützt das transparente Zustandekommen akzeptierter und qualifizierter Problemlösungen.

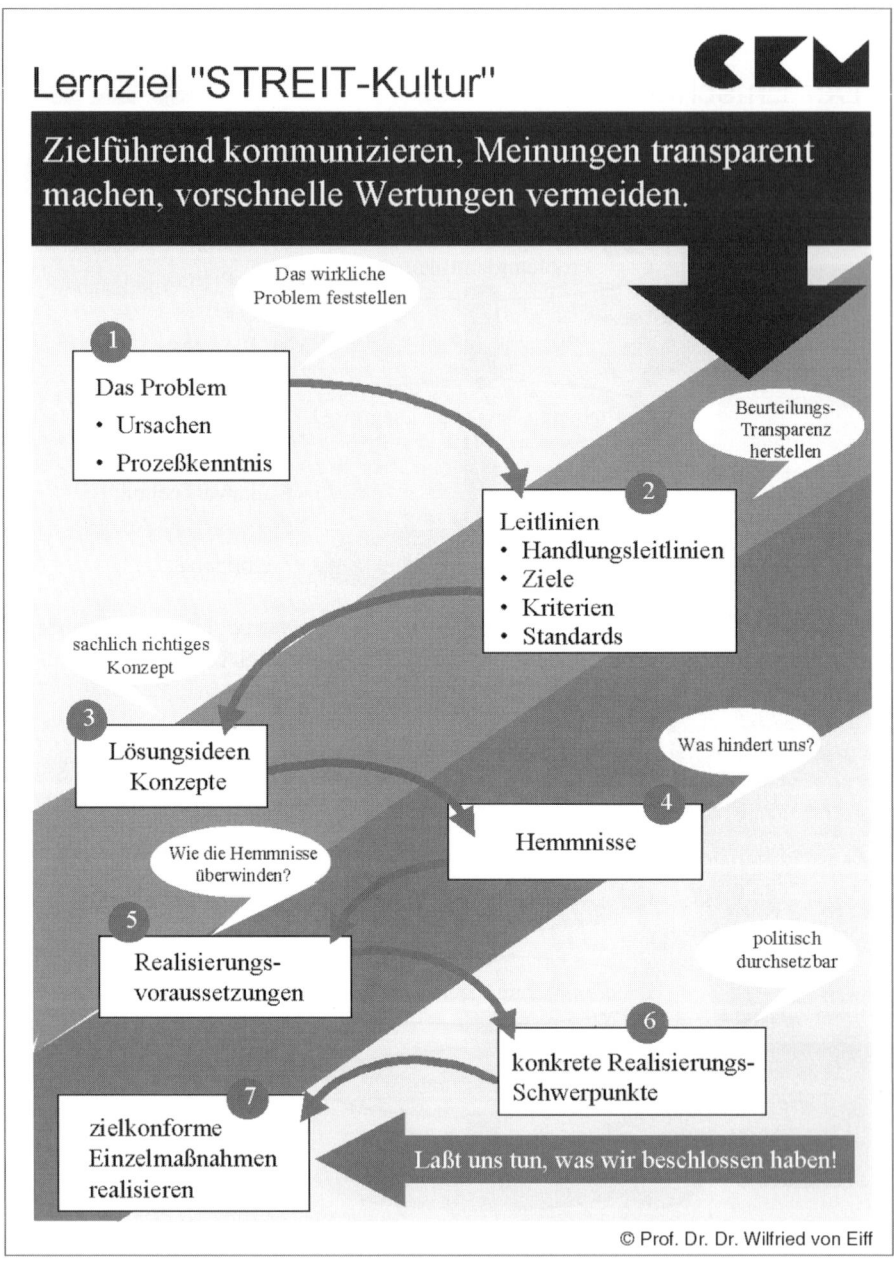

Abb. 5.29: ‚Strukturiertes Diskutieren' macht Meinungsfassaden transparent und hilft, Interessen statt Positionen im WIN-WIN-Prinzip zu verhandeln.

5.9 Führungskräfte in der „Sandwich-Position"

Auf der einen Seite ist die Kritik von Mitarbeitern an den Führungskräften nach-zuvollziehen; auf der anderen Seite muss jedoch berücksichtigt werden, in welcher schwierigen Situation sich die Führungskräfte befinden.

Von der obersten Führung bekommen sie resultatorientierte Vorgaben mit enger Zeitführung (nachweisbare Erfolge in kurzer Zeit). Dies erfordert einen eher auto-ritären Führungsstil.

Andererseits fordern die Mitarbeiter Partizipation und Mitspracherechte. Dies bedeutet eher die weichen Faktoren im Führungsstilverhalten zu aktivieren; au-ßerdem ist Partizipation zeitintensiv, zumindest in der Phase der Problemanalyse und der Konzeptentwicklung.

Damit entsteht ein Spannungsfeld zwischen zwei konträren Messlatten:

(1) Die oberste Führung erwartet zählbare Erfolge in kurzer Zeit.
(2) Die Mitarbeiter erwarten auch die Erfüllung individueller Erwartungen sowie Sozialqualität auf lange Frist.

Auch Führungskräfte der ersten und zweiten Hierarchieebene unterhalb der Ge-schäftsführung haben Anlass zur Klage über Vorgesetzte ebenso wie über unter-stellte Mitarbeiter. „Sachfremde Entscheidungen" des Vorstands, „Manipulieren-der Einfluss auf die eigene Arbeitsweise" und „Abgrenzungsprobleme und Kom-petenzgerangel zwischen den Abteilungen" sind häufig genannte De-Motivatoren, denen sich Führungskräfte „von oben" ausgesetzt fühlen (siehe Abb. 5.30).

Aber auch „zu viele Rücksichten auf nicht-leistungswillige Mitarbeiter" er-schweren der Führungskraft die Arbeit. Andererseits erleben Führungskräfte auch motivierende Situationen (siehe Abb. 5.31), wobei sich diese Motivatoren von de-nen der Mitarbeiter überhaupt nicht unterscheiden:

„Ich habe eine schwierige Aufgabe bewältigt."

„Ich wurde außerhalb meines Fachgebiets als Coach, Problemlöser, Katalysator gebraucht,... das zeigt, dass ich im Haus akzeptiert bin und meine Arbeit geschätzt wird."

„Ich habe gemeinsam mit den Mitarbeitern neue Ideen entwickelt und umge-setzt."

„Meine Mitarbeiter sind begeistert bei der Sache."

„Ich habe in einer schwierigen Situation die Solidarität der Mitarbeiter ge-spürt."

Führung als soziales zielorientiertes System: Der psychologische Kontakt

Führung ist mehr als eine Funktion, mehr als eine Fähigkeit; erfolgreiche Führung entwickelt sich in einem systematischen (Aktion-Rückkopplung-Reaktion), inter-aktiven Verbund aus Führer und Mitarbeiter. Damit ist Führungserfolg immer auch abhängig von der Qualität der Mitarbeiterbeiträge.

Führung ist keine Einbahnstraße, die den Führenden einseitig verpflichtet und in permanente Vorleistung in Sachen Partizipation und Delegation zwingt.

Ein derart permisives Führungsverständnis käme einem verdeckten „Rätesys-tem" der Organisation gleich: für die Mitarbeiter wäre Partizipation ein einklag-

Führungskräfte in der Sandwichposition

...was mich als Führungskraft sehr ärgerte...

→ ...Unproduktive Sitzungen.

→ ...Mit guten Sachargumenten keinen der Beteiligten überzeugen können.

→ ...Es werden sachfremde Entscheidungen im Vorstand getroffen und ich kann es nicht ändern...; ich fühle mich hilflos.

→ ..Ich spüre Manipulation.

→ ...Es läuft schlecht.

→ ...Destruktive Argumentation.

→ ...Ich habe eine Fehlentscheidung getroffen.

→ ...Ständige Abgrenzungsprobleme zwischen den Dezernaten in der Klinikverwaltung.

→ ...Unerfüllbare Anforderungen.

→ ...Unklare Erwartungen.

→ ...Entscheidungen werden getroffen, ohne die fachlich versierten Mitarbeiter einzubinden.

→ ...Unsachliche, nicht nachvollziehbare Diskussionsbeiträge: emotional und intellektuell.

→ ...wenn die Mitarbeiter ihre Aufgabe nicht selbstständig erfüllen.

→ Ein wichtiges Ziel wurde nicht erreicht, weil zu viele falsche Rücksichten auf (unverständige) Mitarbeiter genommen wurden.

© Prof. Dr. Dr. Wilfried von Eiff

Abb. 5.30: Führungskräfte im Führungsdilemma: Mitarbeiter und Vorgesetzte haben unterschiedliche Erwartungen und Ziele.

Führungskräfte schöpfen Motivation

...Situation und Erlebnisse, die ein Gefühl persönlicher Befriedigung hervorriefen.

→ ... Ich habe einen Mitarbeiter überzeugt.

→ ... Ich habe jemandem geholfen, aus einer schwierigen Situation herauszukommen.

→ ... Ich spüre, dass alle beteiligten Mitarbeiter begeistert bei der Sache sind.

→ ... Wenn Spielraum und Zeit vorhanden sind, um gemeinsam mit den Mitarbeitern Ideen zu entwickeln und umzusetzen.

→ ... Wenn es mir gelungen ist, verschiedene Mitarbeiter integriert zu haben und sie auch zufrieden sind.

→ ... Wenn ich in schwierigen Situationen die Solidarität der Mitarbeiter spüre.

→ · ... Ich habe jemandem einen Arbeitsplatz erhalten können und eine Freistellung verhindert.

→ ... Ich wurde außerhalb meines Fachgebiets als Coach, Problemlöser oder Katalysator gebraucht.

→ ... Ich habe eine schwierige Aufgabe bewältigt.

→ ... Ich habe eine wichtige Sachaufgabe erfolgreich abgeschlossen.

→ ... Ich habe mein Budget eingehalten und ein erheblich besseres Ergebnis erzielt.

→ ... Ein außergewöhnlicher Antrag wurde vom Vorstand genehmigt.

→ ... Ich bekam eine überraschende Gehaltserhöhung.

Abb. 5.31: Motivatoren der Führungskräfte unterscheiden sich kaum von denen der Mitarbeiter.

bares Konsumgut, Führungskräfte verkämen zu austauschbaren Animateuren. Delegation und Partizipation sind keine Merkmale eines „motivierenden" Führungsstils, ebenso wenig ist die Informationsweitergabe an Mitarbeiter eine automatische Pflicht einer jeden Führungskraft. Wer als Führungskraft Mitarbeiter einbindet, ihnen die Gelegenheit zum aktiven Mittun gibt, der darf auch erwarten, dass derart ernst genommene Mitarbeiter sich auch engagiert einbringen.

Mitarbeiter, denen echte Partizipation ermöglicht wird, haben die Gelegenheit ihre Fähigkeiten und Wünsche gestaltend in die Diskussion um die Organisationsentwicklung oder in die arbeitstäglichen Entscheidungsprozesse einzubringen. Wer als Mitarbeiter Partizipationsangebote der Führung annimmt, hat auch die Verpflichtung zum konstruktiven, demonstrativen Mittun.

Wer als Mitarbeiter derartige Partizipationsangebote wahrnimmt und dennoch ein aktives Mittun verweigert, der hat sein Recht auf Partizipation für die Zukunft verwirkt.

Führung heißt demnach insbesondere, Transparenz herstellen über die (verborgenen) Absichten und Meinungen, Hintergedanken und Bedenken, Ängste und Schwächen.

Die wichtigste Aufgabe der Führung besteht also darin, einen „psychologischen Kontrakt" (vgl. von Eiff, 1991, Seite 203) herzustellen, der Führungskräfte und Mitarbeiter gleichermaßen verpflichtet; ansonsten degeneriert Führung zum Konsumgut der ewig gestrigen Bedenkenträger und Reorganisationsunwilligen.

Auf dieser „Kontrakt-Basis" stellt sich eine Führungskultur ein, die folgende Merkmale aufweist:

– Mitarbeiter fühlen sich für die Entscheidungen ihres Vorgesetzten mitverantwortlich und vertreten diese mit Überzeugung nach außen.
– Die Mitarbeiter „bügeln" durch ihr Engagement Fehler von Führungskräften aus, weil sie auch einer Führungskraft das Recht auf einen Fehler zubilligen.
– Mitarbeiter arbeiten und engagieren sich in dem Bewusstsein auf die Entscheidungen ihres Vorgesetzten konstruktiv Einfluss nehmen zu können.
– Mitarbeiter reden über ihre Vorgesetzte mit Wertschätzung und Loyalität; gleichzeitig kritisieren Mitarbeiter im Bedarfsfall ihre Vorgesetzten.

Schließlich werden die meisten Führungskräfte unter der Unsicherheit allen „Stakeholdern" in der Unternehmenskultur gerecht werden zu müssen agieren (siehe Abb. 5.32).

Ein Ausweg aus diesem Dilemma der Führungskräfte besteht ansatzweise darin, die Mitarbeiter und Führungskräfte mit den Problemanalyse-, Problemlösungs-, Moderations- und Präsentationstechniken anwendungssicher vertraut zu machen und darüber hinaus Techniken der zielorientierten sowie zeitökonomischen Kommunikation zu vermitteln (siehe Foto 3).

> **Personalmanagement ist gefordert ...**
> ... die Mitarbeiter mit den Methoden und Techniken der Problemlösung vertraut zu machen und den Führungskräften das Verständnis für die Arbeitsweise von Qualitätszirkeln und Problemlösungsteams zu vermitteln.

Führungsprobleme

Führungskräfte haben „natürliche" Führungsprobleme: Was Führungskräfte im Krankenhaus bewegt, was Führungskräfte kritisch reflektieren.

→   ... In kritischen Situationen mache ich zuviel selbst!... Ist das richtig?

→   ... Wie kann ich die Zusammenarbeit wirklich verbessern?... Nicht nur etikettenhaft?

→   ... Wie kann ich in Leitungsverantwortung gesund bleiben: an Geist und Körper?!!

→   ... Wie kann ich die Sandwich-Position als Führungskraft fachlich bewältigen und emotional verkraften?

→   ... Wie gehe ich mit Minderleistern um? ... Was ist fair?

→   ... Wie bringe ich soziale Anforderungen mit sachlichen Anforderungen in Harmonie, insbesondere wenn ich schnell Entscheidungen treffen muss?... Wie überfordere ich mich nicht?

→   ... Wie strukturiere ich die Arbeitsabläufe unter Einbindung der Mitarbeiter (dennoch!) zielgerecht und orientiert an den Anforderungen der Patienten?

→   ... Ich möchte „meinen" Führungsstil finden und leben können; ... Aber wie, wenn man ständig auf dem Mitarbeiterprüfstand steht?

→   ... Wie gehe ich mit Konflikten um, wenn keine Kommunikationsbereitschaft vorhanden ist?

Abb. 5.32:   Führungskräfteprobleme resultieren meist aus dem Umgang mit Mitarbeitern.

Foto 3:
Mitarbeiter und Füh-
rungskräfte machen sich
in Workshops mit den
Problemanalyse- und
Problemlösungstechniken
in Kleingruppen vertraut.

5.10 Kommunikation und Persönlichkeit:
Was den Erfolg von Teamarbeit ausmacht

Krankenhäuser halten komplexe Leistungsstrukturen vor; solche Aufgabenstruk-
turen korrespondieren mit einer entsprechenden Komplexität im organisationskulturellen Bereich: Gerade in Krankenhäusern gibt es kaum noch Arbeits- und
Entscheidungsprozesse, die keinen „Team-Charakter" haben. Die Führungskraft
im Krankenhaus ist in besonderer Weise in der Rolle als Kommunikator gefordert.
    Führung als dispositiver Faktor sorgt dafür, dass Ziele entwickelt, Strategien
abgeleitet und die zur Realisierung notwendigen Leistungsprozesse organisiert
werden. Führung beinhaltet aber auch die Fähigkeit Mitarbeiter für Ziele und
Programme zu begeistern. Beide Aspekte der Führung, der sachliche Aspekt der
Strategieentwicklung ebenso wie der psychologische Aspekt der Überzeugung,
fordern die Führungskraft als Kommunikator (siehe Abb. 5.33).
    Eine wichtige Teilaufgabe der Führung besteht darin, die „richtigen" Mitarbei-
ter und den „richtigen" Arbeitsplatz zu dirigieren bzw. Arbeitsteams so zusam-
menzustellen, dass ein Höchstmaß an wirtschaftlichem Erfolg für das Unternehmen und Sozialqualität für die beteiligten Teammitglieder entsteht.

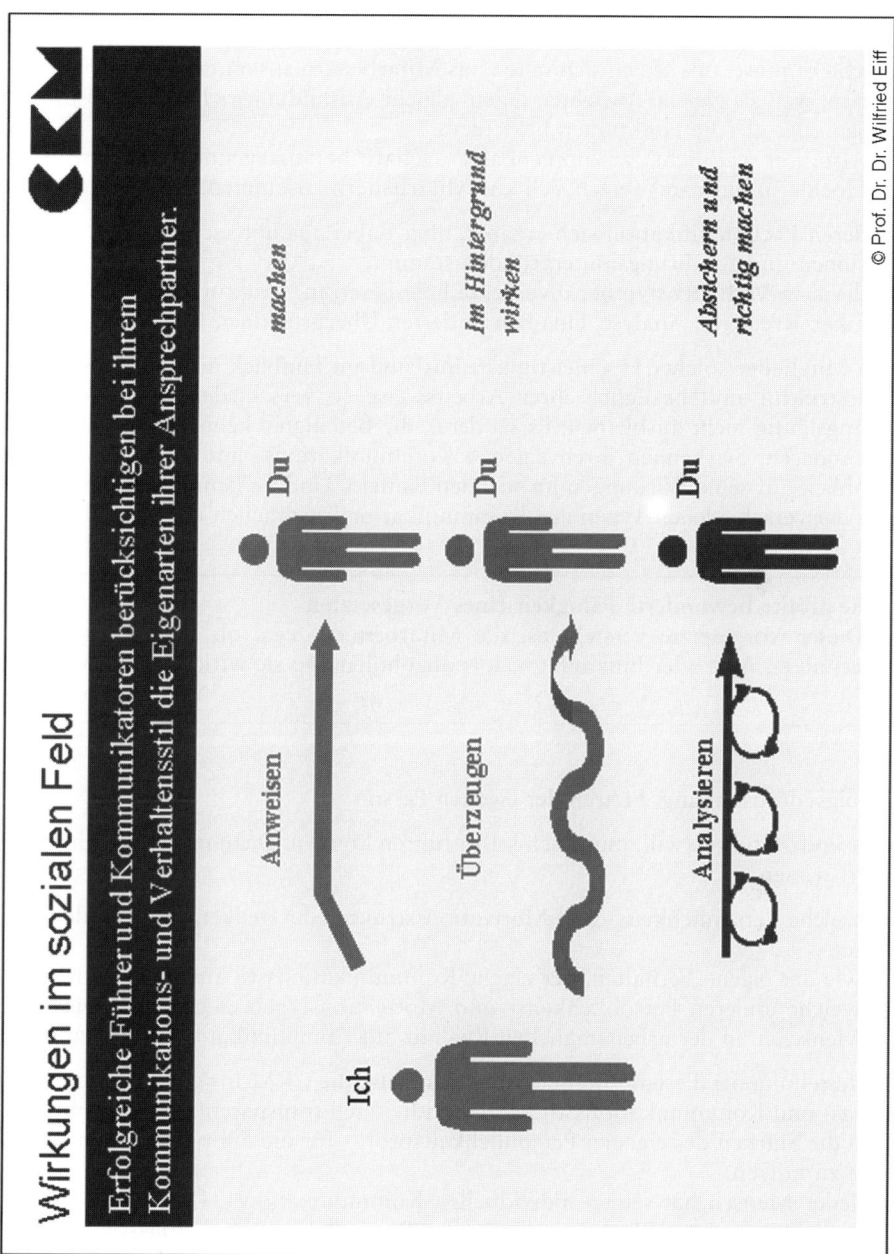

Abb. 5.33: Jede Person verkörpert ihren eigenen Verhaltens- und Kommunikationsstil.

Die Kommunikations-Falle

Hochleistungsteams setzen sich selten aus Mitarbeitern zusammen, die zueinander passen, weil sie gleiche Ansichten teilen, gleiche Ausbildungsrichtungen absolviert haben oder gleiche Funktionen bekleiden.

Also: nur wer nicht „zusammenpasst", schafft herausragende Ergebnisse. Hochleistungsteams setzen sich aus Mitarbeitern zusammen,

- deren Fachqualifikation sich ergänzt, aber dabei aus unterschiedlichen Professionen und Erfahrungshintergründen stammt;
- die vom Verhaltenstyp her divergente Pole besetzen: strukturierter Denker, Logiker, Kreativer, Analyst, Finanzorientierter, Überprüfender, Macher,...

Die Mitglieder solcher Hochleistungsteams sind im Hinblick auf ihre Persönlichkeitsstruktur und bezüglich ihrer Arbeitsweise so verschieden, dass Konflikte zwangsläufig nicht ausbleiben. Es sei denn, die Beteiligten kennen sich selbst und die anderen. Sie kennen ihren eigenen Kommunikations- und Verhaltensstil im Hinblick auf seine Wirkungen im sozialen Umfeld. Und sie kennen die Erwartungen der verschiedenen Typen aus Kommunikationsansprachen und Verhalten.

„ ... "
> **Die größte bewunderte Fähigkeit eines Vorgesetzten**
> „Dieser Vorgesetzte versteht es, die Mitarbeiter – egal ob Pflegekraft oder Techniker, Arzt oder Einkäufer – dort abzuholen, wo sie wirklich stehen."
> Wilfried von Eiff

Erfolgsvoraussetzung: Führen der eigenen Person

Wer andere führen will, muss sich selbst führen können. Dazu muss die Führungskraft wissen,

- welche Persönlichkeits- und Motivationsstruktur ihr Denken und Handeln leitet;
- wie das eigene Verhalten, der eigene Kommunikationsstil auf andere wirkt;
- welche anderen Persönlichkeits- und Motivationstypen es gibt und wie diese Menschen in der arbeitstäglichen Realität auf Kommunikation reagieren.

Hilfestellung bei diesem Erkenntnisprozess bietet die CKM-Insights-Analyse: Führungs- und Kommunikationsstil werden individuell transparent gemacht mit dem Ziel die Stärken des eigenen Persönlichkeitsprofils für die Führungsaufgabe wirksam zu nutzen.

Jeder Mensch hat seinen individuellen Kommunikations-, Denk- und Verhaltensstil: das breite Spektrum individueller Persönlichkeitsprofile lässt sich auf 8 Grundtypen reduzieren.

Analysegrundlage für diese 8 Verhaltenstypen ist die Unterteilung zwischen Wahrnehmungs- und Urteilsmuster eines Menschen.

Wahrnehmungsmuster

Es gibt zwei Grundmuster, die ein Mensch in der Kindheit entwickelt und die prägen, wie er als Erwachsener die Welt wahrnimmt:

- Detailorientierung: Menschen mit ausgeprägtem Realitätssinn und einem Bedürfnis nach Fakten und Daten nehmen die Umwelt über die fünf Sinne wahr (Sinneswahrnehmung/Empfinden). Dies hat eine hohe Detailorientierung zur Folge.
- Gesamtorientierung: erfasst ein Mensch die Welt hingegen mehr über den sechsten Sinn, über die Intuition, dann sieht er vornehmlich die Möglichkeiten in allen Dingen, erfasst das große Gesamtbild und orientiert sich in seinem Handeln wesentlich an Visionen (Zielen) über seine Zukunft.

...“

Vermögen

„Das Vermögen eines Unternehmens ist das, was dessen Mitarbeiter „vermögen.“

Frank M. Scheelen

Urteilsmuster

Ebenso wie bei der Wahrnehmung stehen sich zwei Urteilsfaktoren gegenüber:

- Sachorientierung: diese Menschen treffen Entscheidungen mit deutlicher Orientierung an der Aufgabe, der Sache, einem Ziel oder dem Ergebnis.
- Gefühlsorientierung: andere hingegen stellen bei ihren Entscheidungen den Menschen in den Mittelpunkt ihrer Überlegungen und beschäftigen sich mit den zwischenmenschlichen Auswirkungen.

Daraus ergeben sich acht Persönlichkeitstypen, die jeweils durch einen typ-spezifischen Kommunikations- und Führungsverhaltensstil charakterisierbar sind und die ebenso eine typspezifische Denk- und Wertehaltung aufweisen. Mit jedem Typ ist gleichzeitig ein bestimmter Arbeitsstil verbunden (siehe Abb. 5.34):

- Beobachter   Systeme überprüfen
- Reformer   neue Methoden einführen
- Direktor   testen und durchsetzen
- Motivator   neue Ideen kreieren
- Inspirator   die Ideen an andere weitervermitteln
- Berater   sich mit anderen beraten und abstimmen
- Unterstützer   Strukturen und entsprechende Hilfen anbieten
- Koordinator   sich an bereits bewährte Verfahren halten

Jeder „Grundtyp" hat typische Eigenarten, die das Aktions- und Reaktionsmuster dieses Menschen in Grenzen, aber doch relativ treffsicher prognostizierbar machen (siehe Abb. 5.35).

Führung findet nicht im „luftleeren Raum" statt, sondern ist immer auch als Prozess der Kommunikation zwischen Vorgesetzten und Mitarbeitern zu sehen.

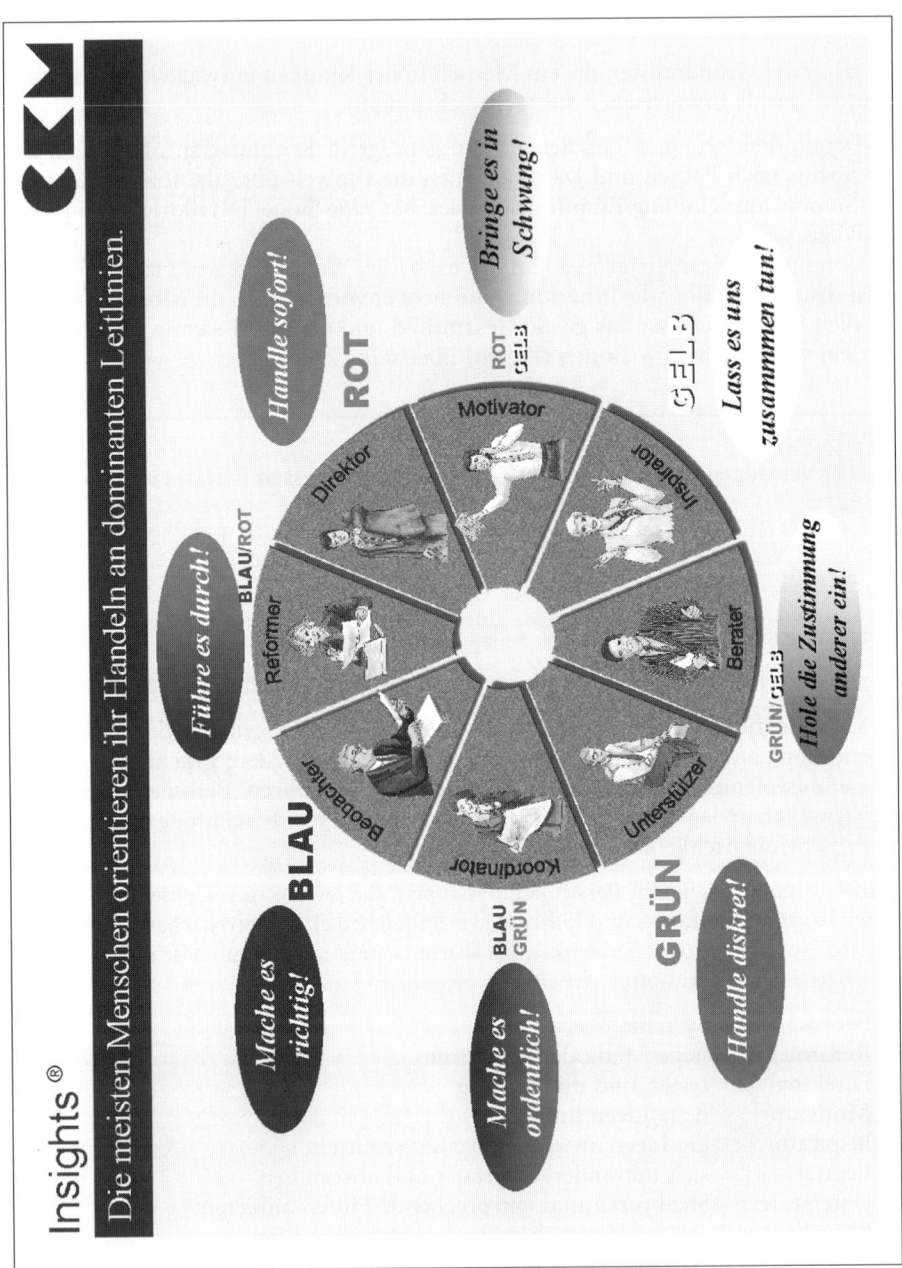

Abb. 5.34: Jeder Persönlichkeitstyp weist signifikante Verhaltensstrukturen und Kommunikationsstile auf (Quelle: INSIGHTS®).

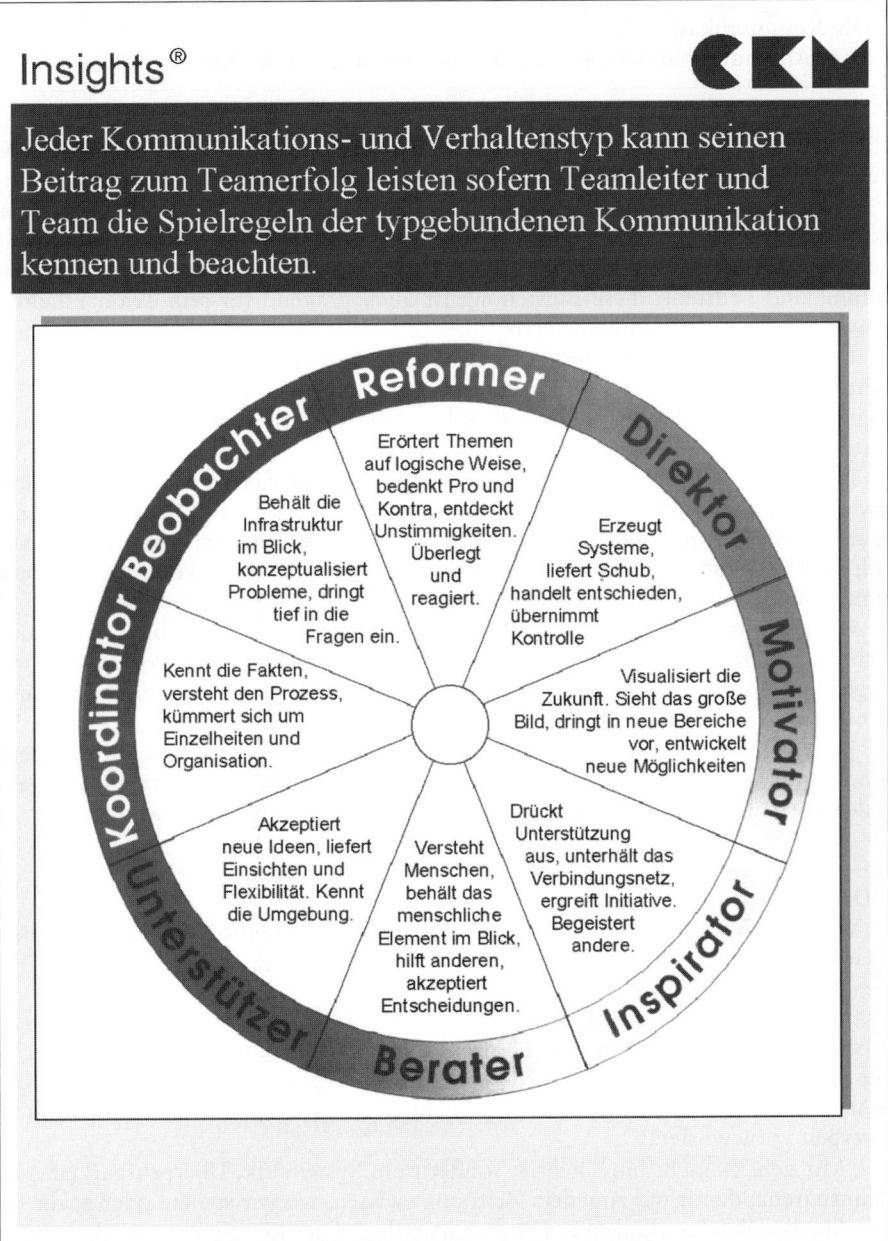

Abb. 5.35: Jeder Verhaltenstyp ist durch „typische" Verhaltens-/Kommunikationsmuster merkmalisiert (Quelle: Scheelen).

„..." **Die Kommunikationsfalle**
„Am Anfang war das Wort,…und damit begannen alle Missverständnisse!"

Einer der wichtigsten Erfolgsfaktoren des Managers ist die Fähigkeit zur zielführenden und zeitökonomischen Kommunikation.

Ein Haupthinderungsgrund auf dem Weg zu einem konstruktiven Miteinander ist darin zu sehen, dass Menschen unterschiedliche Persönlichkeitsprofile aufweisen: Jeder Mensch hat eine bestimmte bevorzugte Art, wie er seine Umwelt wahrnimmt und beurteilt; diese Einstellung ist auch prägend für sein Teamverhalten sowie seine Art zu kommunizieren.

Die Kenntnis dieser Kommunikations- und Verhaltensstrukturen ist in besonderem Maß wichtig, wenn es darum geht, Teams, Abteilungen, Organisationseinheiten mit den „richtigen" Personen zu besetzen. Ein erfolgreicher Manager sorgt dafür, dass jeder Mitarbeiter seine individuellen Stärken einbringen kann.

Erfolgreiche Teamarbeit ist die Konsequenz konstruktiver Kommunikation zwischen Teammitgliedern, die sich fachlich und vom Persönlichkeitstyp her ergänzen: Eine Gruppe, die nur aus „Kreativen" besteht, tut sich erfahrungsgemäß mit der Umsetzung bodennaher Konzepte schwer; die „Pragmatikergruppe" scheut ungewöhnliche Lösungen und die „Analytiker" paralysieren sich selbst.

Die Insights-Methode dient der individuellen Standortbestimmung als Persönlichkeitstyp, macht transparent, in welcher Weise mit bestimmten Persönlichkeitstypen kommunikativ umgegangen werden muss um diese „ins Boot zu holen" und ermöglicht die Zusammenstellung von Erfolgsteams.

Jeder Kommunikationstyp wirkt auf Grund seiner Eigenarten auf andere Kommunikationstypen in unterschiedlicher Weise. Zunächst ist festzustellen, dass jeder Kommunikationstyp bestimmt stereotypen Vorwürfen ausgesetzt ist.

„..." **Die Feedback-Falle**
„Wie soll ich wissen, was ich gesagt habe, bevor ich nicht die Reaktion auf mein Gesagtes erleben konnte?"

Aber: Kommunikation lebt vom Feed-back (siehe Abb. 5.36). Deshalb ist es wichtig zu wissen, wie die einzelnen Kommunikationstypen auf solche „Standardvorwürfe" reagieren (können). „Seien Sie nicht so theoretisch!", wird dem Beobachtertypen vorgeworfen.

„Mir geht es nicht um Theorie, sondern um Systematik, Überprüfbarkeit und Transparenz, damit wir zu jedem Zeitpunkt wissen, wo wir stehen; oder bevorzugen Sie das übliche „Praktiker-Durchgewurstle?" Dies könnte eine mögliche typspezifische Feedback-Reaktion des „Blauen" Beobachters sein (siehe Abb. 5.37).

Aus obigem Beispiel wird deutlich, dass Menschen weniger auf Grund objektiver Sachverhalte und „Realitäten" urteilen und entscheiden, sondern dominierend ihre Handlungen auf Grund ihrer persönlichen Wahrnehmungsmuster ausrichten. Viele Menschen unterliegen diesem Phänomen der selektiven Wahrnehmung und halten ihre Wahrnehmung für die Wirklichkeit.

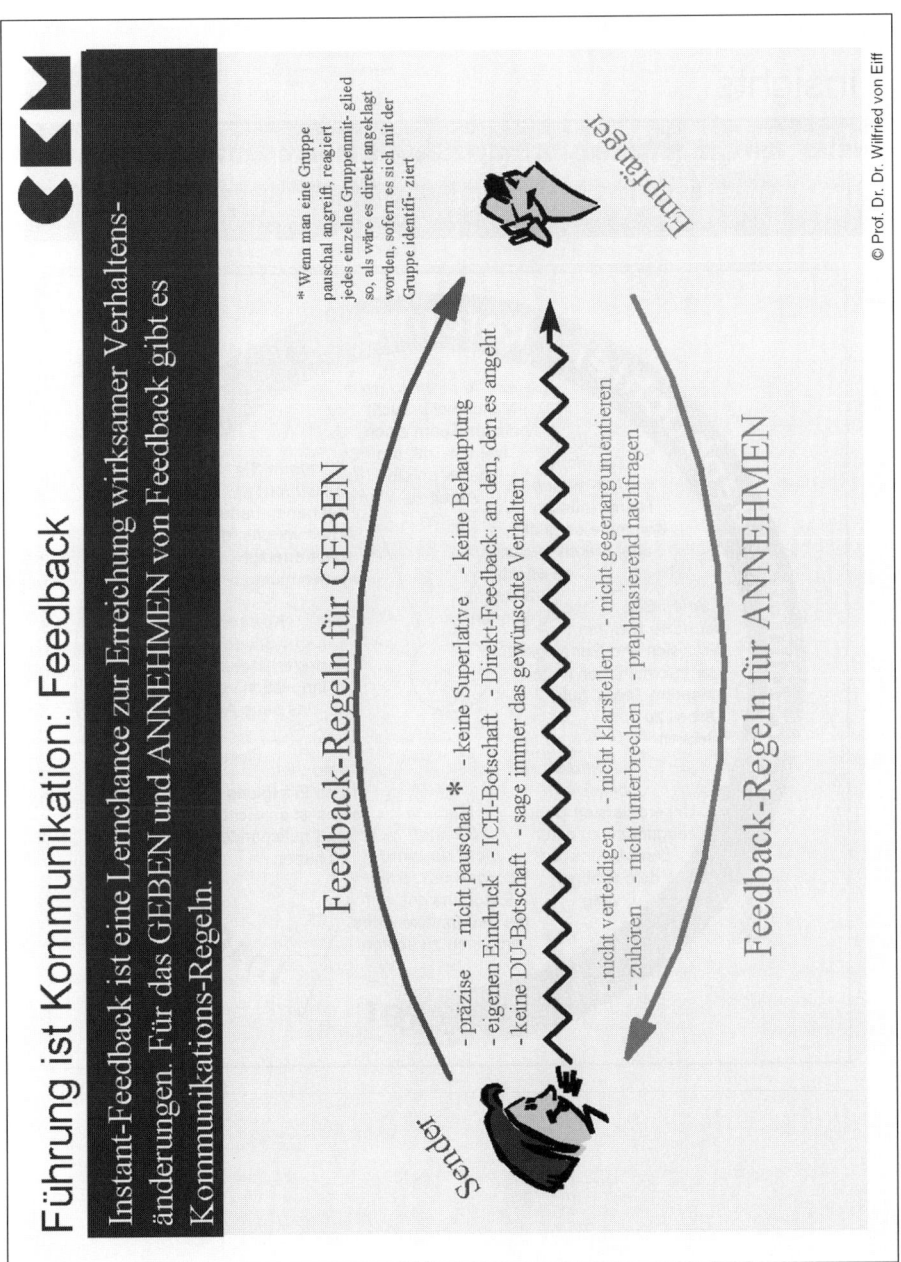

Abb. 5.36: Ohne transparentes und direktes Feedback bleibt Kommunikation ineffizient.

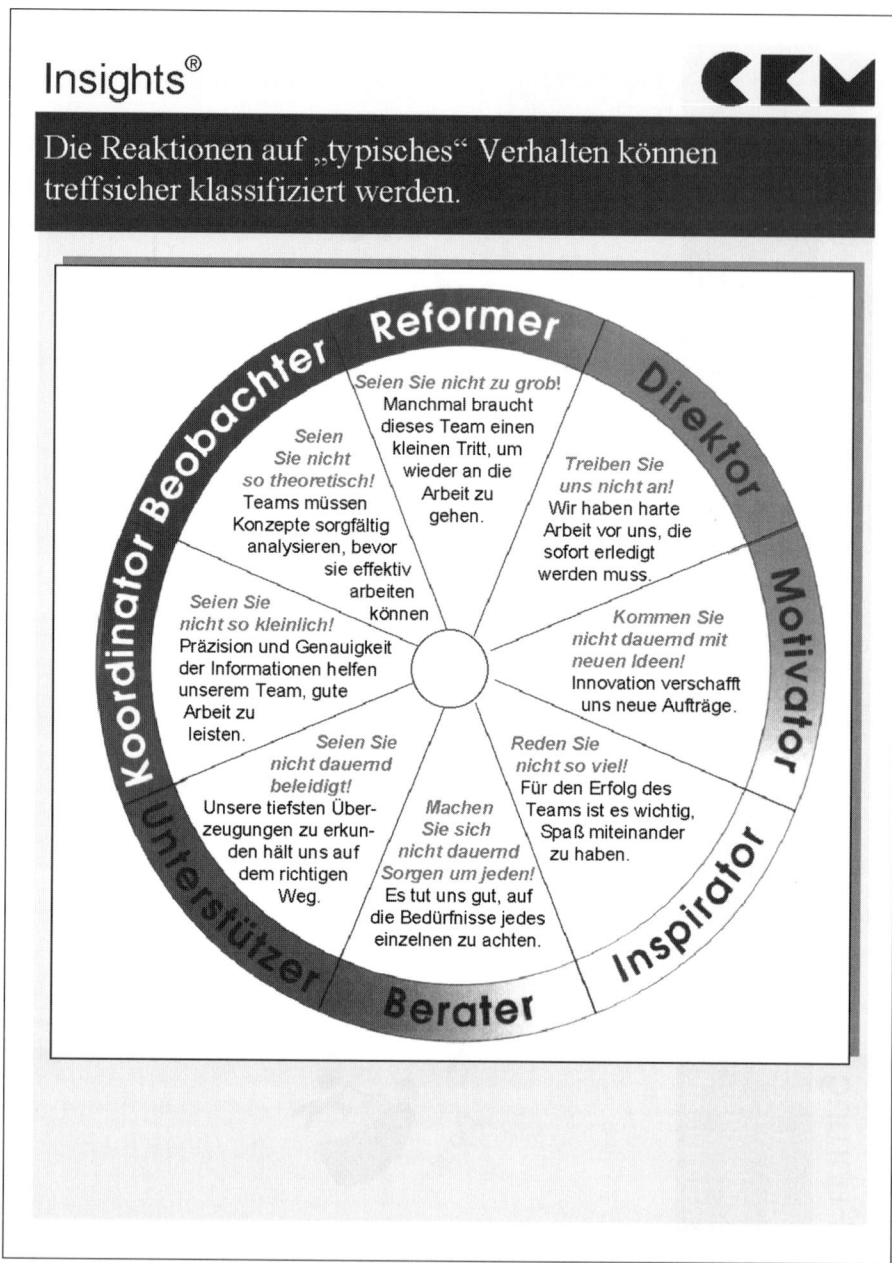

Abb. 5.37: Jeder Verhaltenstyp muss mit Vorurteilen und „typischen" Reaktionsmustern rechnen (Quelle: Scheelen).

> **Fremdbild ermöglicht Selbst-Verstehen**
> „Wahrheit ist: Wenn wir anfangen uns so zu sehen, wie andere dies tun, ist das der Beginn uns selbst zu verstehen."
>
> Robert Burns

Wenn wir den Effekt, den wir auf andere haben, einmal verstanden haben, so können wir uns entscheiden, ob wir diese Wirkung verstärken oder abmildern wollen um mit anderen bessere Beziehungen zu unterhalten.

Die meisten Menschen, die sich selbst gut kennen, werden sich in den negativen Beschreibungen wiederfinden, die sie charakterisieren, wenn sie mal einen „schlechten Tag" haben. Zweifellos haben andere Menschen diese Verhaltensweisen an ihnen erlebt und sie selbst sind sich des „schlechten Tages" auch bewusst.

Allerdings – und hier liegt der Schlüssel – kommt es in der Realität vor, dass man durch andere Menschen permanent so beurteilt wird, als hätte man einen „schlechten Tag", obwohl man selbst davon ausgeht einen „guten Tag" zu haben. Die Erklärung: Zwei gegensätzliche Persönlichkeitstypen (z. B. Motivator und Koordinator) nehmen vornehmlich die negativen Seiten eines Verhaltenstyps wahr.

In einem Erfolgsteam spielt jedes Mitglied eine Rolle, deren Wahrnehmung zu schnelleren Ergebnisrealisierungen und qualifizierteren Entscheidungen führt. De Bono stellt in seinem bemerkenswerten Buch „Six Thinking Hats" heraus, wie wichtig unterschiedliche Persönlichkeitstypen bzw. Rollen („Hüte") sind um im Team zu Lösungen zu kommen, die innovativ und umsetzungsfähig zugleich sind (siehe Abb. 5.38).

Ähnlich ist der Ansatz von R. v. Oech zu werten: „In jeder erfolgreichen Gruppe gibt es „Explorer", „Artists", „Judges" und „Warriors", die im Zusammenspiel kreativ Innovationen entwickeln, sachlich prüfen und durchsetzen".

Aus diesen Erkenntnissen über Arbeitsstile, Persönlichkeitsstrukturen und Rollen im Team lässt sich ein Modell für einen „multikulturellen" Problemlösungsprozess ableiten, der folgende vier Stufen umfasst:

(1) **Intuition**
   Brainstorming zur Ideenfindung, Vorstellungskraft und Fantasie
(2) **Empfinden (Sensorik)**
   Sammeln von Fakten und Details, Schaffen von Klarheit, Erkennen von Relevanz
(3) **Denken**
   Objektive Problemanalyse, Abwägen von Ursache- und Wirkungszusammenhängen
(4) **Fühlen**
   Wie wirkt sich die mögliche Lösung auf die betroffenen Personen aus

Charakteristisch für diesen Prozess ist, dass individuelle Präferenzen strukturiert und transparent berücksichtigt werden, dass die Teameffektivität steigt: jedes Teammitglied kann sein Fähigkeitspotenzial voll ausschöpfen und entwickelt auf der Basis dieses Erfolgserlebnisses intrinsische Motivation.

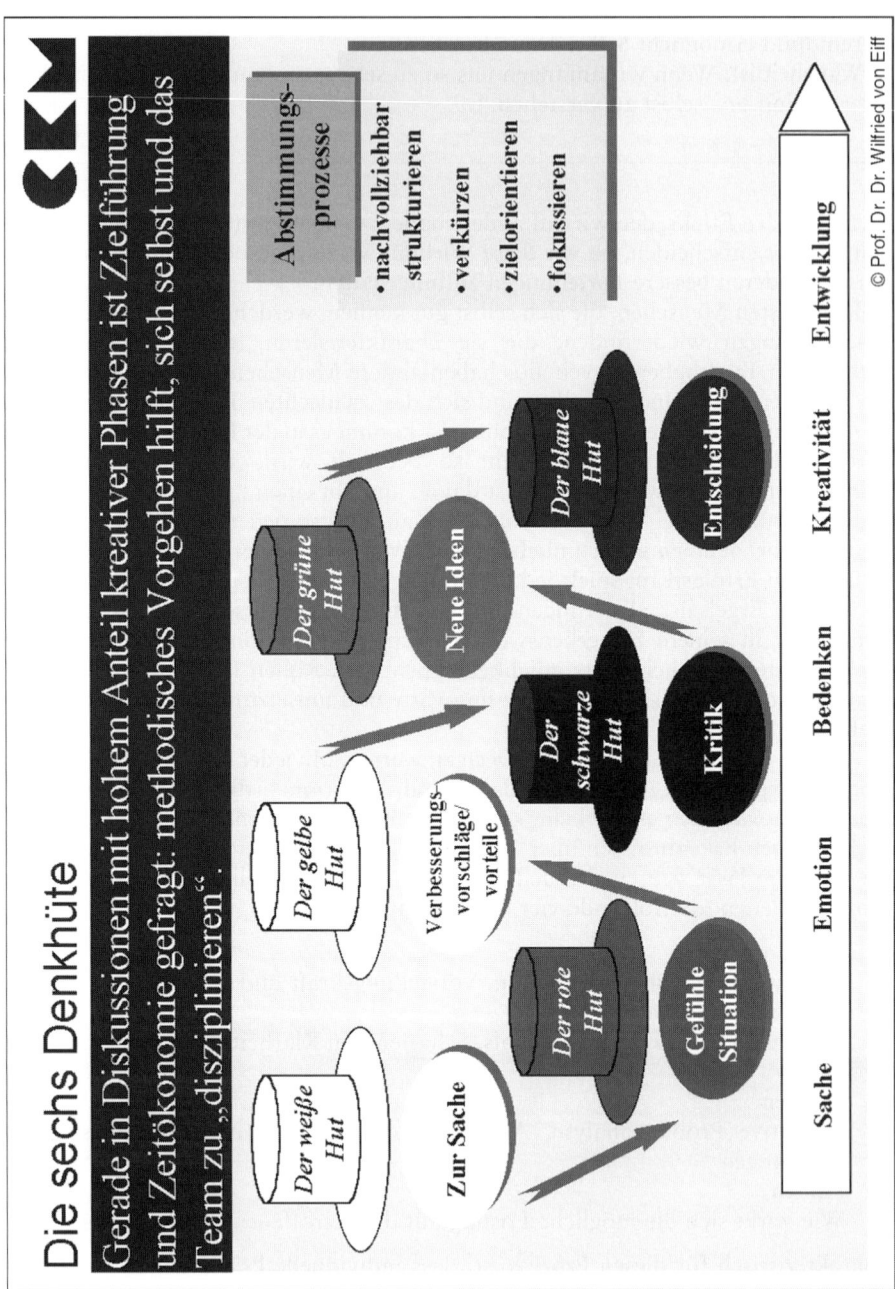

Abb. 5.38: Die Zusammensetzung unterschiedlicher Persönlichkeitstypen im Team ist Erfolgsfaktor für innovative Leistungen.

Fazit

Das Unternehmen Arztpraxis ebenso wie das Unternehmen Krankenhaus oder jedes andere Unternehmen ist daher so erfolgreich wie es gelingt, Chef und Mitarbeiter zu einem Team besser: zu einem Hochleistungsteam zusammenzuschließen:

- Neue Mitarbeiter müssen unter dem Gesichtspunkt ausgewählt werden, ob sie in das Team passen;
- Mitarbeiter sind in das Team zu integrieren;
- Mitarbeitern soll durch die Führung geholfen werden Selbstmotivation zu entwickeln;
- Konfliktsituationen konstruktiv zu meistern;
- Mitarbeiter sollen ihren Fähigkeiten und Neigungen entsprechend eingesetzt und entwickelt werden;
- Mitarbeiter müssen sich im Unternehmen wohl und ernst genommen fühlen, um leistungsfähig und engagementbereit zu sein.

Führungserfolg
Die erfolgreiche Führungskraft ist in der Lage, die Persönlichkeitsprofile anderer Menschen zu erkennen und die eigene Kommunikation, das eigene Verhalten unter Berücksichtigung der Eigenarten und unausgesprochenen Erwartungen Dritter situativ zu orientieren.

Erfolgreiche Manager
- kennen ihr Persönlichkeitsprofil,
- wissen um ihre „typischen" Eigenarten,
- merken, wie sie auf andere Menschen wirken und
- sind in der Lage mitarbeiter-typgerecht zu kommunizieren.

Insights®-Erkenntnisse
- Welche Stärken bestimmen meine Persönlichkeit?
- Welche Schwächen hindern mich daran, meine Stärken wirkungsvoll zu entfalten?
- Wie wirkt mein Verhalten auf andere Menschen?
- Welcher Menschen- bzw. Persönlichkeitstyp liegt mir kommunikativ näher?
- Welcher Menschen- bzw. Persönlichkeitstyp erfordert in der täglichen Zusammenarbeit eine eigene Verhaltensänderung um gemeinsame Aufgaben erfolgreich bewältigen zu können?
- Welche Verhaltensmuster habe ich über Jahre eingeübt, weil ich annehme, meine soziale Umgebung erwarte dies von mir (= „Persona" = „Maske") und wie weit ist dieses Masken-Verhalten von meiner tatsächlichen, typengerechten Einstellung entfernt (= Stressauslöser)?

Nur heterogene Teams erzeugen Hochleistungen
Unterschiedliche Persönlichkeitsstrukturen und Arbeitsstile erzeugen kreative Lösungen, generieren Innovationen.

Verschiedene Persönlichkeiten nehmen unterschiedliche Rollen ein:
- Der „Kreative" sorgt für Ideen;
- Der „Entdecker" geht auf die Suche nach Best Practices;
- Der „Buchhalter" sorgt für die Berücksichtigung von Budgetrestriktionen;
- Der „Richter" stellt Zielgerechtigkeit und Bodennähe her, indem er immer wieder hinterfragt und Präzision abverlangt;
- Der „Kämpfer" treibt die gefundene Lösung auch gegen Widerstände in der Hierarchie voran;
- Der „Prozesspromoter" moderiert die heterogene Gruppe zeitökonomisch und zielorientiert zu einer akzeptierten Lösung;
- Der „Analytiker" sorgt für solide Entscheidungsgrundlagen;
- Der „Systematiker" hält den Leistungsprozess transparent und nachvollziehbar;
- Der „Konzeptionalist" strickt den Konzeptrahmen für eine qualifizierte Lösung.

5.11 Kreativität: Neues Denken und neues Handeln

Kreativität und Neugier gelten als Mitarbeitertugenden der post-modernen Arbeitswelt. Kreativität ist die Grundlage für Prozessverbesserungen, gilt als Basis für Wettbewerbsvorsprünge. Und dennoch: auffallend viele Mitarbeiter verweigern kreatives Denken, weil sie „zu oft" schlechte Erfahrungen mit Verbesserungsvorschlägen gemacht haben. „Haben Sie Zeit für kreative Spinnereien? Offenbar sind Sie nicht richtig ausgelastet! Erfüllen Sie erstmal Ihre eigentliche Arbeit richtig und wenn Sie dann noch Zeit haben, können Sie immer noch kreativ sein!", so oder ähnlich werden Verbesserungsvorschläge von Mitarbeitern nicht selten abgewimmelt.

Für die meisten Führungskräfte ist „Kreativität" gleichzusetzen mit „Spinnerei" im Sinne von Zeitverschwendung für realitätsuntaugliche Lösungsvorschläge; kreative Prozesse machen zwar allen Spaß, aber sie zeitigen keine verwertbaren Ergebnisse. Die Methode der „zielgerichteten Kreativität" (Directed Creativity) ist keine Spinnerei, sondern repräsentiert eine solide Vorgehensweise zur Entwicklung von Lösungen, wenn die „analytische Denk- und Vorgehensweise" nicht mehr weiterhilft (siehe Abb. 5.39).

Dies ist insbesondere dann der Fall, wenn vermeintlich gegensätzliche Ziele (z. B. Qualitätssteigerung und Kostensenkung) erreicht werden sollen.

Ein typischer Fall aus dem Alltag einer Klinik: Ein Patient wird operiert, der zu Hause wartende Angehörige macht sich Sorgen und ruft irgendwann im Krankenhaus an. Er erreicht den Arzt jedoch nicht, weil dieser schon wieder im OP steht, gerade auf Intensiv-Visite ist oder einen dringenden Notfall zu versorgen hat. Zwei- oder dreimal ruft der Angehörige an, wird jedes Mal vertröstet und bekommt allmählich das Gefühl, dass er den Ablauf in der Klinik stört.

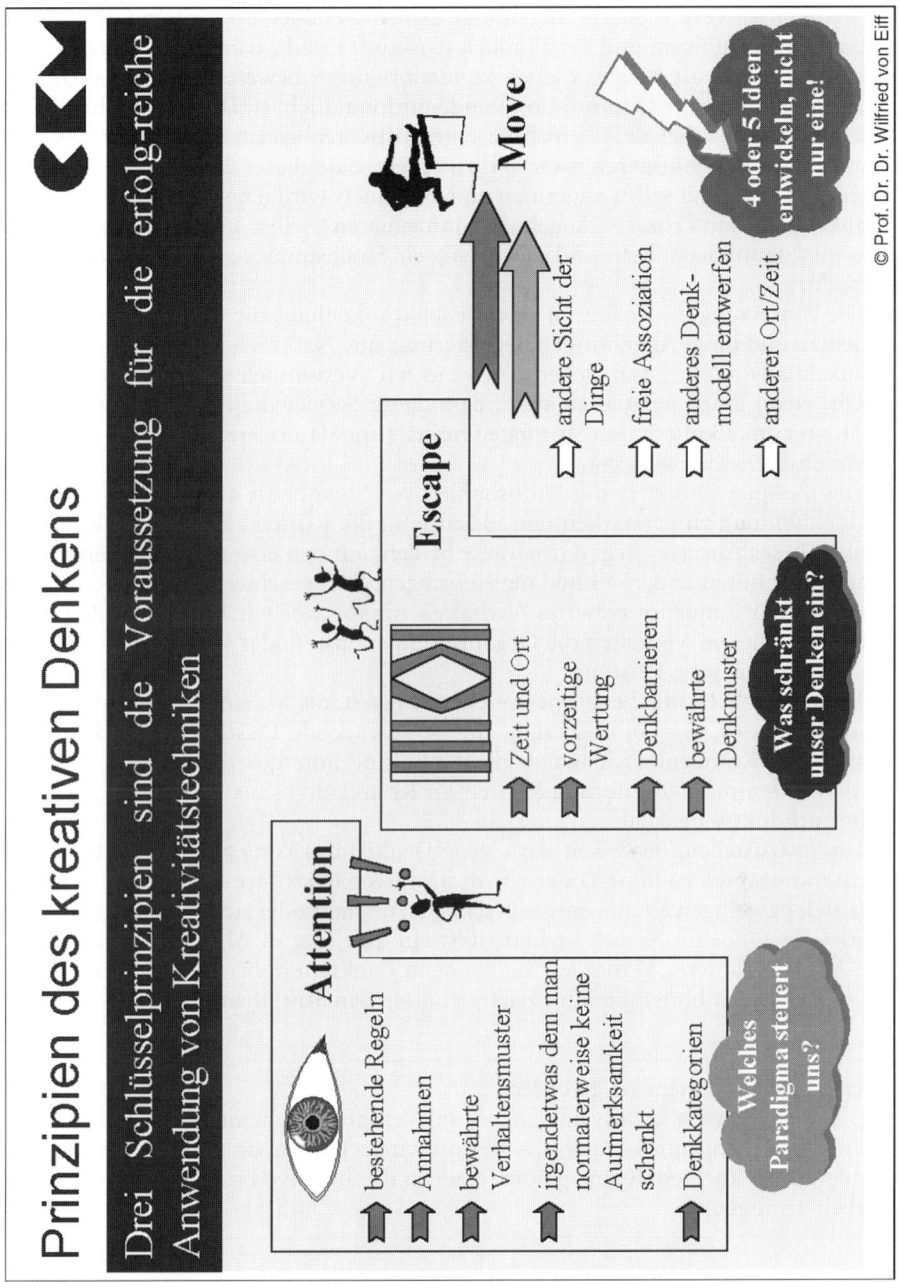

Abb. 5.39: Denkbarrieren erkennen und bewusst eine andere Sicht der Dinge einnehmen sind die Voraussetzungen für kreative Lösungen.

Wenn dieser verunsicherte Angehörige den Arzt endlich erreicht und dieser Arzt freundlich, einfühlsam und verständlich Auskunft erteilt, würde jeder das Verhalten dieses Arztes als ausgesprochen kundenorientiert bewerten. Nur: Das ändert nichts daran, dass die Organisation kundenunfreundlich ist. Das ließe sich ändern, indem die Klinik bei der Aufnahme eines Patienten gleich Name und Telefonnummer des Angehörigen notiert und zusichert, dass dieser 20 Minuten nach der Operation vom Arzt selbst angerufen und informiert wird. Die Folge wäre, dass das Krankenhaus den Prozess „Angehörige informieren" selbst steuert. Die Organisation wird dadurch entlastet und gleichzeitig ein Höchstmaß an Kundenorientierung erreicht.

Die Umsetzung dieser Idee in einem Fachkrankenhaus für Orthopädie löste bei Patienten und ihren Angehörigen Begeisterung aus. Natürlich glauben sie, dass das Krankenhaus damit zusätzlichen Aufwand hat. Vermutlich wären sie sehr überrascht, wenn ihnen jemand erzählte, dass dieser Service die Klinikabläufe vereinfacht, von unkalkulierbaren Störungen freihält und damit letztlich Kosten einspart sowie das Personal entlastet.

Das Beispiel illustriert die Philosophie des „Sowohl-als-auch": Ziel ist es die Kundenbindung zu verstärken und gleichzeitig die Kosten zu senken. Die Besonderheit dieses Ansatzes liegt darin, diese beiden, auf den ersten Blick widersprüchlichen Ziele miteinander in Einklang zu bringen. Dies geschieht dadurch, dass man einerseits ein kundenorientiertes Verhalten organisatorisch festlegt, andererseits mit gerade diesem Verhalten die Organisation entlastet oder sogar beherrschbarer macht: eine kreative Leistung.

Kreativität als Aufgabe, als personelle Fähigkeit, als Maxime eines Zusammenarbeitsprozesses, als Voraussetzung für herausragende Leistungen, spielt in den Köpfen der Krankenhausmanager nicht nur eine untergeordnete Rolle, sondern wird von den meisten Führungskräften im Krankenhaus als überflüssig, ja sogar kontraproduktiv beurteilt.

Um festzustellen, inwieweit das eigene Denken das Potenzial hat, zu kreativen Meisterkonzepten zu führen oder von destruktiven Restriktoren im Zaum gehalten eher zu langweiligen Kompromissvorschlägen tendiert oder sich im lamentierenden „Das-Geht-Ohnehin-Nicht" verliert, hilft ein Test, der in Abb. 5.40 skizziert ist. Die Aufgabe lautet: „Verbinden Sie die neun Punkte mit vier Geraden, indem Sie die vier Geraden hintereinander zeichnen ohne den Stift abzusetzen."

Personalmanagement ist gefordert, ...
... den Stellenwert kreativen Denkens im Verhältnis zum analytischen Denken herauszustellen, indem einerseits Kreativitätstechniken trainiert werden, aber andererseits auch ein Klima gefördert wird, das kreative Prozesse in der Tagesarbeit ermöglicht.

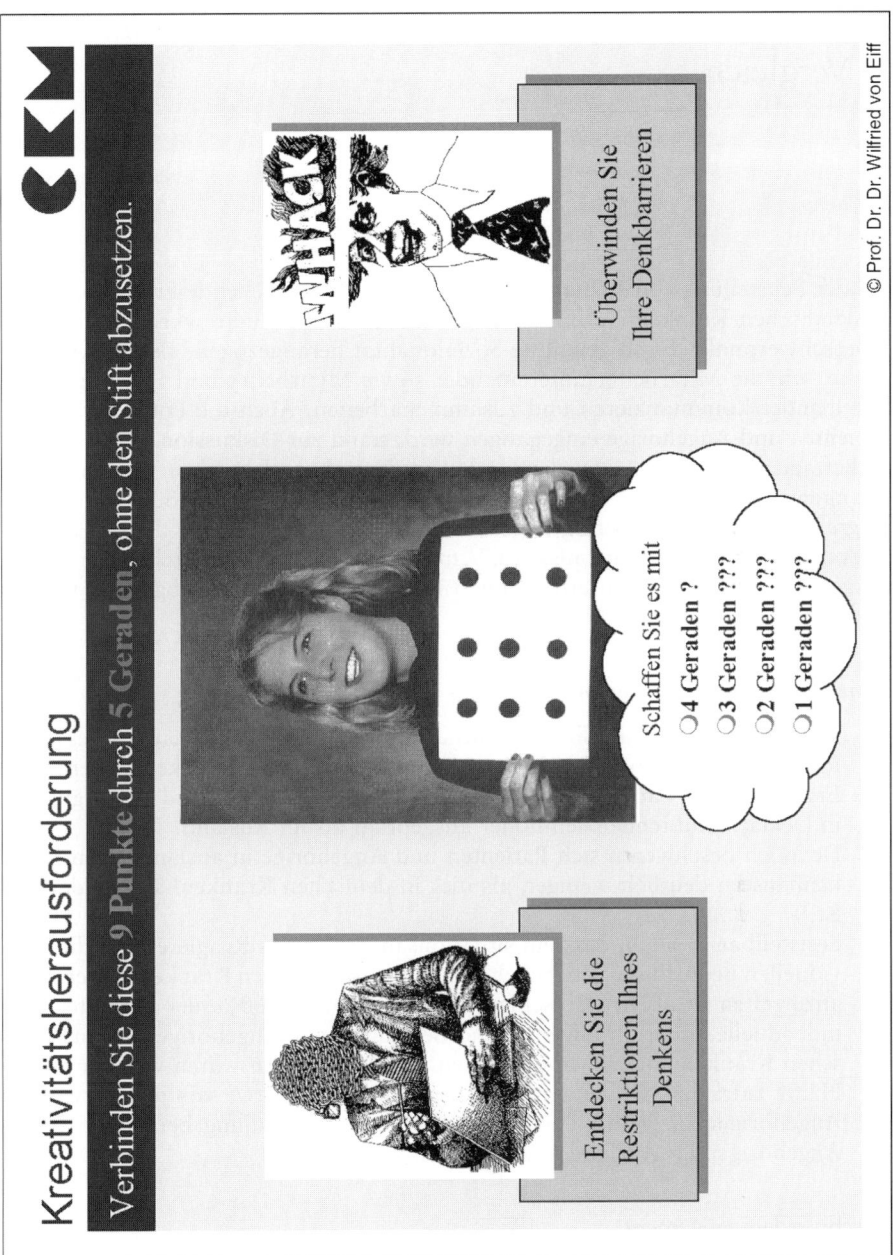

Abb. 5.40: Jeder kann selbst seine Denkbarrieren erkennen: Welche impliziten Restriktionen stecken in der Annahme, man könne neun Punkte nicht mit drei Geraden verbinden?

6 Sozialqualität im Krankenhaus im internationalen Vergleich

Bei der Beurteilung von Management-Lücken sind vergleichende Erfahrungen mit ausländischen Krankenhäusern hilfreich. In der CKM-Studie wurde als Beurteilungsschwerpunkt die so genannte Sozialqualität herangezogen, also die Art und Weise, wie die Mitarbeiter untereinander sowie Mitarbeiter und Führungskräfte miteinander kommunizieren und zusammenarbeiten. Auch die Form, in der auf Patienten und Angehörige eingegangen wird, stand zur Diskussion.

Befragt wurden 41 Ärzte, die sowohl in deutschen als auch in ausländischen Krankenhäusern in den USA (28 Befragte), Kanada (4 Befragte), Südafrika (4 Befragte) und England (5 Befragte) gearbeitet haben.

Aus den Befragungsergebnissen i. V. m. gezielten CKM-Recherchen vor Ort in ausgewählten Krankenhäusern konnten folgende Erkenntnisse abgeleitet werden (siehe auch Abb. 6.1 und Abb. 6.2):

Patienten- und Angehörigenorientierung

(1) Die Patienten fühlen sich in deutschen Krankenhäusern tendenziell besser informiert und versorgt als Patienten in ausländischen Krankenhäusern. Die Erwartung von Patienten und Angehörigen an Information und Versorgung ist in Deutschland tendenziell höher ausgeprägt als im Ausland.

(2) Dennoch beschweren sich Patienten und Angehörige in ausländischen Krankenhäusern deutlich weniger, als dies in deutschen Krankenhäusern der Fall ist.

(3) Feststellbar ist auch, dass ein situationsangemessenes Reagieren auf die individuellen Bedürfnisse von Angehörigen in ausländischen Krankenhäusern eher anzutreffen ist als in Deutschland. So testieren fast 60 % der Befragten eine individuelle situationsangemessene Betreuung der Angehörigen in ausländischen Krankenhäusern. In deutschen Krankenhäusern waren weniger als die Hälfte zufrieden, wobei wirkliche Begeisterung nur etwa von jedem zwölften Angehörigen in Deutschland, eine exzellente Behandlung bei jedem dritten Angehörigen im Ausland angenommen wurde.

Beschwerdemanagement

(4) Beschwerden von Patienten werden in deutschen und ausländischen Krankenhäusern genauso ernst genommen. Wenn ein Beschwerdefall eintritt, so wird nicht nur versucht den Beschwerdegrund unmittelbar abzustellen, sondern man ist bestrebt durch ungewöhnliche Sondermaßnahmen den Kunden trotz seines Negativerlebnisses zufrieden zu stellen. Beschwerden werden als Anlass für die Einleitung kontinuierlicher Verbesserungsmaßnahmen betrachtet.

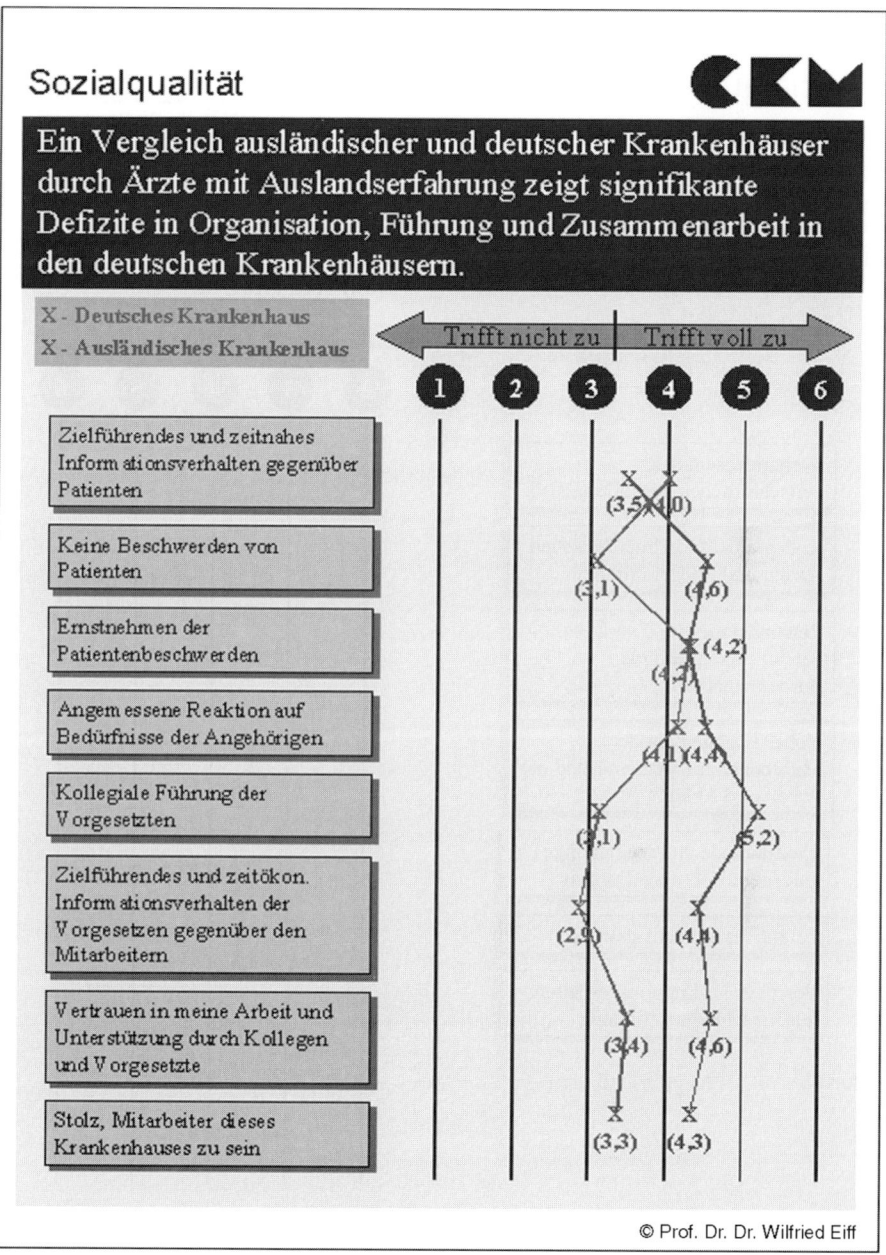

Sozialqualität

Ein Vergleich ausländischer und deutscher Krankenhäuser durch Ärzte mit Auslandserfahrung zeigt signifikante Defizite in Organisation, Führung und Zusammenarbeit in den deutschen Krankenhäusern.

X - Deutsches Krankenhaus
X - Ausländisches Krankenhaus

Trifft nicht zu | Trifft voll zu

1 2 3 4 5 6

Zielführendes und zeitnahes Informationsverhalten gegenüber Patienten
(3,5)(4,0)

Keine Beschwerden von Patienten
(3,1)　(4,6)

Ernstnehmen der Patientenbeschwerden
(4,2)　(4,2)

Angemessene Reaktion auf Bedürfnisse der Angehörigen
(4,1)(4,4)

Kollegiale Führung der Vorgesetzten
(3,1)　(5,2)

Zielführendes und zeitökon. Informationsverhalten der Vorgesetzen gegenüber den Mitarbeitern
(2,9)　(4,4)

Vertrauen in meine Arbeit und Unterstützung durch Kollegen und Vorgesetzte
(3,4)　(4,6)

Stolz, Mitarbeiter dieses Krankenhauses zu sein
(3,3)　(4,3)

© Prof. Dr. Dr. Wilfried Eiff

Abb. 6.1: In ausländischen Krankenhäusern dominiert die kollegiale Führung.

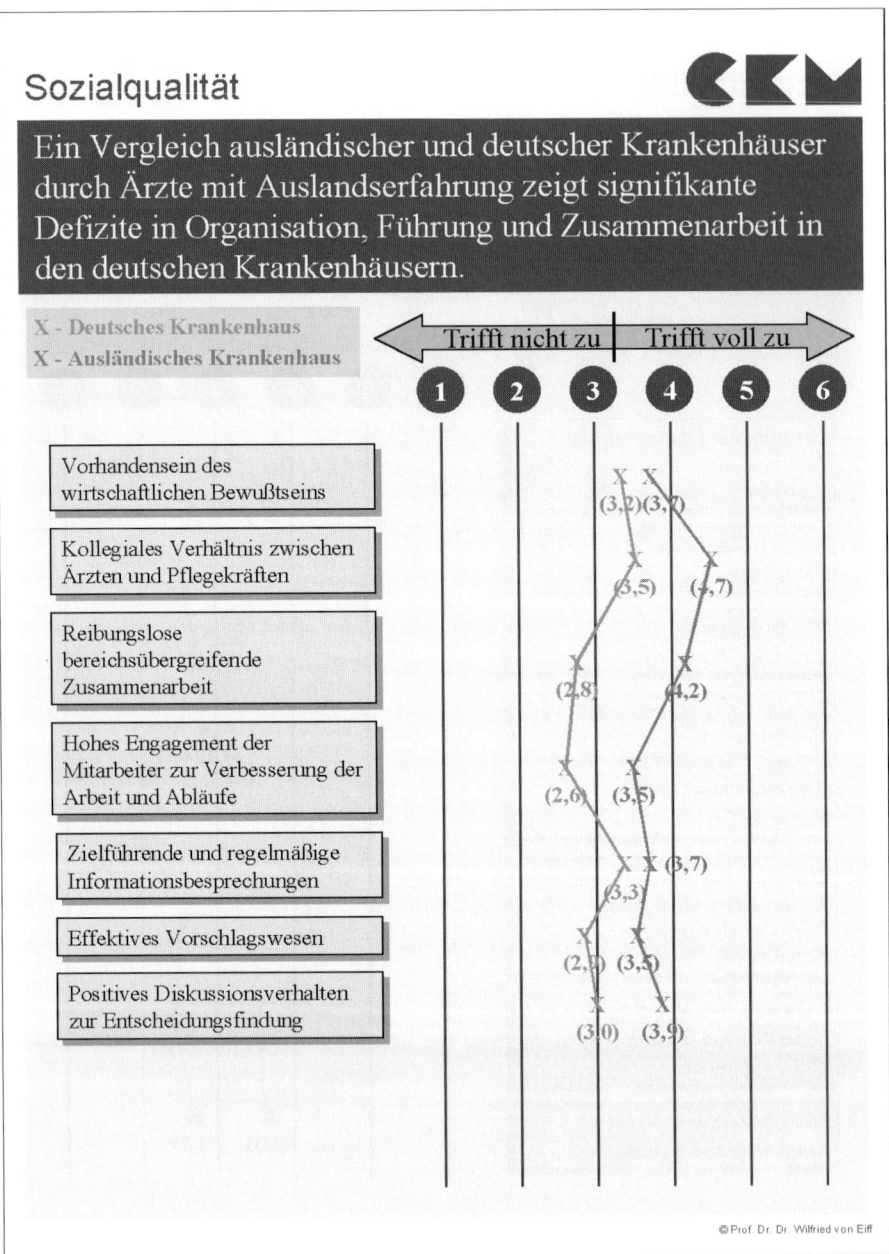

Abb. 6.2: In ausländischen Krankenhäusern werden die Mitarbeiter offenbar systematisch auch mit betriebswirtschaftlichen Fragen im Alltagsgeschäft konfrontiert.

(5) Es wurde berichtet, dass in amerikanischen Krankenhäusern das so genannte vorbeugende Beschwerdemanagement große Bedeutung hat. Tom Peters berichtet über ein Experiment: Danach war festzustellen, dass Patienten, die standardmäßig nach ihrer Behandlung einen persönlichen Brief zugestellt bekamen, sich zu etwa 60 % als vollkommen zufrieden über ihrer Krankenhausbehandlung äußerten. Dagegen beurteilten nur etwa 17 % der Patienten, die keinen solchen Brief erhielten, ihre Krankenhausbehandlung genauso positiv. In amerikanischen Krankenhäusern gilt die Erkenntnis, dass sich die meisten Patienten, die gegen ein Krankenhaus wegen Schlecht- oder Falschbehandlung klagen, als Person schlecht behandelt fühlten.

Vorgesetztenverhalten und Mitarbeiterentwicklung

(6) Als äußerst kollegial und hilfsbereit wurden die Vorgesetzen in ausländischen Krankenhäusern angesehen. 82 % der Befragten beurteilten die Vorgesetzten im Ausland als kollegial und hilfsbereit. In Deutschland dagegen kamen nur 20 % zum gleichen Urteil.

D. h. etwa 60 % der Mitarbeiter in deutschen Krankenhäusern sind der Meinung, ihre Vorgesetzten seien wenig kollegial und hilfsbereit und nicht in der Lage oder nicht daran interessiert, eine positive Arbeitsatmosphäre aufzubauen.

(7) Auch im Hinblick auf das Informationsverhalten über Arbeitsprozesse an die Mitarbeiter schnitten die ausländischen Führungskräfte im Verhältnis zu den deutschen Krankenhausmanagern (und hier geht es in erster Linie um Ärzte) extrem besser ab. 76 % der Mitarbeiter fühlten sich von ihren Vorgesetzten im Ausland über die Arbeitsprozesse bestens informiert. Ihren deutschen Vorgesetzten stellten sie dagegen ein katastrophales Zeugnis aus: insgesamt 64 % der Befragten bemängelten die Qualität von Informationen über die Arbeitsprozesse durch den Vorgesetzen.

(8) Wer als Führungskraft Mitarbeiter fordert, sie mit herausfordernden Aufgaben betraut, damit sein Vertrauen in den Mitarbeiter demonstriert und gleichzeitig Unterstützung im Sinne eines Coaches gibt, der sorgt für eine solide fachliche und psychologische Entwicklung von Mitarbeitern. 60 % der Befragten fühlten sich von ihren ausländischen Vorgesetzen in dieser konstruktiven und vertrauensvollen Weise massiv unterstützt; nur etwa 4 % hatten in diesem Punkt massiven Anlass zur Klage. Dagegen war nur etwa jeder fünfte befragte Mitarbeiter (20 %) mit den konstruktiven Coachqualitäten ihres deutschen Vorgesetzten überdurchschnittlich gut zufrieden. Fast jeder zweite Mitarbeiter fühlte sich von seinem deutschen Vorgesetzen eher nachlässig angeleitet.

(9) Auffallend ist auch, dass sich die Mitarbeiter in ausländischen Krankenhäusern ausgesprochen eng mit dem gesamten Krankenhaus identifizieren. 80 % gaben an sich ihrem Krankenhaus gegenüber verpflichtet zu fühlen. Diese Art von Verpflichtungsgrad war im Gegensatz dazu nur bei weniger als der Hälfte der Mitarbeiter in deutschen Häusern anzutreffen (siehe auch Foto 4).

MISSION

OUR MISSION IS TO ENRICH THE QUALITY OF HUMAN LIFE
BY IMPROVEMENT OF HEALTH, BY ADVANCEMENT OF MED-
ICAL AND SCIENTIFIC KNOWLEDGE, AND BY CREATION OF
AN ENVIRONMENT FOR PROFESSIONAL PREPARATION OF
INDIVIDUALS DEDICATED TO HEALTH CARE SERVICE.

VALUES

We are responsible to our patients, their families and
loved ones. In meeting their needs, we work together to
provide high quality health care services and to offer
advanced technologies and treatments in an environment
of understanding and sensitivity. We consistently seek to
meet patients' physical, emotional, spiritual and comfort
needs as well as their medical needs.

We are responsible to the physicians, hospitals and clin-
ics who refer patients. We conduct ourselves as extensions
of their practices and commit to serving their patients'
needs with timely, skillful, and responsive health care
services.

We are responsible to those who choose to work within
the Medical Center. Each person is treated with respect
and dignity. We value people as individuals and continually strive to create an environment where their skills, abili-
ties and sense of self can be utilized and enhanced.

We provide equal opportunity for employment, develop-
ment and advancement of those qualified. Those in posi-
tions of authority carry out their roles fairly and ethically.

We are responsible to the university in which we reside.
We respect and nurture the creation of new knowledge and
encourage the sharing of our knowledge and experience.

We are responsible to the communities in which we live
and work. We are good citizens and actively work toward
serving community needs to the maximum extent of avail-
able resources. We properly maintain the property we are
privileged to use, protecting the environment and natural
resources.

We work toward providing all of our services in cost
effective ways, continually seeking to improve our services
and their outcomes. We manage prudently and creatively,
encourage innovation and constantly seek to provide quality services at fair prices.

University of Virginia
MEDICAL CENTER

Foto 4: Im Medical Center, University of Virginia, sind Vision, Mission und Werte allen
Krankenhausmitarbeitern bekannt. Die tägliche Arbeit wird an diesen Werten
verbindlich orientiert.

Wirtschaftliches Bewusstsein

(10) Auch das wirtschaftliche Bewusstsein der Mitarbeiter ist in ausländischen Krankenhäusern offenbar höher ausgeprägt als in deutschen Kliniken. Während bei etwa 60 % der Mitarbeiter in ausländischen Krankenhäusern ein überdurchschnittliches, wirtschaftliches Bewusstsein feststellbar ist, wird den Mitarbeitern in deutschen Krankenhäusern zu etwa 50 % verschwenderischer Umgang mit Ressourcen (Zeit, Material) vorgehalten. Durch ergänzende Interviews konnten einige Ursachen für diese doch sehr deutlichen Unterschiede im Verschwendungsverhalten geklärt werden:

- Den jungen Ärzten und Nachwuchspflegekräften im Ausland wird durch Vorgesetzte arbeitstäglich ein Beispiel für unternehmerisches Verhalten am Arbeitsplatz gegeben. Teilweise sind die Anreiz-Beitrags-Systeme in amerikanischen Krankenhäusern unmittelbar an die Entwicklung des Abteilungsbudgets bzw. die Entwicklung der Kostenstrukturen geknüpft.
- Neue Mitarbeiter werden frühzeitig über die Bedeutung von Kosten und Qualität aufgeklärt. Regelmäßige Schulungen bzw. Besprechungen über Kostensenkungsmaßnahmen und Rationalisierungserfolge der einzelnen Abteilungen sowie einzelner Mitarbeiter stellen offenbar einen Anreiz für kostenbewusstes und qualitätsorientiertes Verhalten dar.
- In den ausländischen Krankenhäusern (und dies gilt für die USA, England, Kanada und Südafrika gleichermaßen) werden Fortschritte auf dem Gebiet der Evidence-Base-Medicine als innovatorische Herausforderung begrüßt.
- Die Mitarbeit in Standardkommissionen und Qualitätszirkeln gehört in vielen ausländischen Krankenhäusern zur Ausbildung der Jungärzte und der Nachwuchspflegekräfte dazu.

Zusammenarbeit

(11) Das Verhältnis zwischen Ärzten und Pflegekräften wurde von 88 % der Befragten in ausländischen Krankenhäusern als kollegial und kooperativ beurteilt, davon 64 % als äußerst positiv; nur etwa 12 % empfanden dieses Verhältnis als unkollegial und wenig zusammenarbeitsfreundlich. In deutschen Krankenhäusern hingegen zeichnet sich eine umgekehrte Tendenz ab: 56 % der Mitarbeiter bezeichnen das Verhältnis zwischen Ärzten und Pflegekräften als kollegial und kooperativ, nur 16 % davon erschien die Kollegialität hoch ausgeprägt zu sein. Die negative Einschätzung dieses für die Sozialqualität so wichtigen Faktors, der Kooperation zwischen Berufsgruppen, überwiegt in erschreckendem Maß.

Best Practice
Der Stellenwert der Pflege im Massachusetts General Hospital, Boston (USA)
Im Massachusetts General Hospital setzte man (ohne Gewerkschaftseinfluss) in der Personalpolitik auf eine leistungsdifferenzierte Entgeltstruktur, Vielseitigkeitsausbildung, Akademisierung, Vermittlung von Management-Qualifikation und langjährig angestelltes Kernpersonal. Die Mitarbeiterzufriedenheit wird als überdurchschnittlich hoch bezeichnet: „At Massachusetts General Nursing Staff people stay for a reason!", war die Erklärung der Chief Nurse.
Die Pflegekräfte des Massachusetts General Hospital sind in drei wichtige Prozesse mit hoher Verantwortungstiefe eingebunden:

(1) Mitwirkung in Standardkomitees zwecks Vorbereitung von Beschaffungsprozessen.
(2) Die so genannte „Nurse in Residence" betreut die Medizinstudenten organisatorisch und klinisch in Abstimmung mit einem „Resident Physician", der für ein bestimmtes Fachgebiet approbiert ist. Durch diese Trainer-Rolle entwickelt sich ein kollegiales Verhältnis zwischen Ärzten und Pflegekräften. Außerdem lernen die Nachwuchsärzte frühzeitig eine positive Einstellung zu den Pflegekräften zu entwickeln; dies ist die Basis für künftige Kollegialität.
(3) Eine Pflegekraft versorgt nicht nur „ihren" Patienten, sondern sie „behandelt" ihn auch auf der Grundlage eines „Critical Pathway of Care". Nur Abweichungen vom Plan werden mit dem zuständigen Arzt besprochen. Entsprechend ist die Pflege auch verantwortlich für die Dokumentation; der Arzt komplettiert im Ausnahmefall.

Im Ranking der Top-100-Krankenhäuser (jährlich durchgeführt von U. S. News) belegte das Massachusetts General Hospital in der Role of Honor der Jahre 1998 und 1999 jeweils Platz drei.

---

(12) Auch bereichsübergreifendes Denken und Arbeiten auf der Ebene der Mitarbeiter ist in ausländischen Krankenhäusern mit 72 % überdurchschnittlich ausgeprägt, während in deutschen Krankenhäusern dieser Erfolgsfaktor nur in 28 % der Fälle vorkommt. In Deutschland dominiert die Berufsgruppenorientierung einerseits sowie der Abteilungs- und Bereichsegoismus andererseits.

(13) Stark ausgeprägt ist in ausländischen Krankenhäusern das Engagement von Mitarbeitern in Qualitätszirkeln und/oder Projektteams. 60 % im Ausland, 20 % in Deutschland. Auf Grund ergänzender Interviews mit den befragten Ärzten, die in ausländischen Krankenhäusern als Mitarbeiter tätig waren, ergab sich zusätzlich die Information, dass etwa 75 % der Mitarbeiter eines Krankenhauses permanent in Qualitätszirkeln oder Projektteams zur Qualitätsverbesserung und/oder Wirtschaftlichkeitsförderung tätig sind, und zwar ohne besondere materielle Honorierung. In deutschen Krankenhäusern sind es maximal 15 % der Mitarbeiter, die zielführend und zeitökonomisch in Zirkeln oder Projektteams innerhalb und außerhalb der Arbeitszeit engagiert sind.

Foto 5:   Janet Farhood, Vice President im Bone & Joint Hospital und verantwortlich für
          Qualitätssicherungsprogramme, erläutert das TQM-Konzept am „Storyboard".
          Dieses Konzept wurde 1998 mit dem Baldridge Award ausgezeichnet (Foto: CKM).

Best Practice
Qualitätssicherungsprogramm im Bone & Joint Hospital, Oklahoma City (USA)
Im Bone & Joint Hospital in Oklahoma City (USA) werden Ergebnisse von
Projekt-Teams auf hochfrequentierten Verkehrsflächen aufgestellt, damit sich
Mitarbeiter, Patienten und Besucher über die konkreten Bemühungen zur stän-
digen Verbesserung ein Bild machen können. Insbesondere erkennen externe
Kunden, an welchen Themen im Krankenhaus aktuell zur Verbesserung gear-
beitet wird. Für Mitarbeiter ist nachvollziehbar, wie ein Team an ein Problem
herangegegangen ist und die Mitarbeiter erhalten Anregungen für eigene Initia-
tiven.

Kommunikations- und Streitkultur
(14) Informationsbesprechungen mit den Mitarbeitern finden in ausländischen
     Krankenhäusern regelmäßig statt und werden straff organisiert und zielfüh-
     rend durchgeführt. Diese Meinung vertreten 56 % der Befragten für die aus-
     ländischen Krankenhäuser gegenüber 44 % für die deutschen Krankenhäuser.
(15) Auch im Umgang mit Vorschlägen und Ideen gibt es Unterschiede zwischen
     deutschen und ausländischen Krankenhäusern. In ausländischen Kranken-
     häusern werden von den Mitarbeitern mehr Ideen und Vorschläge zur Verbes-
     serung der Arbeitssituation sowie zur Weiterentwicklung der Qualität vorge-
     tragen (48 %), als dies in deutschen Kliniken der Fall ist (32 %). Außerdem ist
     der Prozess des Vorschlagswesens in ausländischen Krankenhäusern selbst-
     verständlicher, transparenter und auf schnelle Umsetzung bzw. schnelle
     transparente und nachvollziehbare Ablehnung ausgelegt.
(16) Auch der Umgang mit abweichenden Meinungen stellt sich in ausländischen
     Krankenhäusern konstruktiver dar. Hier sind nur etwa 28 % mit der Art und
     Weise des Umgangs mit anderen Meinungen nicht zufrieden. Dagegen sind
     72 % der Befragten sehr zufrieden. In deutschen Häusern äußern nur 32 %
     Zufriedenheit, während 68 % diesen Punkt bemängeln.

163

7 Leistungsprofil eines zielführenden Personalmanagements im Krankenhaus – Der engagierte Mitarbeiter als Erfolgsfaktor: Aktives Personalmanagement ist gefordert

7.1 Der engagierte Mitarbeiter und die arbeitstägliche Realität

Für Führungskräfte in Industrie, Handel und Krankenhaus ist es gleichermaßen nicht zu begreifen: „Wir haben Mitarbeiter, die acht Stunden am Tag ihren Job mehr schlecht als recht verrichten, permanent überwacht werden müssen; aber nach 17.00 Uhr, da sind sie Vorstandsvorsitzender im Hühnerzüchterverband, Presbyter in der Kirchengemeinde oder sind akzeptierter Coach in einer Selbsthilfegruppe. Sie leiten Sitzungen als Elternpflegschaftsvorsitzende zielführend und als Vorsitzende einer Vereinigung für krebskranke Kinder verhandeln sie gewitzt mit Industriesponsoren; sie beherrschen das Metier des gefälligen Small-Talks mit Politikern und wissen im Umgang mit Menschen durch Sozialkompetenz zu überzeugen. Warum gelingt es uns nicht, diese Energien, diesen Leistungswillen, dieses Engagement für unser Unternehmen zu mobilisieren?"

Das „Engagement-nach-17.00 Uhr-Syndrom": In der Zeit von 8.00 – 16.30 Uhr wird die Engagementbereitschaft für den Arbeitgeber beim Pförtner geparkt.

7.2 Die Ursache des Phänomens liegt nicht im Mitarbeiter selbst

Die Frage: „Wie kommt es zu diesem Phänomen?", ist falsch gestellt. Die folgende Fragestellung wäre aufschlussreicher: „Was haben wir in den vergangenen 18 Monaten an organisatorischen Rahmenbedingungen, an forderndem und förderndem Führungsverhalten verändert um den Mitarbeitern Ideen abzuverlangen und diese gemeinsam umzusetzen?".

Die Mitarbeiter in vielen Krankenhäusern werden systematisch unterfordert. Man traut ihnen nicht zu bestimmte Leistungen zu erbringen. Oder man ist gar nicht daran interessiert, dass sich Mitarbeiter über nachgewiesene Leistungen als qualifizierte Problemlöser empfehlen. Der Vorgesetzte fürchtet um sein Zugangsmonopol zum nächsthöheren Vorgesetzen, fürchtet um seine Macht und um seine Position.

Unternehmenskulturen gleichen Eisbergen (siehe Abb. 7.1): Das sichtbare Mitarbeiterverhalten, die erlebbare Art des Kommunikationsstils stellen oft nur Fassaden dar. Verborgen, unterhalb der Wasseroberfläche, liegen persönliche Befindlich-

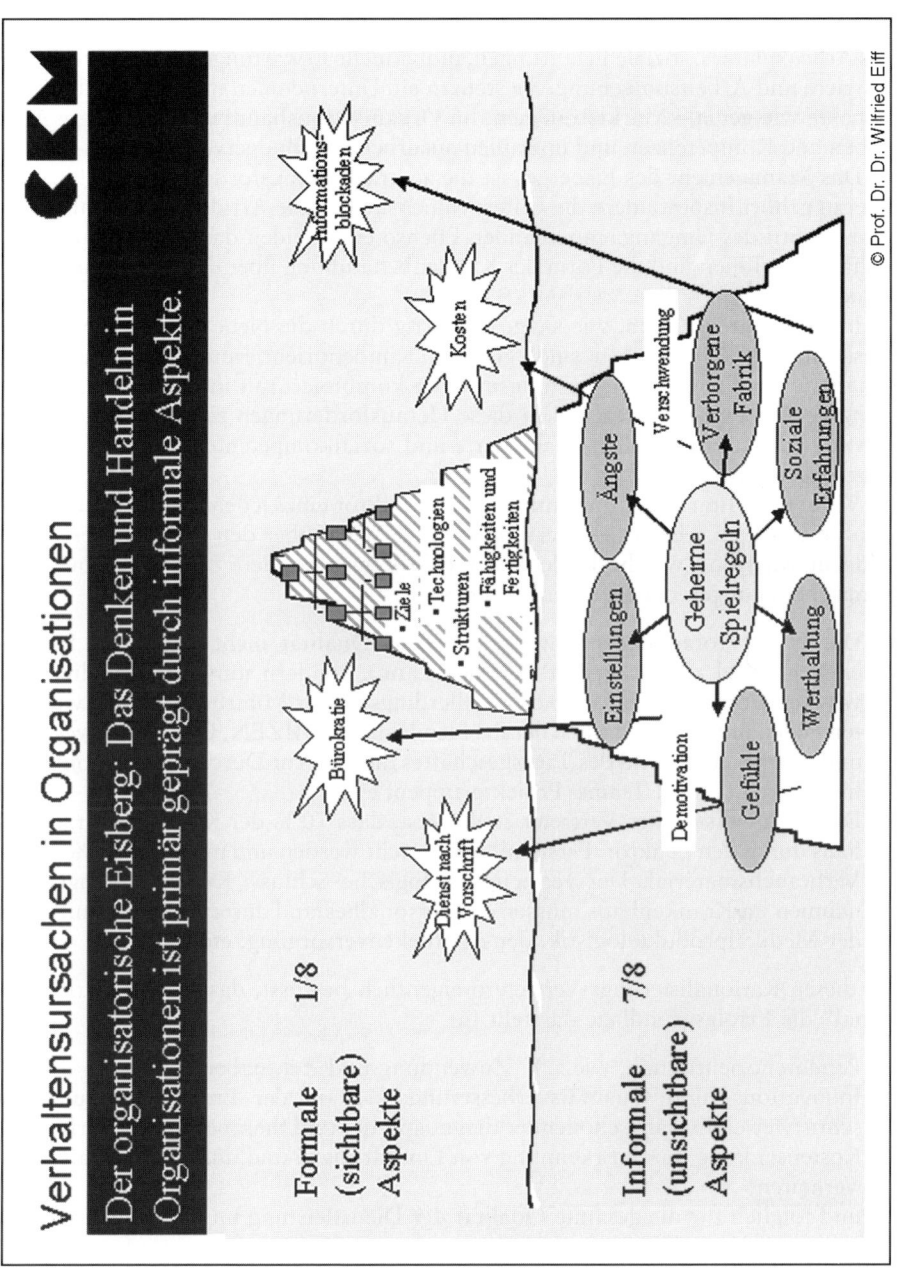

Abb. 7.1: Unternehmen werden durch die versteckten sozialen Spielregeln wirkungsvoller gesteuert als durch Strategien und Budgets.

keiten, der soziale Druck unausgesprochener Gruppennormen, Angst vor Verlust des Arbeitsplatzes, soziale Erfahrungen, individuelle Erwartungen an Arbeitsinhalt, Karriere und Arbeitsumgebung. Sie steuern ein Unternehmen mehr als „sichtbare" Aspekte wie geniale Marktstrategien, im Organisationshandbuch festgelegte Aufgaben und Kompetenzen und in Zahlen ausdrückbare Budgetvorgaben.

Das Management des Eisberges ist die zentrale Herausforderung der Führung. Hierzu gehört insbesondere die Unternehmenskultur, die Art der Kommunikation und der Stil des Umgangs miteinander. Ebenso entscheiden das Verhalten in Ausnahmesituationen und die Form der Kundenbehandlung über den Erfolg eines Unternehmens.

In turbulenten Zeiten, wie sie gegenwärtig durch die Neue Marktdynamik im Gesundheitswesen gegeben sind, gehören Kundenorientierung, sparsame Wirtschaftsführung sowie Hochleistungsmedizin kombiniert mit individueller Zuwendung zu den Erfolgsfaktoren. Um diese Herausforderungen zu meistern, sind innovativ engagierte, fachlich qualifizierte und sozialkompetente Mitarbeiter unabdingbare Voraussetzung.

Wenn der Mitarbeiter ein zentraler Erfolgsfaktor eines jeden Krankenhauses ist, dann muss doch sehr verwundern, in welcher Weise über den „Faktor: Personal" gedacht wird und welche Rolle dieser Faktor insbesondere in den Rationalisierungsüberlegungen der Krankenhäuser spielt.

– Die TQM-Protagonisten unterstellen, dass Qualität nicht durch das System entsteht (und nicht „erprüft" werden kann), sondern nur durch qualitätsbewusste Mitarbeiter realisierbar ist. Allerdings ist der Mitarbeiter in den wenigsten Fällen mit den Techniken der Problemlösung (KAIZEN, CQI-Tools) vertraut und es fehlt auf Grund des Tagesgeschäftes die Zeit zur Durchführung von Qualitätszirkeln, Speed Teams, Projektgruppen, etc.
– Die Rationalisierungs-Vertreter stellen fest, dass 70 % der Kosten im Krankenhaus durch den „Faktor: Personal" verursacht werden und nur etwa 18 % durch Verbrauchsmaterial. Der vermeintlich logische Schluss: Kostensenkungsmaßnahmen im Krankenhaus müssen am Personalbestand ansetzen und weniger an der Medikalproduktelogistik, der Apothekenversorgung, etc.

Ist diesen Rationalisierungs-Vertretern eigentlich bewusst, dass der "Faktor: Personal" die Erfolgsgrundlage darstellt für

– Patientenorientierung, wie z. B. Zuwendung und Zeit haben,
– Innovations- und Qualitätsverbesserung, z. B. in der Entwicklung und im schrittweisen Einsatz schonender diagnostischer und therapeutischer Verfahren,
– Kostensenkung durch Erkennung von Einsparungen und durch wirtschaftliches Verhalten,
– und folglich für die gesamte Qualität der Dienstleistung im Krankenhaus?

Offenbar nicht!

Letztlich ist es der Mensch, der die Leistung zu erbringen im Stande ist, die gerade von einem Krankenhaus gefordert wird.

– Wer den Faktor Personal zum Rationalisierungsschwerpunkt erhebt, kann nicht gleichzeitig die Mitarbeiter auffordern, sich an Organisationsoptimierung, Qualitätsverbesserung und Kostensenkung zu beteiligen. Und kann auch nicht

gleichzeitig eine verstärkte menschliche Zuwendung gegenüber dem Patienten fordern.
– Wer einseitig Personal rationalisiert, bewirkt eine deutliche Verschlechterung der Kommunikation und wirkt so einer reibungslosen Zusammenarbeit entgegen.

Der Gesinnungswandel im Personalmanagement muss schon bei den Begrifflichkeiten anfangen: Personal ist kein Produktionsfaktor, dessen Substituierbarkeit gegen andere Faktoren wie Betriebsmittel oder Finanzmittel ständig auf dem Prüfstand betriebswirtschaftlicher Betrachtung steht. Wirkliche Ressourcen sind: Sinngebung in der Arbeit, Bereitschaft zum Mittun, produktive Neugier.
An dieser Stelle ist aktives Personalmanagement gefordert.

7.3 Zweck des Personalmanagements – Verschiedene Träger der Personalarbeit wirken zusammen

Zweck des Personalmanagements ist es, die bedarfsgerechte und wirtschaftliche Bereitstellung den Einsatz und die Weiterentwicklung des Personals zu gewährleisten; diese Aufgabe umfasst:

– Die Entwicklung und Überwachung der einheitlichen Anwendung personalpolitischer Grundsätze und Handlungsleitlinien der Personalarbeit;
– Die Entwicklung und Zurverfügungstellung geeigneter Methoden und Techniken der Personalführung;
– Die Unterstützung der Führungskräfte in der Wahrnehmung ihrer Personalführungsaufgabe, damit diese sich auf die Ausführung ihrer Fachaufgabe konzentrieren können.

Diese komplexe, in alle Leistungsprozesse eines Krankenhauses hineinreichende Aufgabe „Personal-Management" kann nicht von einer Instanz (Abteilung „Personalwesen") wahrgenommen werden, sondern ist im Erfolgsfall das Ergebnis eines koordinierten und zielgerichteten Zusammenspiels von vier Trägern der Personalarbeit im Unternehmen:

– **Unternehmensleitung**, die für die Festlegung personalpolitischer Grundsätze und Handlungsleitlinien zuständig ist;
– **Führungskräfte**, die in der Verantwortung stehen, das zielorientierte und koordinierte Zusammenwirken der Organisationselemente Aufgabe, Person und Information zu gewährleisten;
– **Arbeitnehmervertretung**, die dafür Sorge trägt, dass die Interessen der Mitarbeiter im Verhältnis zu den Interessen des Unternehmens, d. h. Träger, Kapitalgeber, Management, Aufsichtsrat, etc. Berücksichtigung finden;
– **Personalabteilung**, die durch verwaltende, beratende und gestaltende Dienstleistungen dazu beiträgt, den Faktor Personal als Ressource, also als Investitionsgut, von dem die wichtigsten Wertschöpfungsleistungen ausgehen, zu verstehen. Der Personalmanager gibt allen Entscheidungs- und Mitwirkungsinstanzen an den Strategieentwicklungs- und Leistungsprozessen Hilfestellung die Ressource Personal leistungsorientiert zu führen.

7.4 Unternehmerische Verantwortung des Personalmanagements

Personalmanagement hat unternehmerische Verantwortung und verfolgt damit vier Ziele: Es sollen Beiträge geleistet werden

(1) zur Wertschöpfung; d. h. Hilfestellung geben, damit Management und Mitarbeiter das Kerngeschäft qualifizierter und/oder wirtschaftlicher erbringen können;

(2) zur Kompetenzentwicklung der Mitarbeiter, der Organisation und des Unternehmens;

(3) zur Implementierung von bedarfsgerechten und wirtschaftlichen Personalführungs-Instrumenten, damit alle Führungskräfte im Unternehmen spürbare Hilfe in Ihrer Personalführungsaufgabe erhalten;

(4) zur Organisationsentwicklung, um die Innovations- und Anpassungsfähigkeit des Unternehmens zu sichern.

Um diese anspruchsvolle Aufgabe zu erfüllen, muss das Personalmanagement integraler Bestandteil der strategischen Unternehmensplanung sein: Innovative Ziele, umgesetzt durch intelligente Geschäftsfeldstrategien setzen eine kreative, lern- und entwicklungfähige Organisationskultur voraus. Diese wiederum wird getragen von dem Fähigkeits- und Begeisterungspotenzial der Führungskräfte und Mitarbeiter. Insofern kommt es darauf an, jede Geschäftsfeldplanung zwingend unter dem Gesichtspunkt der personellen Voraussetzungen zu diskutieren und/oder umgekehrt aus diesen Fähigkeiten und Interessen seiner Mitarbeiter heraus Geschäftsfelder zu entwickeln, die für diese Mitarbeiter eine Herausforderung und ein Anlass zur Entwicklung von Selbstmotivation bedeutet (siehe Abb. 7.2 und Abb. 7.3).

Die Wirksamkeit und Effektivität des Personalmanagements hängt davon ab, ob die Rollen der verschiedenen Aufgabenträger der Personalarbeit komplementär verstanden werden (siehe Abb. 7.4).

So ist die Personalabteilung nicht dafür zuständig und verantwortlich, dass Mitarbeiter entsprechend der betrieblichen Arbeitszeitordnung pünktlich an ihrem Arbeitsplatz erscheinen; dies kann nur Personalführungsaufgabe der disziplinarisch zuständigen Führungskraft sein. Die Personalabteilung entwickelt bedarfsgerechte und wirtschaftliche Regeln für eine betriebliche Arbeitszeitregelung, z. B. Lebensarbeitszeitkonto, stellt den Führungskräften geeignete Instrumente zur Steuerung zur Verfügung, informiert die Betroffenen über Neuregelungen rechtzeitig und umfassend und sorgt für die Abstimmung mit den Arbeitnehmervertretern.

Die Personalabteilung ist auch nicht zuständig für Abmahnungen und Kündigungen. Beide personalpolitischen Maßnahmen müssen durch den zuständigen Vorgesetzten vorbereitet werden: z. B. durch ein Leistungsbeurteilungsgespräch mit einem Mitarbeiter, dem wiederholt Arbeitsfehler unterlaufen. Gerade in Abmahnungs- und Kündigungsfällen ist die Personalabteilung eher ausführender und beratender Dienstleister für Führungskräfte. Andererseits stellt die Personalabteilung der Führungskraft rechtzeitig Führungsinstrumente (Struktur eines Bewerbungsgesprächs; Technik des Konfliktgesprächs) zur Verfügung und berät die Führungskräfte vorbeugend hinsichtlich des Verhaltens im Konfliktfall mit Mitarbeitern.

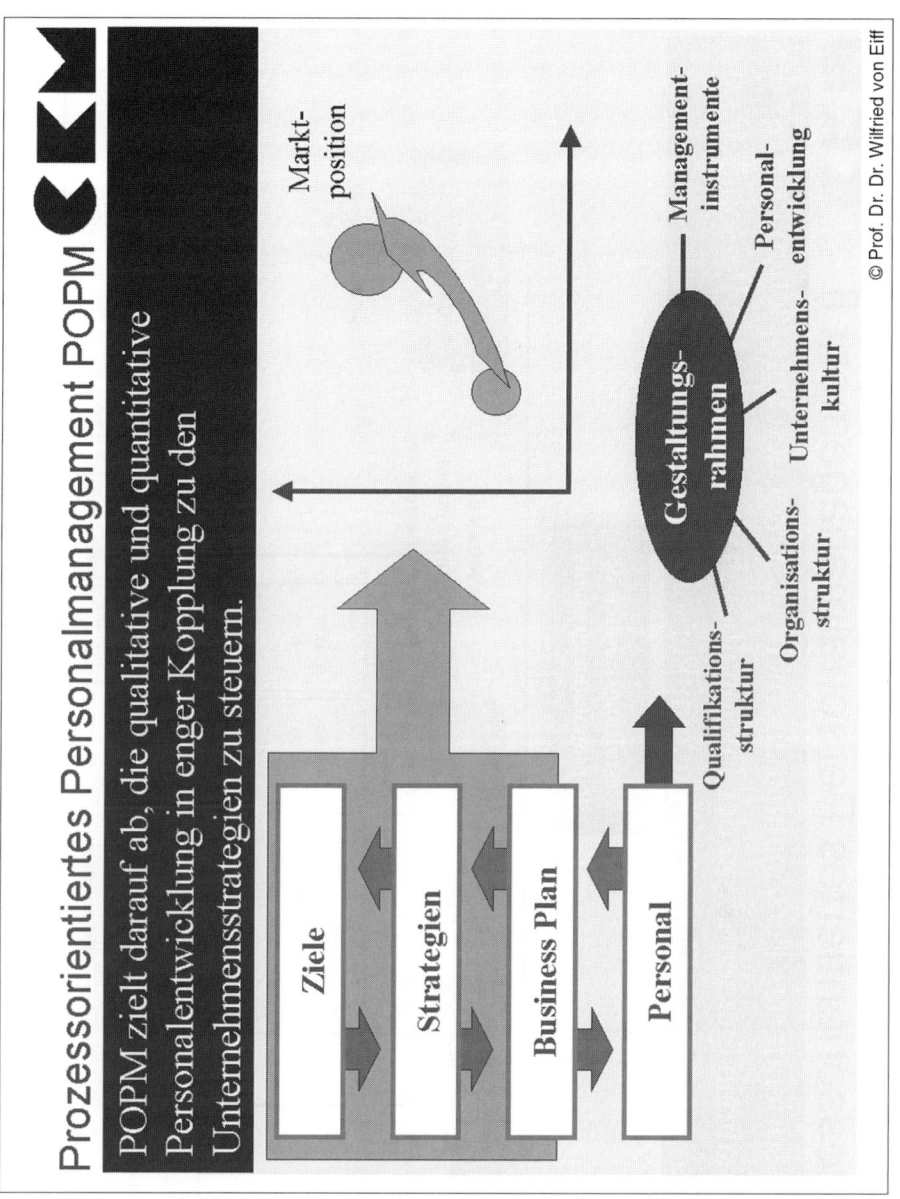

Abb. 7.2: Nur durch ein integriertes Personalmanagement, das auf die Unternehmensstrategien abgestimmt ist, kann die Personalarbeit effektiv und zielführend gestaltet werden.

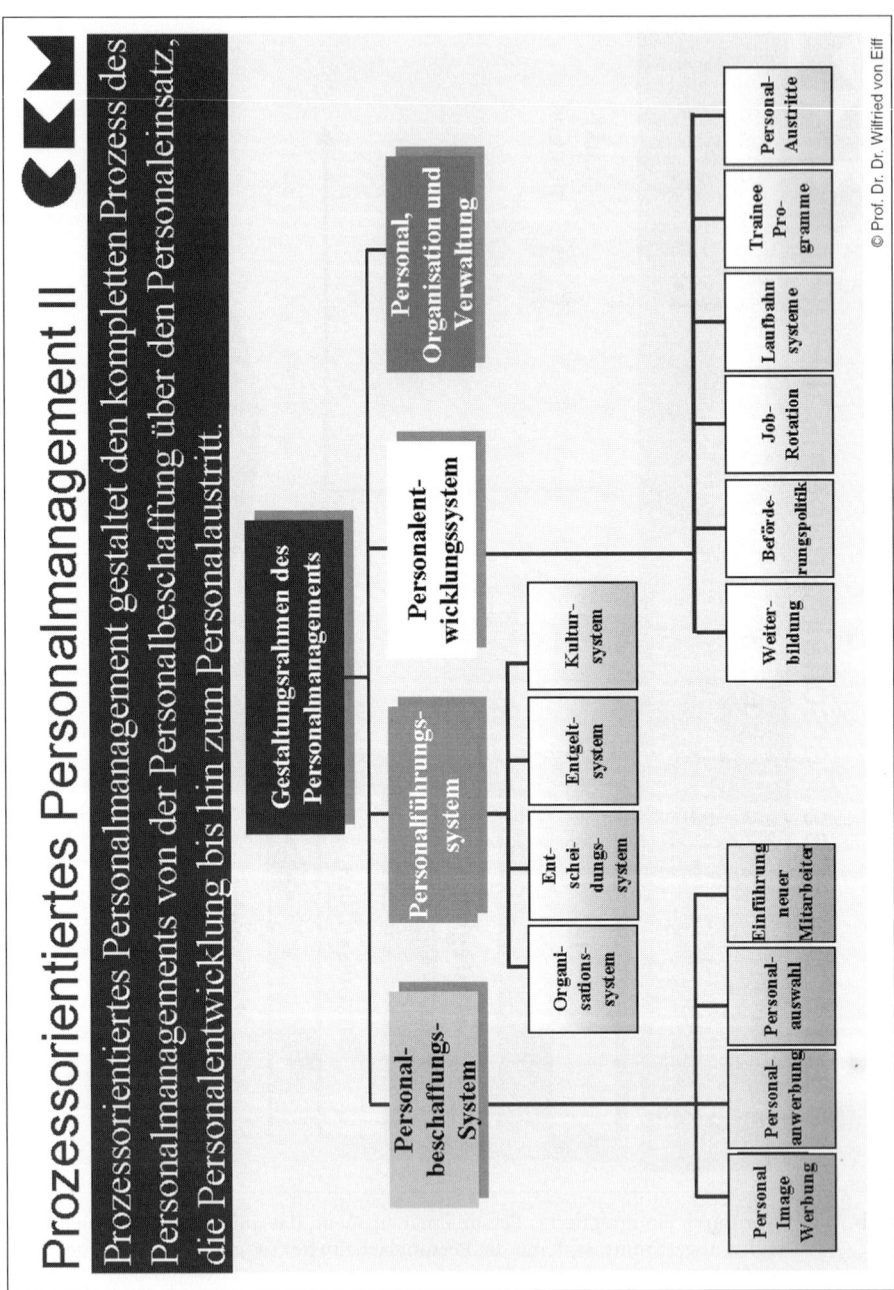

Abb. 7.3: Der Gestaltungsbereich des Personalmanagements muss sich auf die Kernaufgaben konzentrieren.

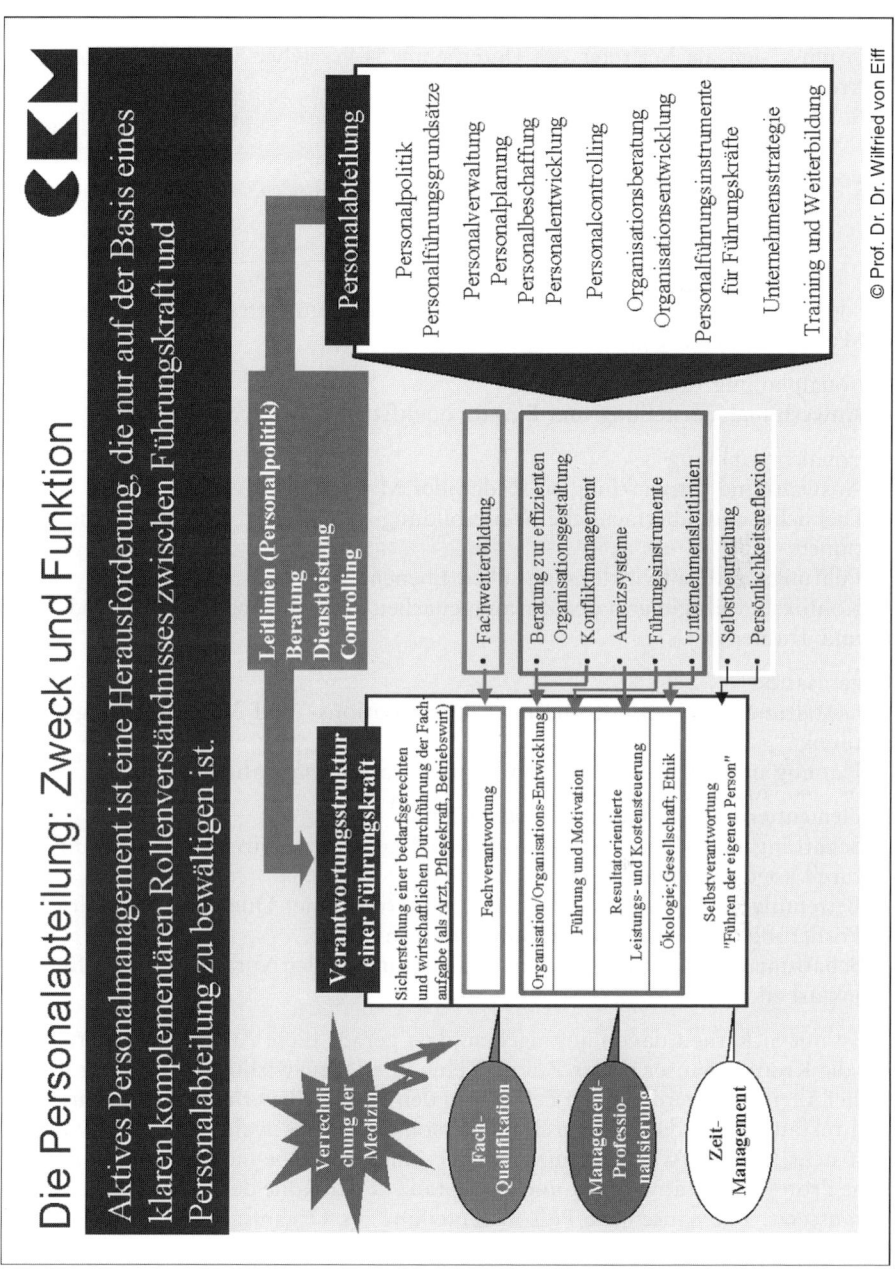

Abb. 7.4: Die Personalabteilung ist der Wertschöpfungspartner der Führungskräfte.

Die Personalabteilung ist aber nicht einseitig ‚Anwalt der Führungskräfte‘, sondern muss sich als Vertreter des Unternehmens verstehen, der gleichzeitig auch Vertreter der Ressource Personal ist.

7.5 Wandel der Aufgabenschwerpunkte des Personalmanagements

Zu den Aufgabenschwerpunkten, die in Zukunft zum erstrangigen Kerngeschäft der Personalabteilung gehören werden, zählen

Personalplanung und -beschaffung
– Anwerbung, Einstellung und Einsatz qualifizierter Mitarbeiter;

Personalentwicklung
– Auswahl und Entwicklung zu fördernder Mitarbeiter;
– Fachliche und überfachliche Weiterbildung, Training von Schlüsselqualifikationen;
– Führungskräfteentwicklung auf allen Ebenen;
– Konfliktbewältigung in der Zusammenarbeit von Mitarbeitern (als Moderator und Trainer);

Organisation
– Gestaltung motivationsfördernder Organisations- und Verantwortungsstrukturen;
– Planung und Durchführung von Reorganisationsmaßnahmen;

Implementierung von Führungsinstrumenten
– Schaffung und Überwachung von bedarfsgerechten, wirtschaftlichen und kulturell abgestimmten Anreizsystemen;
– Betreuung von Qualitätszirkeln und Förderung einer Qualitätszirkelkultur;
– Förderung einer Projektmanagementkultur;
– Schaffung der qualifikatorischen und instrumentellen Voraussetzungen für Projektarbeit.

Es ist mit Sicherheit davon auszugehen, dass gerade diese Aufgabenschwerpunkte für die Krankenhäuser in der Zukunft eine überlebenswichtige Bedeutung haben. Bisher allerdings werden diese Felder von den Personalleitern eher als Kompetenzfeld reklamiert als dass sie durch die Personalabteilung wahrgenommen würden. Fest steht, dass die Wahrnehmung solcher Aufgaben hohe fachliche und überfachliche Professionalität verlangt und Akzeptanz in der Rolle des „neutralen Dritten" voraussetzt. Die hauseigene Personalabteilung als Organisationsentwicklungsberater hätte sicherlich viele sachliche Vorteile (z. B. Kenntnis der internen Kultur und der ablauforganisatorischen Besonderheiten): Dennoch darf nicht übersehen werden, dass gerade bei OE-Prozessen jedem Internen grundsätzlich Parteilichkeit unterstellt wird.

In Einzelinterviews zeigte sich, dass Weiterbildung zwar schon über die klassisch fachbezogenen Professionalisierungsangebote hinausgeht und mittlerweile auch Kundenfreundlichkeitsprogramme, Supervisionsangebote, Moderationen und

Präsentationen umfasst. An die Verbindung von Weiterbildungsmaßnahmen mit gezielter Kulturentwicklung, Qualitätszirkelmanagement, Konfliktbewältigung und Reorganisation denken die Befragten bisher nur vereinzelt.

Personalmanagement ist gefordert, ...
... Curricula zu entwickeln, durch die Mitarbeiter Problemlösungs- und Kommunikationstechniken erlernen, und zwar nicht unter Labor-Bedingungen, sondern im Rahmen von konkreten Reorganisationsprojekten. Weiterhin ist anzumerken, dass die Personalabteilung durch die Reklamation dieser Kompetenzfelder automatisch in die Domänen anderer Professionen vordringt, so z. B. die der Personalberater, der Organisatoren und OE-Trainer. Einen immer größeren Stellenwert erlangt das Qualitäts-Management. Da aber der Erfolg des Qualitätsmanagements in erster Linie von der Vielseitigkeitsqualifikation der Mitarbeiter abhängt, kommt dem Personalmanagement eine hervorragende Bedeutung zu.

Folgende Ergebnisse ergab die durchgeführte CKM-Studie.

Methodisches Vorgehen
In einem standardisierten Fragebogen wurden die Personal- und Verwaltungsleiter hinsichtlich derzeitiger Defizite der Aufgabenerfüllung sowie der eigentlichen Bedeutung verschiedener Aufgabenbereiche befragt. Antworten auf einer Skala von 1 = gar nicht bis 6 = sehr, waren möglich. Ergänzend fanden intensive Einzelinterviews statt. In die Auswertung miteingegangen sind auch Erfahrungen aus durchgeführten Workshops und früheren Studien.

Qualitätsmanagement

Das Qualitätsmanagement als Aufgabenbereich der Personalabteilung wird als wichtig erachtet und als Zuständigkeitsbereich reklamiert. Auffallend ist, dass die meisten befragten Personalleiter ihr Aktivitätsfeld auf Moderatorenausbildung für Qualitätszirkel und Betreuung von Qualitätszirkeln sehen, während einige wenige Protagonisten ihren Einfluss sehr viel umfassender ausrichten und das Qualitätsmanagement miteinbeziehen. Der European Foundation of Quality Management (EFQM)-Ansatz mit seiner dominant personalwirtschaftlichen und kulturellen Ausrichtung wird von diesen Personalleitern als „ideales Kulturentwicklungsinstrument" eingestuft (siehe Abb. 7.5). Das Konzept stellt den Zusammenhang zwischen Qualität einerseits und Strategie, Führung und Mitarbeiterorientierung andererseits her.

Jochen Breinlinger-O'Reilly, Max Bürger Zentrum Berlin: „Die EFQM-Vorteile liegen vor allem in der ganzheitlichen Betrachtungsweise: Qualität wird auf den Stationen, in den Abteilungen und für das gesamte Krankenhaus entwickelt. Anhand der Kriterienstruktur kann geplant, kontrolliert und geprüft werden."

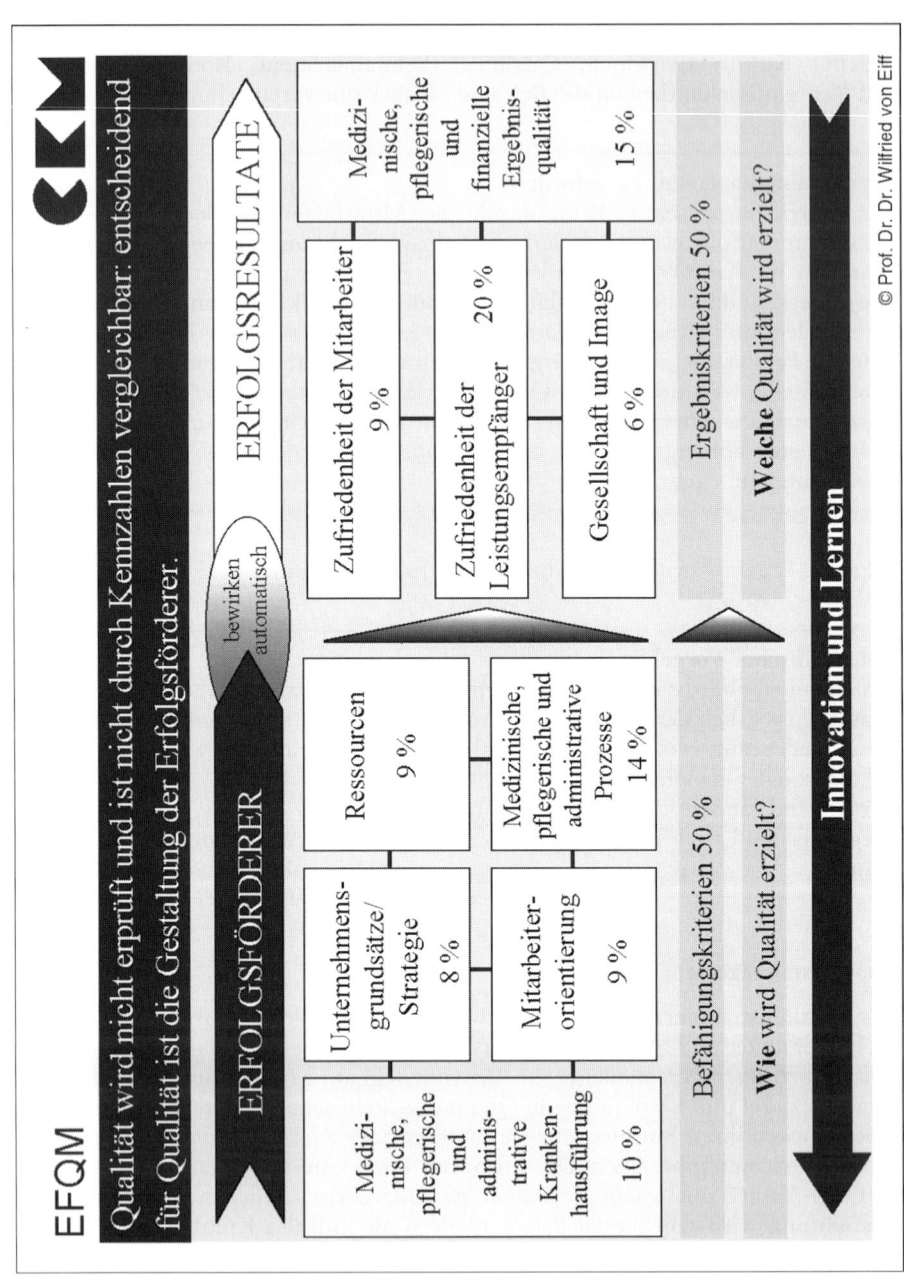

Abb. 7.5: Das EFQM-Modell ist ein ganzheitliches Konzept zur Feststellung und Entwicklung von Business Excellence.

In Zukunft wird die Qualifizierung zum hausinternen EFQM-Beurteiler an Stellenwert zunehmen, weil sich auch im Total Quality Management der Gedanke der Selbstprüfung zunehmend durchsetzt.

Kundenorientierung

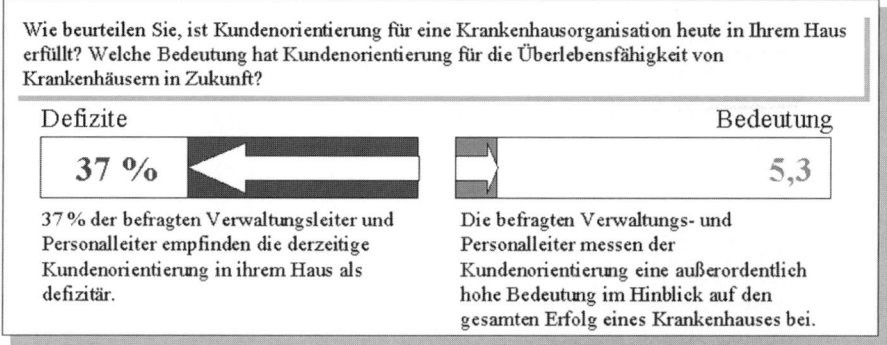

Wie beurteilen Sie, ist Kundenorientierung für eine Krankenhausorganisation heute in Ihrem Haus erfüllt? Welche Bedeutung hat Kundenorientierung für die Überlebensfähigkeit von Krankenhäusern in Zukunft?

Defizite   Bedeutung

37 %   5,3

37 % der befragten Verwaltungsleiter und Personalleiter empfinden die derzeitige Kundenorientierung in ihrem Haus als defizitär.

Die befragten Verwaltungs- und Personalleiter messen der Kundenorientierung eine außerordentlich hohe Bedeutung im Hinblick auf den gesamten Erfolg eines Krankenhauses bei.

Trotz der als überragend eingeschätzten Bedeutung des Kriteriums Kundenorientierung (Wichtefaktor 5,3 auf einer Skala von 1 bis 6), bestehen auf dem Gebiet erhebliche aktuelle Defizite: objektiv (durch den Kunden geäußert) und subjektiv (durch Krankenhaus-Mitarbeiter geäußert) wie auch frühere Befragungen ergaben (siehe Abb. 7.6).

Um eine stärkere Kundenorientierung zu erlangen, muss das Krankenhaus die Aspekte der Sozialqualität, der Kommunikations- und Kontaktqualität, der Servicequalität und der medizinischen Prozessqualität mehr in den Vordergrund stellen, wenn Arbeitsabläufe neu zu gestalten und Zusammenarbeitsformen teamorientiert zu organisieren sind.

- Die Organisation muss stärker auf die Patientenbedürfnisse ausgerichtet werden. Dies stellt höhere Anforderungen an eine Prozessorganisation.
- Über 90 % der Befragten halten Kenntnisse über bereichsübergreifende Zusammenarbeit, ökonomische Auswirkungen des eigenen Handelns und über Leistungsprozesse für notwendig, tatsächlich vorhanden sind sie bei kaum 20 % der Mitarbeiter.
- Kundenorientierung darf nicht eindimensional auf den Patienten bezogen betrachtet werden, sondern umfasst auch Angehörige, Träger, Verbände, Kassen, Leistungspartner im vor- und nachsorgenden Bereich, Mitarbeiter und die Öffentlichkeit.
- Kundenorientierung muss sich auch auf jeden internen Kunden beziehen: „the next process is your customer".
- Effiziente und zielführende Kommunikation, Prozessorientierung und eine auf die Kunden ausgerichtete Unternehmenskultur bedürfen einer Professionalisierung der Mitarbeiter und der Führungskräfte.
- Der Schwerpunkt von Kundenorientierungsprogrammen besteht nicht in der Vermeidung von Kundenunzufriedenheit (Ausrichtung der meisten Patientenbefragungen) sondern in der Fähigkeit durch innovative Leistungen und Verhaltensweisen Kunden zu überraschen (siehe Abb. 7.7).

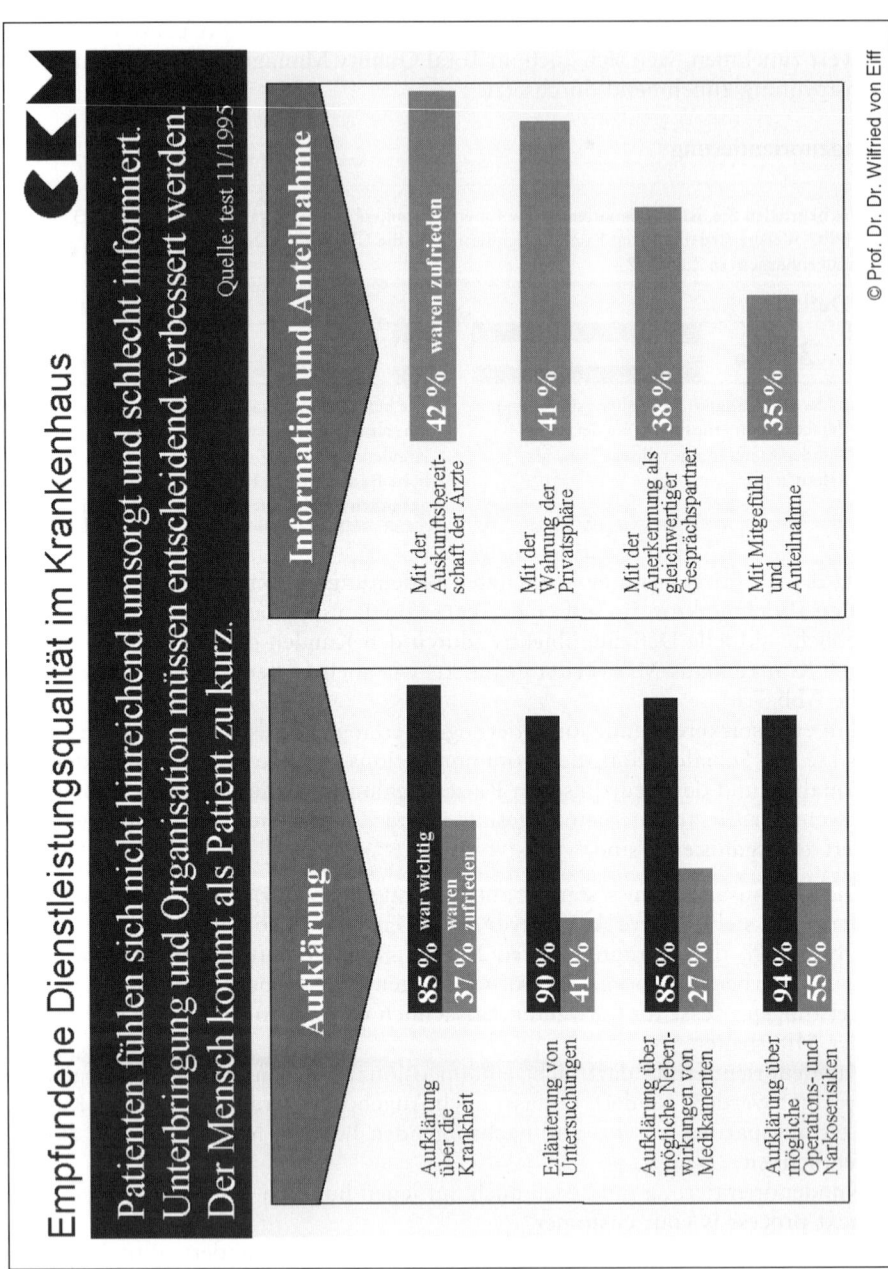

Abb. 7.6: Empfundene Dienstleistungsqualität im Krankenhaus: Kommunikations- und Verhaltensdefizite dominieren.

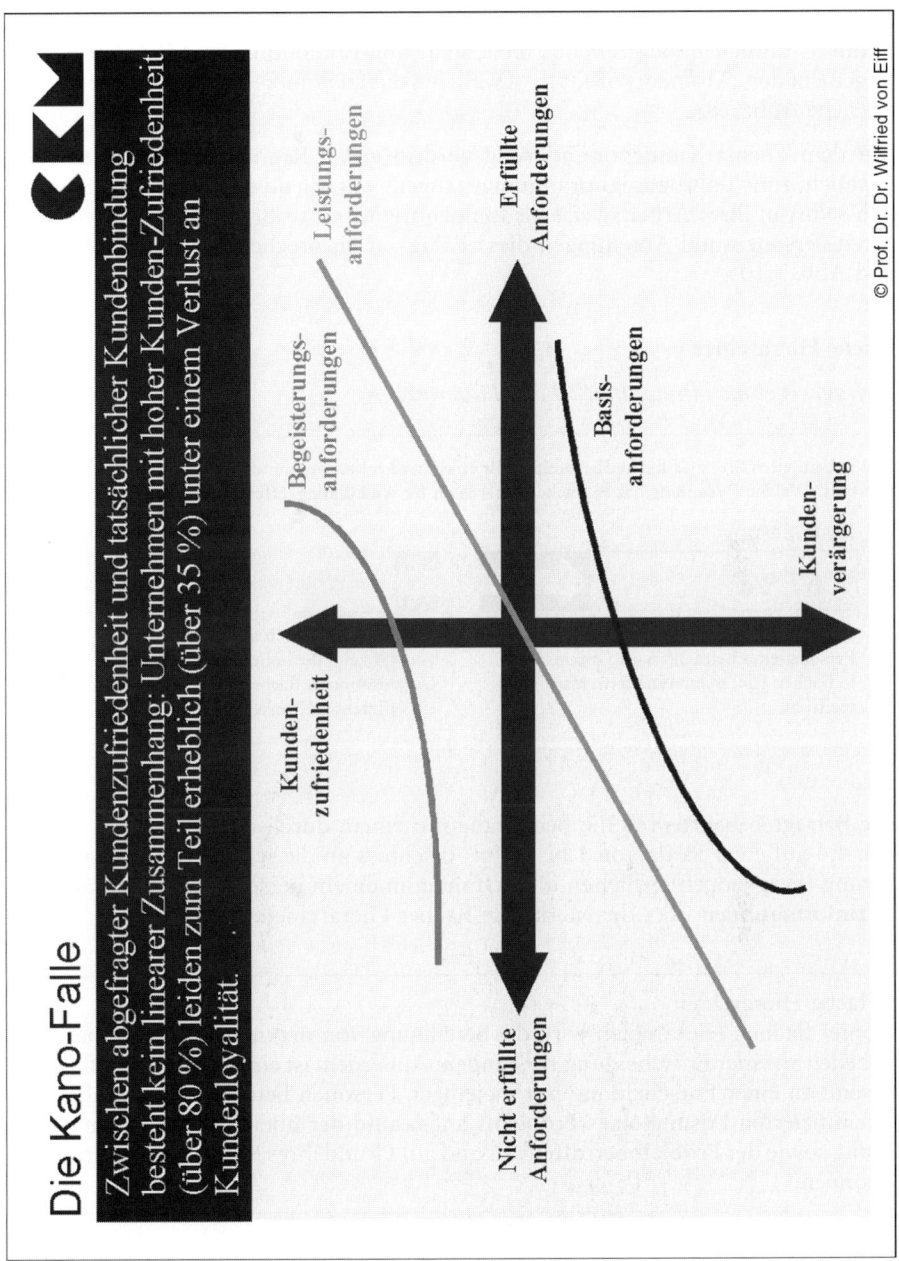

Abb. 7.7: Nur begeisternde Leistungen erzeugen Kundenbindung.

– Kundenorientierung muss weniger durch Kundenbefragungen analysiert, als durch branchenübergreifende Benchmarking-Erkenntnisse und durch Management der „Moments of Truth" (Walk in your customers' shoes) erreicht werden (siehe Abb. 7.8).

Mit dem Thema Kundenorientierung wird in vielen Krankenhäusern eher oberflächlich, zum Teil sogar ignorant umgegangen. Auffallend oft bezeichnen Befragte sich selbst in ihrer Arbeitsweise als kundenorientiert, während sie gleichzeitig anderen Personen und Abteilungen diese Fähigkeit absprechen (siehe auch Abb. 7.9 und Abb. 7.10).

Flache Hierarchien

Abfrageergebnis ohne inhaltliche Erläuterung

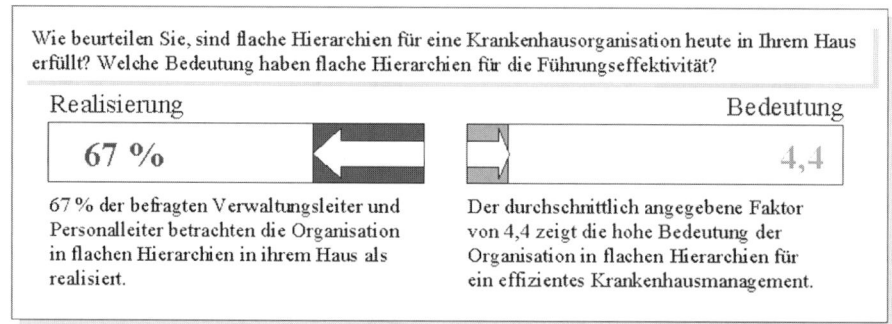

Wie beurteilen Sie, sind flache Hierarchien für eine Krankenhausorganisation heute in Ihrem Haus erfüllt? Welche Bedeutung haben flache Hierarchien für die Führungseffektivität?

Realisierung — 67 %

67 % der befragten Verwaltungsleiter und Personalleiter betrachten die Organisation in flachen Hierarchien in ihrem Haus als realisiert.

Bedeutung — 4,4

Der durchschnittlich angegebene Faktor von 4,4 zeigt die hohe Bedeutung der Organisation in flachen Hierarchien für ein effizientes Krankenhausmanagement.

Die Befragten beurteilten die Bedeutung mit einem durchschnittlichen Punktwert von 4,4 auf einer Skala von 1 bis 6. Im Anschluss an die schriftliche Meinungsäußerung (Fragebogen) erhielten die Befragten in einem persönlichen Gespräch **Zusatzinformationen** über die Merkmale flacher Hierarchien:

Flache Hierarchien
Unter flachen Hierarchien wird die Beteiligung von maximal drei Kommandoebenen an einer Entscheidung verstanden. Außerdem ist eine Hierarchie „flach", wenn an einer Entscheidung nur diejenigen Personen beteiligt werden, die zur qualifizierten Lösung eines Problems auf Grund der übertragenen Verantwortung sowie der Problembetroffenheit und auf Grund ihres Know-hows beitragen können.

Nach dieser Zusatzinformation erfolgte eine neue Einschätzung der Befragten, die erheblich von der Erstbeurteilung abwich:

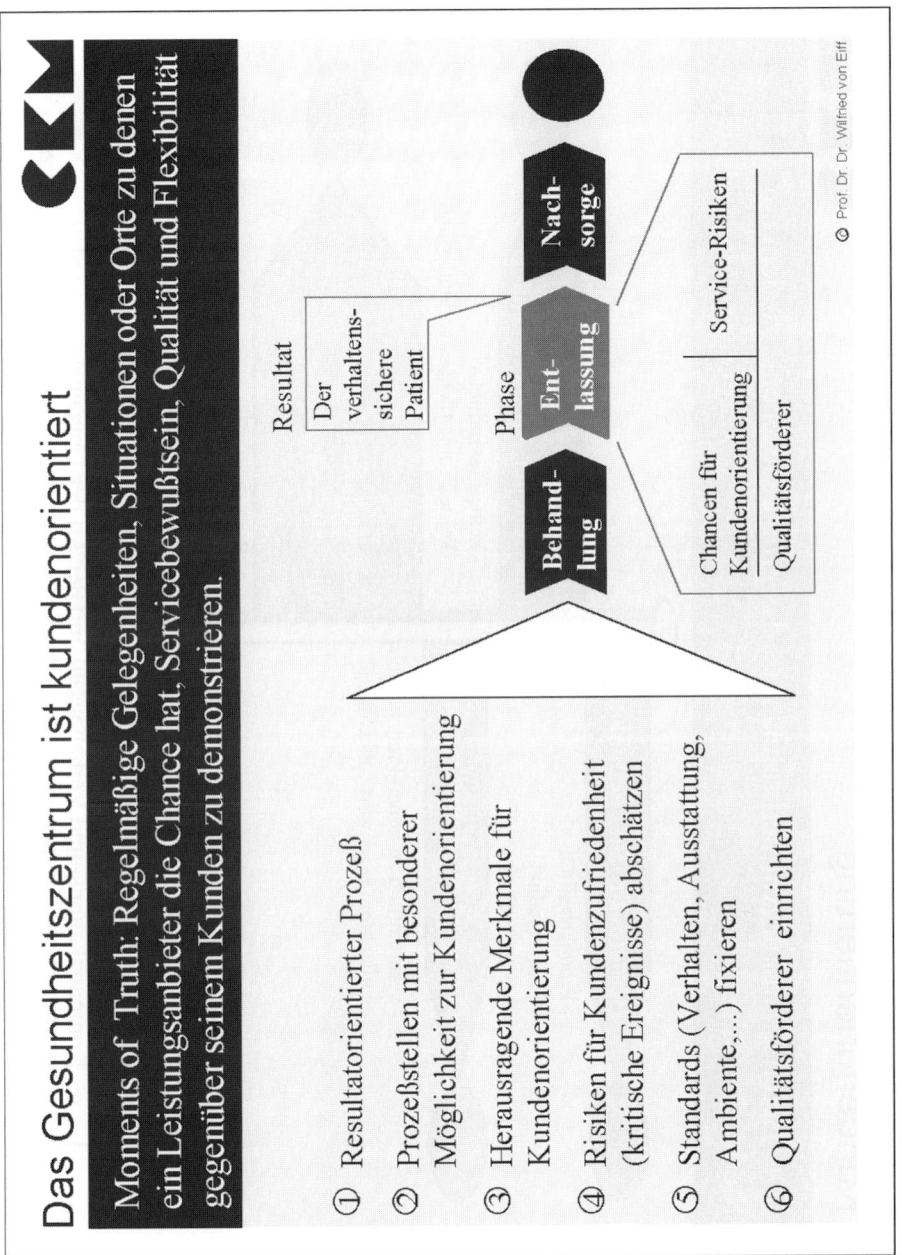

Abb. 7.8: Die MOT-Fluss-Analyse zur Feststellung von Kundenorientierung.

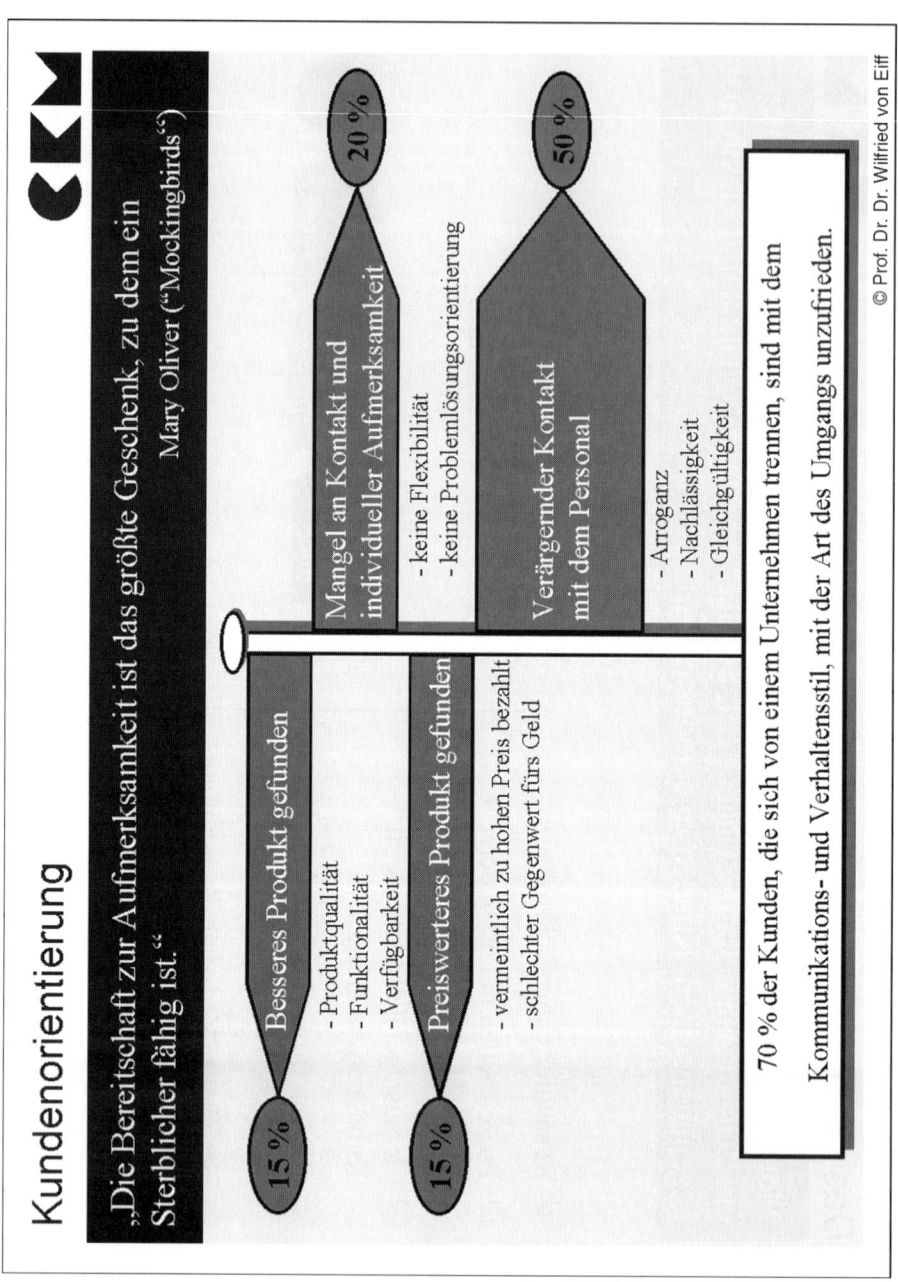

Abb. 7.9: Die „soziale Kompetenz" des Unternehmens ist der entscheidende Kundenbindungsfaktor.

Abb. 7.10: Die Einschätzung kundenorientierten Verhaltens ist vielfach durch das Phänomen der selektiven Wahrnehmung gekennzeichnet.

Abfrageergebnis mit inhaltlicher Erläuterung

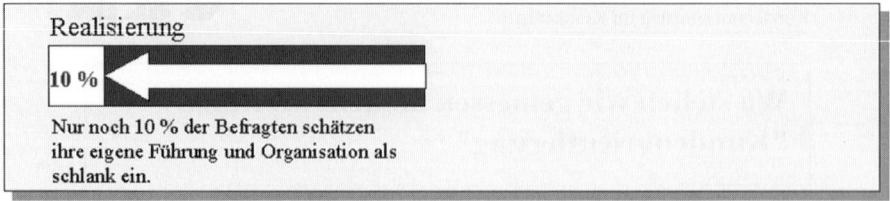

Deutlich wurde ein Erkenntnisproblem: Das Merkmal einer flachen Hierarchie wurde nur von etwa 10–15 % der Befragten ohne weiterführende Erläuterungen erkannt. Nur noch 10 % der Befragten schätzten daraufhin ihre eigene Führung und Organisation als schlank ein.

– Die Befragten bezogen die Verflachung der Hierarchien ausschließlich auf eine Reduktion der funktionalen Ebenen, losgelöst von der Betrachtung von Entscheidungsprozessen.
– Demgegenüber wird die Bedeutung einer flachen Hierarchie für ein effizientes Zeitmanagement als überdurchschnittlich hoch eingeschätzt, um
  – Entscheidungen fachlich qualifizierter zu treffen;
  – Entscheidungsprozesse zu entpolitisieren;
  – Entscheidungen zu akzeptieren und zu ihnen zu „stehen" und diese nicht nach deren Verkündung öffentlich zu hinterfragen;
  – zunehmend Verantwortung auf nachgeordnete Ebenen mit höherer Problemnähe und höherer Fachkenntnis im Detail übertragen zu können;
  – durch Beteiligung des mittleren Managements an der Entscheidungsvorbereitung Management-Qualifikationen in realen Situationen trainieren zu können.

Es ergibt sich eine relativ geringe Lücke zwischen der eingeschätzten Wichtigkeit flacher Hierarchien für eine effiziente Führung und Organisation in Krankenhäusern (79 %) und der eingeschätzten Realität (67 %).

Geht man davon aus, dass der relativ hohe Wert von 67 % unter der Berücksichtigung eines eingeschränkten Verständnisses eines erheblichen Teils der Befragten zu Stande kommt, ergibt sich eine deutliche Lücke zwischen Wichtigkeit und der aktuell anzutreffenden Realität.

Der Bedarf bezieht sich offensichtlich nicht nur auf die Verflachung von Hierarchien, sondern auch auf die Einweisung des Krankenhausmanagements in die Hintergründe von Managementkonzepten.

Die Durchdringung starrer Hierarchien ermöglicht eine effiziente und effektive Führung im Krankenhaus durch flexible und zeitnahe Entscheidungen. Durch verkürzte Wege können Informationen schnell und unkompliziert weitergegeben werden.

Flache Hierarchien setzen Eigeninitiative und Selbstbestimmung der Mitarbeiter voraus:

– Die Mitarbeiter werden stärker in den Entscheidungsprozess mit eingebunden und müssen dementsprechend professionalisiert werden (fachliche Qualifikation und Vielseitigkeitsausbildung);

- Flache Hierarchien bedürfen auch geeigneter Koordinationsinstrumente bzw. Koordinationsregeln, die an dem Prinzip der fallabschließenden Verantwortung orientiert sind und/oder verhaltenssteuernd wirken;
- Die strukturelle Gestaltung und Implementierung flacher Hierarchien innerhalb eines Prozesses der Organisations-Entwicklung muss qualifiziert begleitet werden;
- Durch flache Hierarchien wird der Mitarbeiter näher an den Kunden gebracht.

> **Personalmanagement ist gefordert, ...**
> ... flachen Hierarchien zukünftig mehr Bedeutung beizumessen. Allerdings setzen flache Hierarchien die Delegation von Aufgabe, Kompetenz und Verantwortung in deutlich höherem Maße voraus. Funktionieren kann diese Art der Organisation und Führung nur, wenn die Mitarbeiter eine so genannte „Vielseitigkeitsausbildung" durchlaufen haben.

80 % der Befragten vertreten die Meinung, die Hierarchie in Krankenhäusern sei zu ausgeprägt mit der Konsequenz, dass

- Entscheidungen durch hierarchische Ebenen politisiert bzw. entsachlicht werden, wodurch die Entscheidungsqualität leidet;
- sich die Entscheidungsprozesse aufwändig gestalten und Entscheidungen verzögert werden;
- zu wenig delegiert wird, mit der Konsequenz, dass Verantwortung auf der unteren und mittleren Ebene auf Qualität und Wirtschaftlichkeit nicht selbstständig sondern eher unter Anordnungsdruck wahrgenommen wird;
- das mittlere Management auf Grund mangelnder Delegation von Verantwortung kaum Chancen hat Entscheidungssituationen zu trainieren; damit fällt eine wichtige Vorbereitung auf zukünftige Managementpositionen fort.

Entscheidungsmanagement

Entscheidungsmanagement umfasst die Bereiche Entscheidungsschnelligkeit, Entscheidungsqualität, Akzeptanz von Entscheidungen und Entscheidungsfähigkeit der Mitarbeiter.

Entscheidungsmanagement ist ein wichtiger Erfolgsfaktor für eine Organisation. Dies gilt einerseits für die kreative Entwicklung von Innovationen, mit denen Wettbewerbsvorteile erzielbar sind. Dies betrifft weiterhin die Qualität von Entscheidungen, die beeinflusst wird durch die Fähigkeit für eine bestimmte Problemlösung das erforderliche bestmögliche Know-how zu mobilisieren. Außerdem kommt es darauf an, Entscheidungen zu treffen, die durch gezieltes Einbinden relevanter Beteiligter auf Akzeptanz stoßen und daher ohne Widerstände umgesetzt werden. Im Durchschnitt sind 1/3 der Befragten unzufrieden mit diesen Bereichen in ihrem Haus. Im Wesentlichen werden bemängelt:

(1) Entscheidungsschnelligkeit

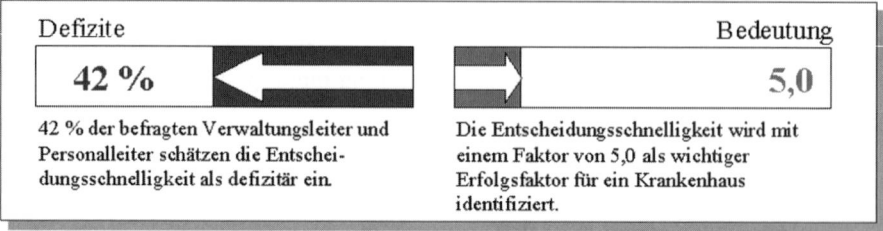

Defizite

42 %

42 % der befragten Verwaltungsleiter und Personalleiter schätzen die Entscheidungsschnelligkeit als defizitär ein.

Bedeutung

5,0

Die Entscheidungsschnelligkeit wird mit einem Faktor von 5,0 als wichtiger Erfolgsfaktor für ein Krankenhaus identifiziert.

Die Entscheidungsschnelligkeit wird als wichtiger Überlebensfaktor für ein Krankenhaus identifiziert. Im Wesentlichen betrifft dies Entscheidungen über die Umsetzung von Produkt-, Prozess- und Sozialinnovationen.

Bemängelt wird, dass zu viele Gremien existieren und zu viele Beteiligte (z. B. aus sachfernen Proporzgründen) in die Gremien eingebunden sind.

Umständliche Entscheidungswege verlangsamen insbesondere die strategisch wichtigen Entscheidungen.

(2) Entscheidungsqualität

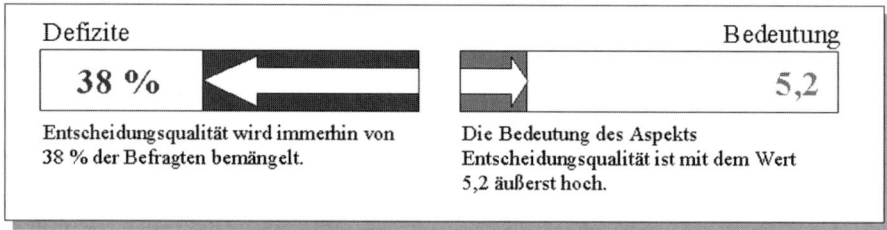

Defizite

38 %

Entscheidungsqualität wird immerhin von 38 % der Befragten bemängelt.

Bedeutung

5,2

Die Bedeutung des Aspekts Entscheidungsqualität ist mit dem Wert 5,2 äußerst hoch.

Im Wesentlichen wird hinsichtlich der Entscheidungsqualität kritisiert, dass
– Entscheidungen allein getroffen werden;
– Entscheidungen inhaltlich nicht nachvollziehbar sind;
– Entscheidungen zu oft nachgebessert oder sprunghaft verändert werden.

(3) Akzeptanz von Entscheidungen

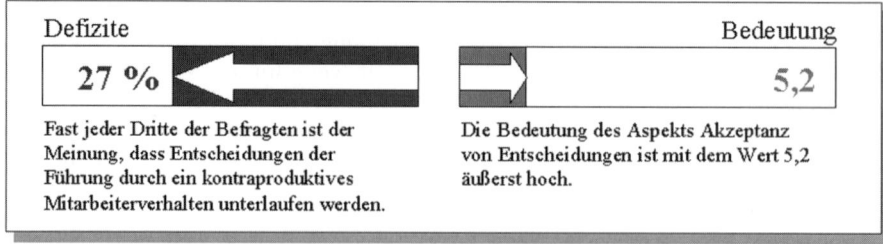

Defizite

27 %

Fast jeder Dritte der Befragten ist der Meinung, dass Entscheidungen der Führung durch ein kontraproduktives Mitarbeiterverhalten unterlaufen werden.

Bedeutung

5,2

Die Bedeutung des Aspekts Akzeptanz von Entscheidungen ist mit dem Wert 5,2 äußerst hoch.

Die Ursache für dieses Verhalten wird darin vermutet, dass das Management zu viele intransparente, nicht nachvollziehbare Entscheidungen trifft. Außerdem halten sich Betroffene und Beteiligte deshalb nicht an vereinbarte Entscheidungsinhalte, weil sie sich nicht ausreichend eingebunden fühlen oder selbst nur wenig Identifikation mit Entscheidungsinhalten aufbringen.

(4) Entscheidungsfähigkeit der Mitarbeiter

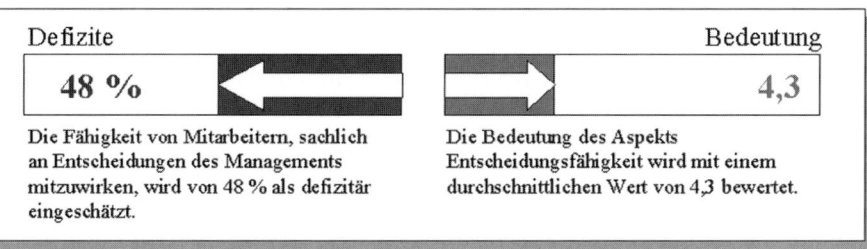

Defizite	Bedeutung
48 %	**4,3**
Die Fähigkeit von Mitarbeitern, sachlich an Entscheidungen des Managements mitzuwirken, wird von 48 % als defizitär eingeschätzt.	Die Bedeutung des Aspekts Entscheidungsfähigkeit wird mit einem durchschnittlichen Wert von 4,3 bewertet.

Die Fähigkeit der Mitarbeiter sich konstruktiv in Entscheidungsprozesse des Managements einzubringen wird von 80 % als wichtiges Erfolgsmerkmal für eine Organisation angesehen, die sich in einem dynamischen Marktumfeld bewähren muss. Denn durch Beteiligung der Mitarbeiter kann vorhandenes Know-how mobilisiert werden, außerdem sind die Mitarbeiter auf Grund ihres Direktkontakts zum Kunden eher in der Lage, dessen Anforderungen und Probleme zu erkennen als jeder linienferne Stabsmitarbeiter.

Personalmanagement ist gefordert, ...

... eine bedarfsgerechte und wirtschaftliche Bereitstellung des Personals sicherzustellen, Personalressourcen einzusetzen und zu erhalten sowie zielfördernde Organisations- sowie Anreiz-Beitrags-Strukturen zu schaffen, die auf die Erfüllung des Unternehmenszwecks im Rahmen der Unternehmensstrategie und marktstrategischer Erfordernisse ausgerichtet sind.

Insbesondere in zwei Bereichen hat Personalmanagement Unterstützung zu leisten:

(1) Bereitstellung von Methoden und Instrumenten zur Steuerung von Entscheidungsprozessen;

(2) Durchführung von Qualifizierungsprogrammen im Sinne von Entscheidungstraining.

Vielseitigkeitsqualifikation

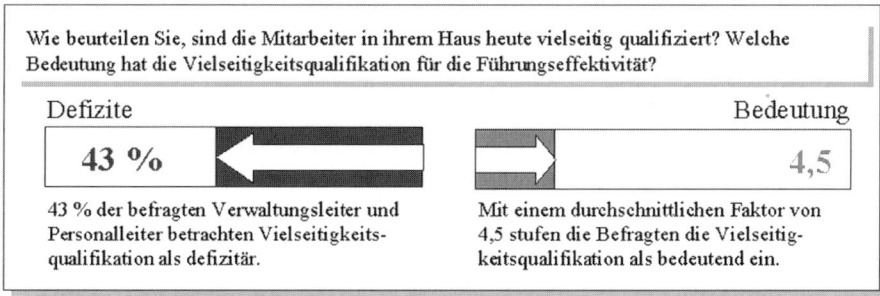

Wie beurteilen Sie, sind die Mitarbeiter in ihrem Haus heute vielseitig qualifiziert? Welche Bedeutung hat die Vielseitigkeitsqualifikation für die Führungseffektivität?

Defizite	Bedeutung
43 %	**4,5**
43 % der befragten Verwaltungsleiter und Personalleiter betrachten Vielseitigkeitsqualifikation als defizitär.	Mit einem durchschnittlichen Faktor von 4,5 stufen die Befragten die Vielseitigkeitsqualifikation als bedeutend ein.

Einer Vielseitigkeitsqualifikation wird von den Befragten eine hohe Bedeutung zugesprochen. Allerdings geht aus ergänzenden Einzelinterviews hervor, dass der Begriff der Vielseitigkeitsqualifikation sehr einseitig verwendet wird. Die Befragten verstanden im Wesentlichen darunter, dass ein Mitarbeiter über verschiedene berufspraktische Fähigkeiten verfügt (z. B. die Stationsschwester hat Berufserfahrung auf der Intensivstation, in der Patientenaufnahme und in der Leistungserfassung. Ein Einkaufssachbearbeiter hat vorher in der Kreditorenabteilung gearbeitet und in der Rechnungsprüfungsstelle). Die wirklichen Merkmale einer Vielseitigkeitsausbildung, so wie sie für den japanischen Lean-Managment-Ansatz charakteristisch sind, waren den Befragten nicht bekannt: „Vielseitigkeit" bezieht sich demnach auf anzuwendende fachlich übergreifende Qualifikation, Prozesskenntnis sowie Methoden und Techniken zur Steigerung der Problemlösungsfähigkeit; der zielgerichtete Einsatz von Qualitätstools gehört ebenso zum Vielseitigkeitsrepertoire wie Moderations- und Konferenztechnik sowie Präsentationsfähigkeiten.

Insofern ist auch die Aussage zu relativieren, wonach (nur) 43 % der Befragten Defizite im Hinblick auf Vielseitigkeitsqualifikation bei den Mitarbeitern feststellten. Auf Grund des inhaltlichen Missverständnisses ist von einer faktisch höheren „Dunkelziffer" auszugehen.

Job Rotation

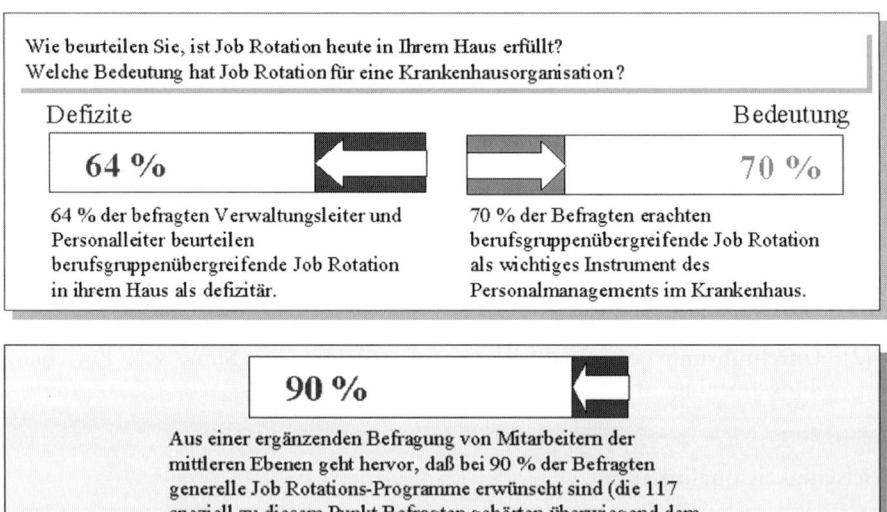

Nachdem den Befragten in persönlichen Gesprächen Zusatzinformationen über die Merkmale von Job Rotation vermittelt worden waren, änderte sich ihre Einstellung zur Machbarkeit und zum Nutzwert von Job Rotationsprogrammen.

Job Rotation
Im Rahmen einer **lernenden Organisation** muss Job Rotation funktions- und berufsgruppenübergreifend verstanden werden. Der Apotheken-Mitarbeiter rotiert beispielsweise zum Einkäufer für Medikalprodukte; die Krankenschwester rotiert in die Personalabteilung; der Personalmitarbeiter rotiert in die Patientenaufnahme usw. Diese Art von Rotation mit dem Ziel, einen Beitrag zu leisten für die Erreichung einer lernenden Organisation, wird von den meisten Krankenhausmanagern und -mitarbeitern als ineffizient, sogar **als unmöglich eingeschätzt.** Kommentar eines Personalleiters: „Was soll ich mit einer Krankenschwester im Einkauf, die kann noch nicht einmal Schreibmaschine schreiben." Zwar wurde anerkannt, dass der planmäßige Arbeitsplatzwechsel den Mitarbeitern ermöglicht, einen größeren Überblick über den gesamten Arbeitsprozess zu erhalten und auch das Verständnis für die Gesamtzusammenhänge erhöht. Aber die Grundskepsis gegen eine berufsgruppenübergreifende Rotation bleibt erhalten (siehe Abb. 7.13).

Personalmanagement ist gefordert: Es sind schlüssige Konzepte für Laufbahnsysteme, Trainee-Programme und Job Rotationen zu erarbeiten und hinsichtlich Auswahl der Zielgruppen Zeitpunkt und Dauer von Job Rotationen sowie der einbezogenen Stellen zu strukturieren. Auch Gehalts- und Beförderungspolitik müssen in Zukunft rotationswillige Mitarbeiter in besonderer Weise fördern.

Der Geist der lernenden Organisation
„Organisationen lernen nur, wenn die einzelnen Menschen etwas lernen. Das individuelle Lernen ist keine Garantie dafür, dass die Organisation etwas lernt, aber ohne individuelles Lernen gibt es keine lernende Organisation."
Peter M. Senge (Die Fünfte Disziplin)

Berufsgruppenübergreifende Kommunikation

Wie beurteilen Sie, ist bereichsübergreifende Kommunikation in Ihrem Haus ausgeprägt? Welche Bedeutung hat diese Kommunikation für die Führungseffektivität?

Defizite	Bedeutung
42 %	5,0
42 % der befragten Verwaltungs- und Personalleiter betrachten die bereichsübergreifende Kommunikation als defizitär.	Mit einem durchschnittlichen Faktor von 5,0 stufen die Befragten die bereichsübergreifende Kommunikation als sehr bedeutend ein.

Eine ergänzende Analyse zum Kommunikationsverhalten in Krankenhäusern bestätigte dieses Defizit. In dieser Teilstudie wurden unter qualifizierten Mitarbeitern die Bereiche „mangelhafte Kommunikation zwischen den Berufsgruppen", „mangelnde Qualität der Mitarbeiter" und „mangelnde Information" als Risikofaktoren für die Krankenhäuser in Zukunft identifiziert. Es wurde die offene Frage gestellt: „In welchen drei Problemfeldern sehen Sie die Ursache dafür, dass die neuen Kosten- und Qualitätsherausforderungen in den Krankenhäusern nicht bewältigt werden können?" 80 % der Ärzte, 61 % der Pflegekräfte und 55 % der leitenden Verwaltungsmitarbeitern erachteten die „mangelhafte Kommunikation zwischen den Berufsgruppen" als primäres und deutlich signifikantes Qualitäts- und Wirtschaftlichkeitsrisiko (siehe Abb. 7.11).

Bemerkenswert ist auch, dass die befragten Führungskräfte die Defizite bezüglich der bereichsübergreifenden Kommunikation deutlich undramatischer einschätzen als befragte Mitarbeiter der mittleren Ebene. 66 % der Pflegekräfte, 52 % der Ärzte und 70 % der Verwaltungskräfte bewerteten die Zusammenarbeit aus ihrer persönlichen Erfahrung als „…könnte deutlich besser sein, aber wie?", bzw. „…Stress, Demotivation, kein Verständnis untereinander, das „richtige" Angebot und ich bin weg!" (siehe Abb. 7.12).

Das lässt den Schluss zu, dass die Wahrnehmungskluft zwischen strategischem Wunsch und arbeitstäglicher Realität bei Führungskräften im Krankenhaus und den Mitarbeitern groß ist.

In einem Workshop wurde das Kommunikationsverhalten von den Mitarbeitern sowohl im Hinblick auf die bereichsübergreifende Zusammenarbeit, auf das Mitarbeiter-Vorgesetzten-Verhältnis als auch auf das Verhältnis der Mitarbeiter untereinander in vielen Krankenhäusern als deutlich verbesserungsbedürftig reklamiert: Besprechungen müssten offener und ehrlicher ablaufen, Informationen zeitgerechter und vollständiger fließen, die bereichsübergreifende Zusammenarbeit kollegialer und prozessorientierter erfolgen (siehe Foto 7).

Kenntnisse über die Geschäftsprozesse

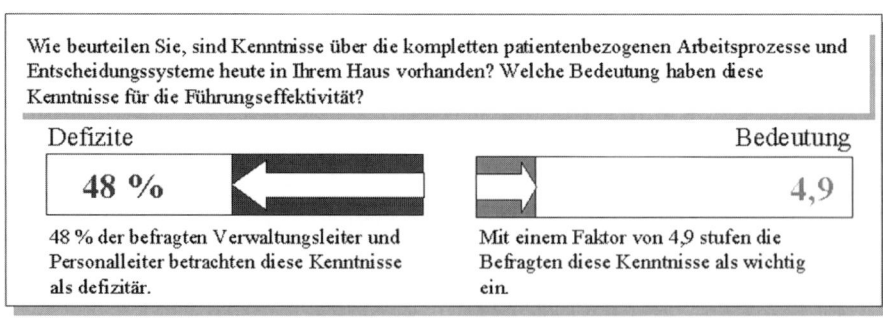

Wie beurteilen Sie, sind Kenntnisse über die kompletten patientenbezogenen Arbeitsprozesse und Entscheidungssysteme heute in Ihrem Haus vorhanden? Welche Bedeutung haben diese Kenntnisse für die Führungseffektivität?

Defizite   Bedeutung

48 %   4,9

48 % der befragten Verwaltungsleiter und   Mit einem Faktor von 4,9 stufen die
Personalleiter betrachten diese Kenntnisse   Befragten diese Kenntnisse als wichtig
als defizitär.   ein.

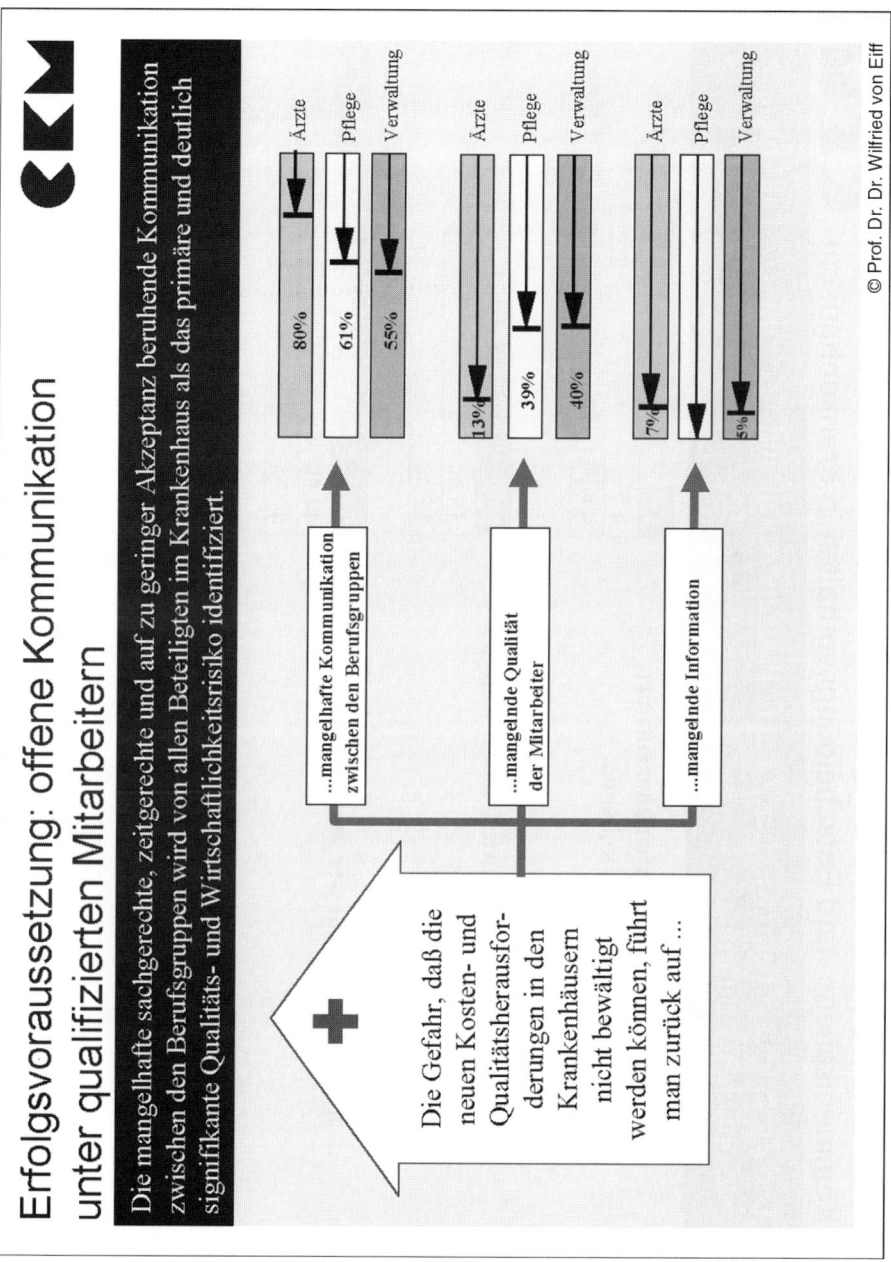

Abb. 7.11: Gefahren für die Krankenhäuser drohen von innen: Kommunikation, Qualifikation, Information.

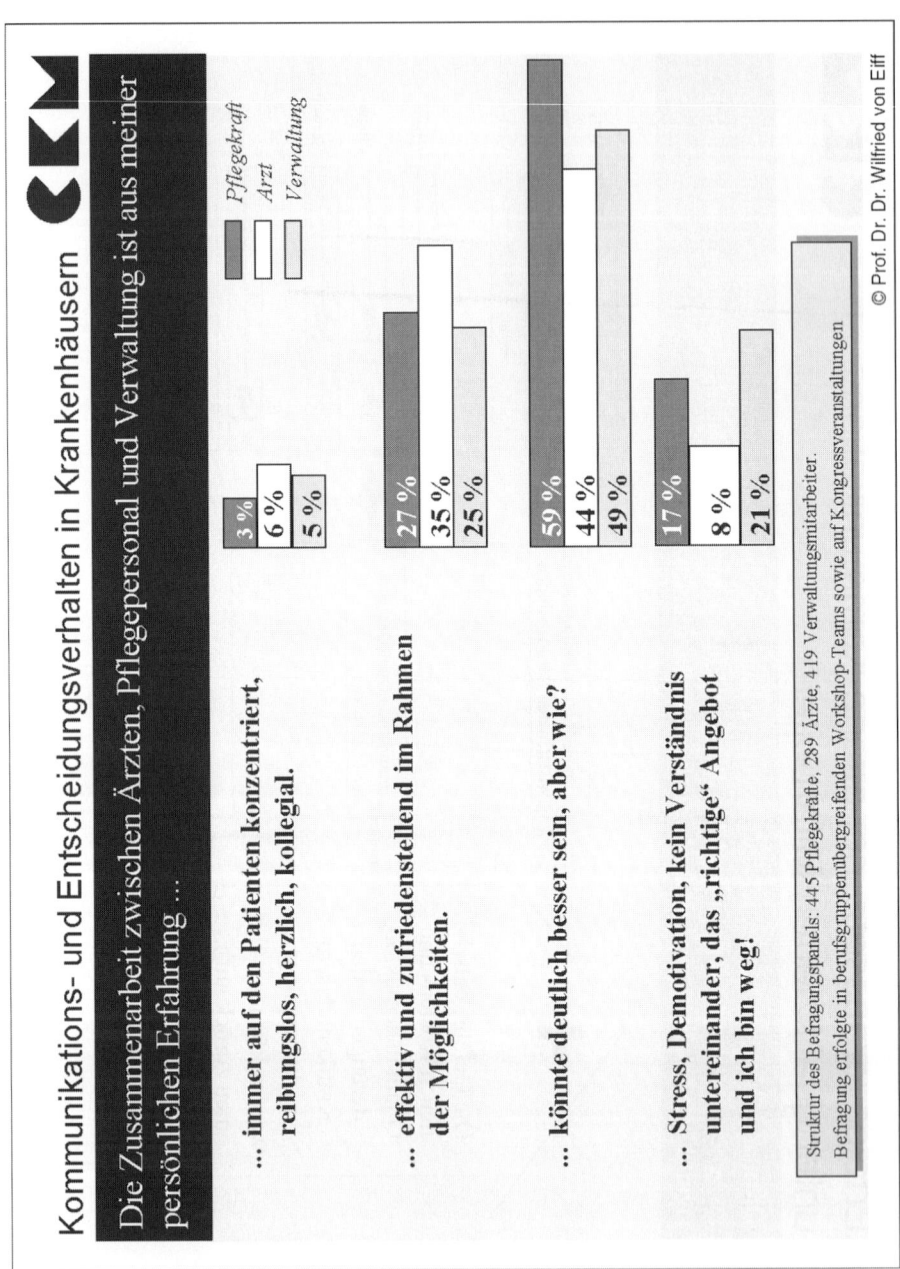

Abb. 7.12: Nur 30 % der Pflegekräfte, 40 % der Ärzte und 30 % der Verwaltungsmitarbeiter sind mit dem Kommunikationsverhalten zufrieden.

Foto 6:
Das Kommunikations-
verhalten wurde von den
Mitarbeitern in zahlrei-
chen Krankenhäusern als
verbesserungsbedürftig
beurteilt.

Foto: CKM

Foto 7:
Viele Mitarbeiter gehen
ebenso kritisch wie kon-
struktiv mit der arbeits-
täglichen Verhaltensrea-
lität um.   Foto: CKM

„Wir arbeiten in ei-
nem sozialen Beruf
und gehen oft unso-
zial miteinander um."

Heidrun Schäfer, Westf.
Klinik für Psychiatrie,
Psychotherapie und
Neurologie, Lengerich

In ergänzenden Einzelinterviews fiel auf, dass Prozesskenntnis unter dem Aspekt des Reengineering-Ansatzes bei keinem der Befragten vorhanden war. I. d. R. wurden die Arbeitsprozesse auf krankenhausinterne Abläufe beschränkt. Die Prozesssichtweise unter Einschluss extern ablaufender Prozessstufen erfolgt in den Krankenhäusern nur eingeschränkt; Aspekte der so genannten Zieldynamik und des Prozessreengineering sind offenbar weitgehend unbekannt. Personalmanage-

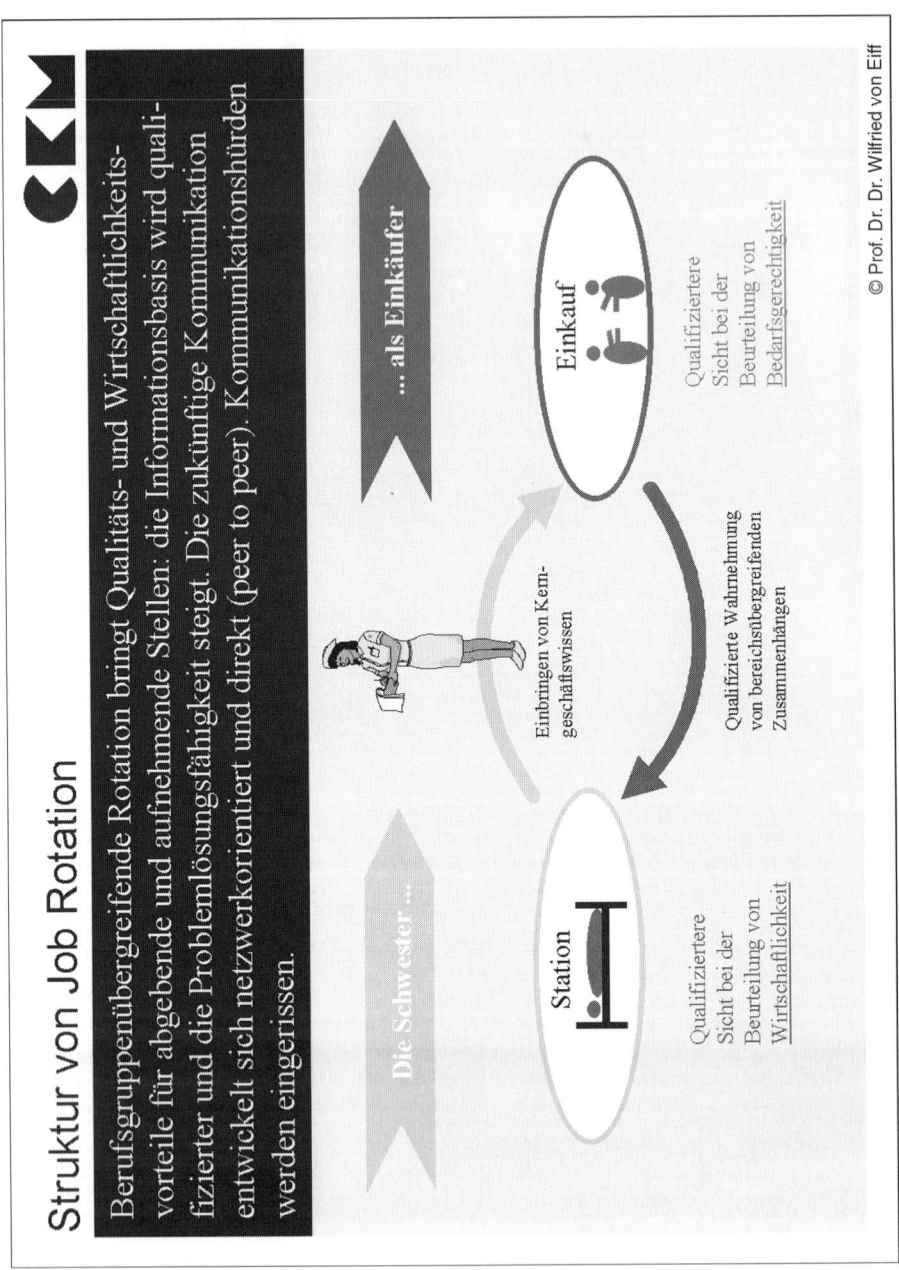

Abb. 7.13: Berufsgruppenübergreifende Job Rotation ist eine wichtige Grundlage für eine lernende Organisation.

ment ist hier gefordert: Die Instrumente des Prozessmanagements müssen gezielt vermittelt werden.

Prozess-Reengineering

Die Methodik des Reengineering lässt sich im Hinblick auf ihre Zweidimensionalität von Zieldynamik und Prozessstruktur an einem einfachen Beispiel demonstrieren.

Dabei wird deutlich, dass die Struktur eines Prozesses vom vorgegebenen Prozessziel bestimmt wird. Je nach Ziel variieren die Prozessstrukturen und mit ihnen die Verantwortungsstrukturen, die Fähigkeitsanforderungen an das Personal, die Art/Technik der eingesetzten Mittel usw.

Ziele bestimmen den Prozess, oder... erst die Vergleichbarkeit der Prozessziele stellt die Vergleichbarkeit der Prozessstrukturen sicher.

Zugegeben: Das nachfolgende Beispiel ist trivial, aber von hohem Verständniswert im Hinblick auf die Verdeutlichung der Methode des Reengineering.

Das Ziel, eine heiße Tasse Kaffee mit Milch und Zucker genießen zu wollen, setzt Vorbereitungen voraus: organisatorisch, zeitlich, ressourcenbezogen.

Ein Prozess-Reengineering, also die Optimierung der Prozessstruktur bei gleichem Ziel, kann dabei helfen, diesen Aufwand zu reduzieren; die Milch wird vor dem Kaffee in die Tasse gegossen, so dass mit dem Einfüllen des Kaffees auch die Milch vermischt wird; der Umrührvorgang entfällt, Zeit und Ressourcen werden gespart, der Prozess ist „verschlankt".

Ein Ziel-Reengineering, also die Neuausrichtung der Geschäftsfeldstrategie, bietet erhebliche Sparpotenziale. Das Oberziel „Gewichtabnahme" führt zu der Strategie die Kalorienzufuhr nachhaltig zu drosseln. Umgesetzt auf das Prozessziel „Kaffee genießen" bedeutet dies in Zukunft auf Milch und Zucker zu verzichten (und zwar „kundennutzengerecht"), woraus sich erhebliche Sparpotenziale mobilisieren lassen. Beim Ziele-Reengineering kommt es also darauf an, das Ziel kundenorientiert zu standardisieren (siehe Abb. 7.14).

Wilfried von Eiff (1995)

7.6 Wandel der Personalfunktionen

64 % der befragten leitenden Ärzte (Chefärzte und Oberärzte) sind der Meinung, dass die Personalabteilung ausschließlich eine Berechtigung als verwaltende Funktion hat. Der gleiche Personenkreis traut der Personalabteilung nicht zu, ein aktives Personalmanagement im Sinne von Wertschöpfung für das eigene ärztliche Kerngeschäft und Unterstützung der Entwicklung der Kompetenz des Krankenhauses zu erbringen.

78 % der befragten leitenden Ärzte (Chefärzte und Oberärzte) konnten mindestens ein Beispiel dafür nennen, dass die Personalabteilung die in sie gesetzten Erwartungen nicht erfüllt haben.

Beispiele:
– Gescheiterte Kündigungsverfahren;

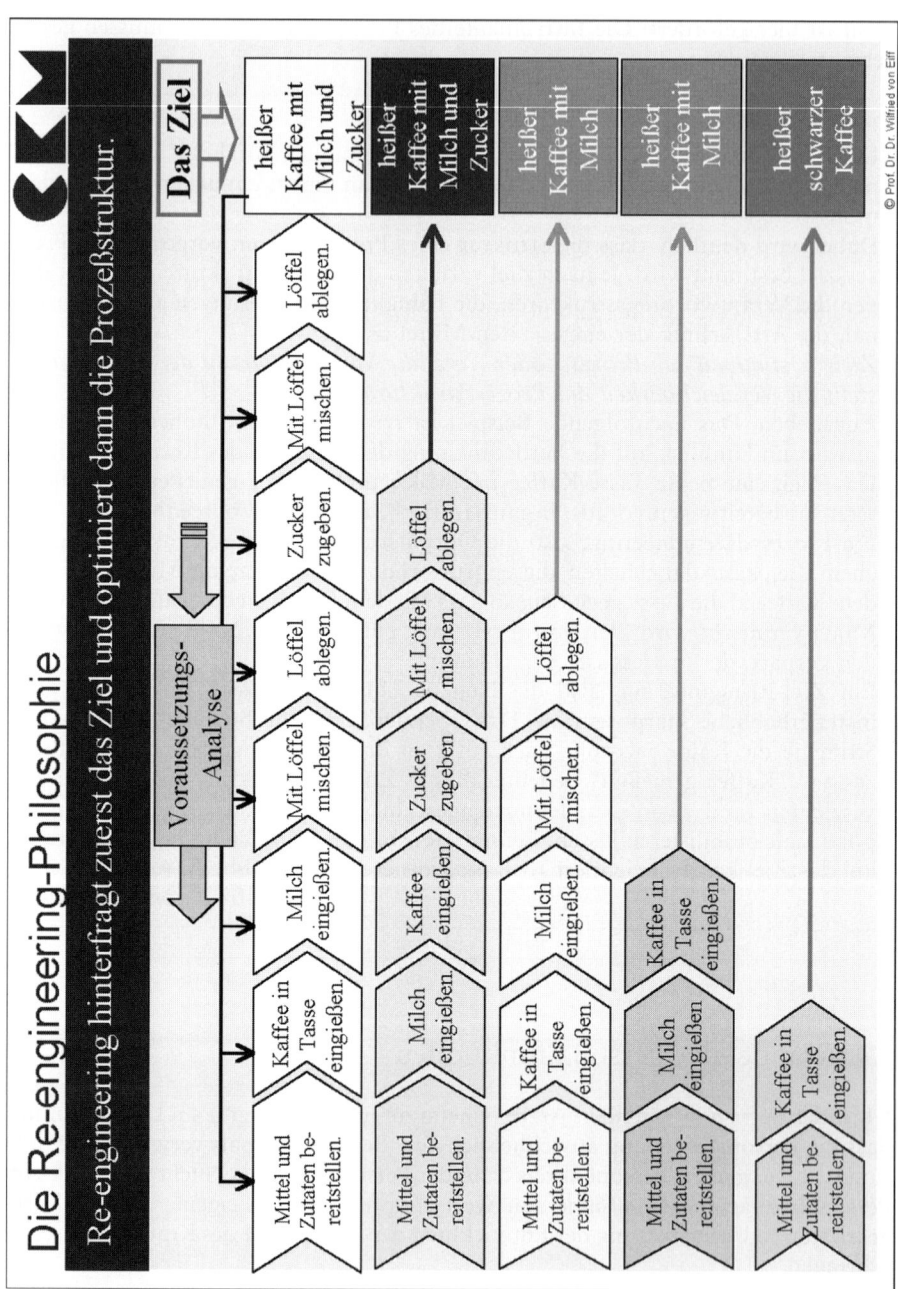

Abb. 7.14: Reengineering erfolgt in zwei Richtungen: Ziele-Reengineering und Prozess-strukturoptimierung. Die Methodik der GPO (Geschäftsprozessoptimierung) verbindet beide Seiten.

– Langwierige Abstimmung mit Personalräten;
– Unzureichende Unterstützung bei der Beschaffung von Personal;
– Versuch der Personalabteilung, schwer vermittelbare Personen in die Kliniken „hineinzudrücken";
– Verhinderung der Einführung eines leistungsorientierten Vergütungssystems durch die Personalabteilung.

Man traut der Personalabteilung eine unternehmerische Verantwortung überwiegend nicht zu. Auf der anderen Seite ist feststellbar, dass die Führungskräfte (Ärzte, leitende Pflegekräfte) die rechtlichen Möglichkeiten der Personalabteilung beispielsweise bei Kündigungen und Versetzungen in vielen Fällen falsch einschätzen. Sieben befragte Krankenhäuser konnten beispielsweise vom Fall der nicht vollzogenen Kündigung berichten. Die zuständige Führungskraft (Chefarzt) verlangte die Entlassung eines Mitarbeiters, der schon seit längerer Zeit als Minderleister auffiel, allerdings wurde die Personalabteilung erst informiert, als der Chefarzt die Entlassung akut forderte. Offenbar waren die Personalabteilungen dieser Krankenhäuser bisher nicht in der Lage gewesen den Managementauftrag bzw. die Managementrolle der Chefärzte klar zu umreißen. Andererseits ist das Wissen der Führungskräfte über rechtliche Notwendigkeiten und die Einführung von Personalführungsgrundsätzen wenig ausgeprägt. Anscheinend wird nicht deutlich, welcher Managementservice vom aktiven Personalmanagement geleistet werden kann (siehe Abb. 7.15).

Personalpolitische Instrumente, die den Führungskräften eines Krankenhauses die Aufgabe der Personalführung erleichtern sollen, sind in maximal 15 % der befragten Krankenhäuser vorhanden und auch dort äußerst rudimentär. So werden z. B. Beurteilungssysteme, Laufbahnsysteme, Trennung nach Fach- und Führungslaufbahn, Programme zur Einführung neuer Mitarbeiter, Anreizsysteme auf Basis der Entwicklung von Selbstmotivation kaum eingesetzt.

Folgende Ergebnisse ergab die Studie über die Befragung von Personal- und Verwaltungsleitern bezogen auf den Wandel der Aufgabenschwerpunkte der Personalabteilung:

Methodisches Vorgehen
Befragt wurden 39 Personalleiter bzw. Verwaltungsleiter mit Personalverantwortung. Sie machten Angaben zur Veränderung der Aufgabenschwerpunkte der Personalabteilung auf einer Skala von 1 (Keine Zuständigkeit) bis 6 (vollständige Entscheidungs- und Verantwortungskompetenz).

Personalverwaltungsaufgaben

Früher	⟶	4,5
Heute	⟶	4,5
Zukünftig	⟶	4,8

Die Personalverwaltungsaufgaben werden auf Grund gesetzlicher Anforderungen tendentiell zunehmen. Gleichzeitig wird der Aufwand zur Wahrnehmung dieser

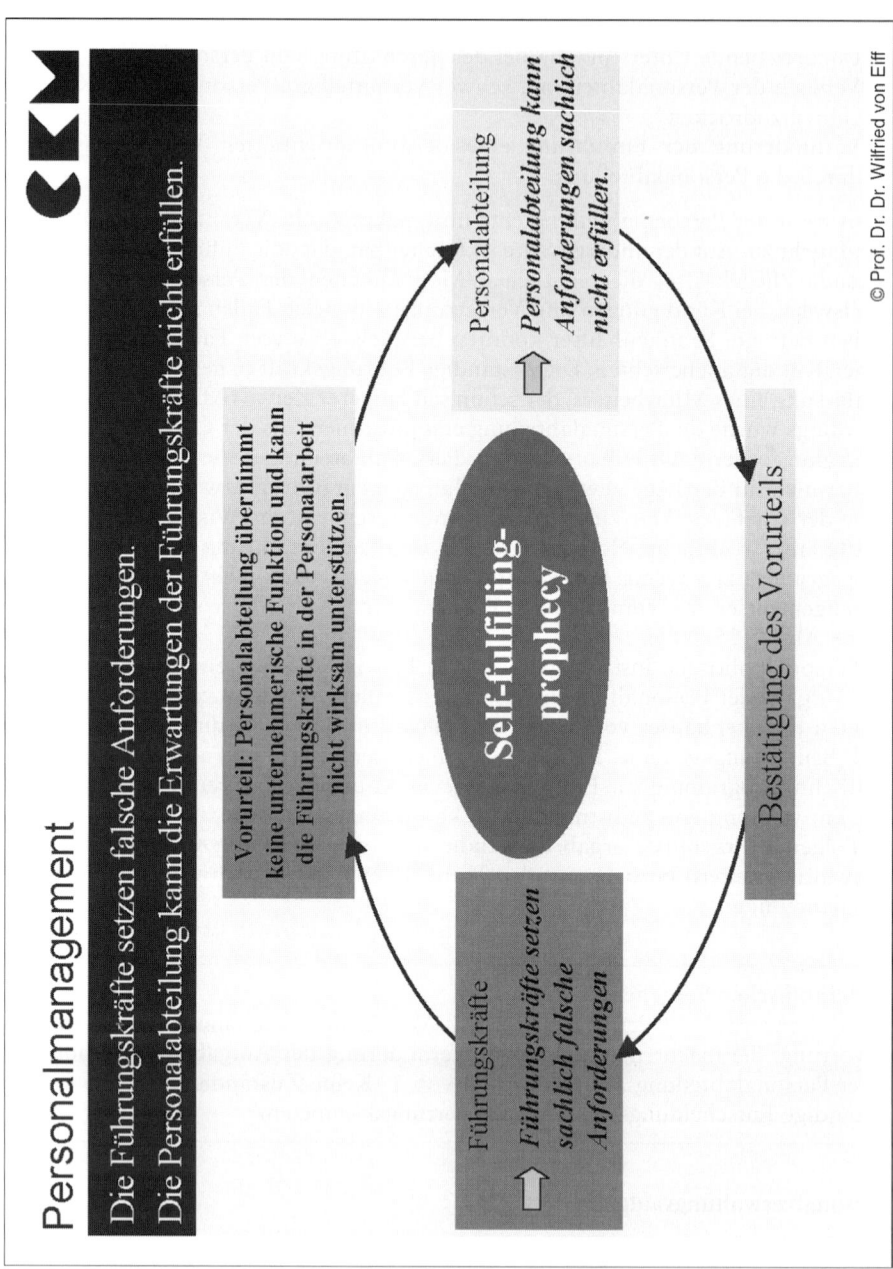

Abb. 7.15: Self-fulfilling-prophecy: Die Personalabteilung ist so leistungsfähig wie die Führungskräfte ihr zutrauen leistungsfähig zu sein.

Aufgaben zurückgehen, da in zunehmendem Maße EDV-technische Unterstützung eingeführt wird.

Personalbedarfsplanung

Früher	$\longrightarrow$	3,3
Heute	$\longrightarrow$	4,2
Zukünftig	$\longrightarrow$	4,9

Personalbedarfs- und Personaleinsatzplanung werden als Aufgabenstellung der Personalabteilung an Bedeutung gewinnen. Dies ist unter anderem zurückzuführen, auf

– restriktive Arbeitszeitgesetze und
– zunehmenden Rationalisierungsdruck im Personalbereich.

Als Konsequenz dieser Entwicklung muss Personal effizienter und flexibler eingesetzt werden. Die Personalplanung selbst wird die über die quantitative Planung hinausgehenden qualitativen Aspekte berücksichtigen müssen. So sind z. B. vielseitigkeitsausgebildete Mitarbeiter wesentlich flexibler einsetzbar, gleichzeitig ermöglichen sie auch die Verflachung von Hierarchien.

Personalmarketing

Früher	$\longrightarrow$	2,9
Heute	$\longrightarrow$	3,8
Zukünftig	$\longrightarrow$	5,1

Unter dem Aspekt des Personalmarketing-Ansatzes wurde Personalarbeit in der Vergangenheit in den Krankenhäusern fast nicht betrieben. In keinem der in die Befragung einbezogenen Krankenhäuser wurde ein durchgängiges Personalmarketing-Konzept angetroffen. Dies verwundert umso mehr, als gerade der Personalmarkt im Gesundheitswesen durchgängig stark umkämpft ist. 83 % der Personalleiter erklärten, sie hätten Schwierigkeiten, qualifiziertes Personal anzuwerben und zwar insbesondere im Bereich der Pflege. Es werden aber andererseits kaum Instrumente angewandt, die dabei unterstützen sollen die qualifiziertesten Mitarbeiter für das eigene Haus frühzeitig zu interessieren und gezielt anzuwerben.

Eingesetzt werden in der Regel die „klassischen" Instrumente der Anwerbung wie z. B. Anzeigen. Die meisten dieser Anzeigen sind aber eher einfallslos und lassen keinerlei Profilierung (Alleinstellung) gegenüber anderen Krankenhäusern zu (siehe Personalanzeige Bsp. A).

Allerdings sind auch „positive" Beispiele feststellbar: Anzeigen sollten eine präzise Formulierung über das gewünschte Anforderungsprofil enthalten. Von dem zukünftigen leitenden Arzt wird unternehmerisches Bewusstsein und die Beherrschung der wichtigsten betriebswirtschaftlichen Methoden und Entwicklungstechniken verlangt sowie die Fähigkeit ökonomisches Denken mit den Prinzipien der ärztlichen Ethik zu harmonisieren (siehe Personalanzeige Bsp. B).

RAUM NORDDEUTSCHLAND

Verwaltungsleiter

für 20 Einrichtungen im Seniorenbereich von privater Gesellschaft gesucht.
Fundierte Kenntnisse in EDV, Verwaltungsbereich, Finanzbuchhaltung,
Controlling und Organisation von Arbeitsabläufen sind neben kaufmän-
nischen und pflegesatzrechtlichen Kenntnissen gewünscht.
Durch weitere Expansionspläne bietet diese Position die Möglichkeit,
später die Geschäftsführung zu übernehmen.
Wir suchen auch das Gespräch mit geeigneten Persönlichkeiten, die heute
in der zweiten Reihe stehen und nun Verantwortung übernehmen wollen.
Wir freuen uns auf Ihre aussagefähige Bewerbung.

Personalanzeige Bsp. A

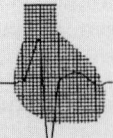

Max-Planck-Institut für physiologische und klinische Forschung, KERCKHOFF-KLINIK GMBH, BAD NAUHEIM

Die Kerckhoff-Klinik GmbH ist eine gemeinnützige Forschungs- und Fachklinik für Herz- und Kreislauferkrankungen des Erwachsenenalters mit 183 Betten. Die Klinik arbeitet eng mit dem unmittelbar benachbarten Max-Planck-Institut für physiologische und klinische Forschung, Kerckhoff-Institut, zusammen.

Für unsere Klinik wird in Übereinstimmung mit der in Gründung befindlichen William G. Kerckhoff-Stiftung, Herz- und Rheumazentrum Bad Nauheim, die Stelle

der Direktorin und Chefärztin/des Direktors und Chefarztes Kardiologie

ausgeschrieben. Sie soll zum nächstmöglichen Zeitpunkt besetzt werden und wird zunächst analog nach C4 vergütet.

Neben der klinischen Tätigkeit ist die Abteilung der Forschung verpflichtet. Die Stiftung beabsichtigt, ein Hessisches Forschungszentrum für Cardiovaskuläre Medizin zu errichten, welche die Universitäten Gießen und Frankfurt, das Max-Planck-Institut für physiologische und klinische Forschung, Kerckhoff-Institut und die Kerckhoff-Klinik wissenschaftlich zusammenfügt. In diesem Rahmen ist vorgesehen, die Spitzenposition mit einer C4-Stiftungsprofessur an einer Hessischen Universität zu verbinden.

Die kardiologische Klinik verfügt gegenwärtig über 100 Betten.
Zur Zeit werden jährlich 5300 stationäre und 4000 ambulante Patienten kardiologisch behandelt. In der Kardiochirurgie werden 2200 Patienten versorgt.

Wir erwarten die Bewerbung von habilitierten Fachärzten/Fachärztinnen für Innere Medizin und Kardiologie mit Führungs- und Fachkompetenz.
Die fachliche Ausrichtung der Klinik erfordert eine Persönlichkeit, die den internationalen wissenschaftlichen und klinischen Entwicklungen gerecht wird.
Erfahrung in modernen, nichtinvasiven und invasiven, diagnostischen und therapeutischen Verfahren wird vorausgesetzt. Wünschenswert sind Kenntnisse auf dem Gebiet der Kernspintomographie des Herzens. Weiterhin sollte Interesse für Molekularbiologie und Gentechnologie vorhanden sein.

Ein Erfolgsfaktor der Klinik ist kollegiale, funktions- und berufsgruppenübergreifende Zusammenarbeit und prozeßorientierte Arbeitsteilung.
Die Bewerberin/der Bewerber muß über die Fähigkeit zur Kooperation mit den Ärztinnen/Ärzten der anderen Fachdisziplinen und der Krankenhausleitung verfügen und bereit sein, sich – insbesondere auch im Hinblick auf die Wirtschaftlichkeit – für das Krankenhaus als Ganzes einzusetzen.

Für telefonische Auskünfte steht Ihnen die Geschäftsführung unter der Telefonnummer 0 60 32/9 96-3 03 zur Verfügung. Ihre aussagefähige Bewerbung mit den üblichen Unterlagen inklusive eines Verzeichnisses Ihrer wissenschaftlichen Arbeiten erbitten wir innerhalb von 4 Wochen nach Erscheinen dieser Anzeige an die

Geschäftsführung der Kerckhoff-Klinik GmbH
Benekestr. 2–8, 61231 Bad Nauheim

Personalanzeige Bsp. B

Für die Zukunft allerdings sehen die Befragten hier einen deutlichen Arbeits-
schwerpunkt der Personalabteilung. Bemerkenswert waren die Aussagen in den
ergänzenden Einzelinterviews, die die einseitige Fokussierung des Personalmarke-
tings auf Personalanwerbung und Personalauswahl deutlich machten. Personalmarketing im Sinne eines ganzheitlichen Management-Ansatzes, der Anwerbung,
Einsatz und Entwicklung der Ressource Personal in Abhängigkeit vom Beschaf-

fungsmarkt und unter strategischer Orientierung am Absatzmarkt eines Krankenhauses ausrichtet, wurde bei keinem der Befragten inhaltlich vermutet.

Personalmarketing ist eine Handlungsphilosophie der aktiv gestaltenden Personalarbeit, die den Einsatz der Ressource Personal an den Erfordernissen und die Entwicklung des Krankenhaus-Kerngeschäftes ausrichtet und dabei die Rahmenbedingungen des Personalbeschaffungsmarktes gestaltend berücksichtigt.

Im Rahmen des Personal-Marketing ist es eine wichtige Aufgabe des Personalmanagements, dauerhaft attraktive Arbeitsplätze bereitzustellen. Aus Mitarbeitersicht bestehen im Hinblick auf die Attraktivität des Arbeitsplatzes klare Vorstellungen, die auf Grund einer Befragung von 93 Mitarbeitern der dritten Führungsebene von Diakonie-Krankenhäusern in zwei Strategieworkshops herausgearbeitet worden sind (siehe Abb. 7.16).

Personalbeschaffung

Früher	$\longrightarrow$	4,0
Heute	$\longrightarrow$	4,6
Zukünftig	$\longrightarrow$	4,9

Der Aufgabenbereich der Personalbeschaffung nimmt an Bedeutung zu. Dies hängt einerseits mit der Ausrichtung der Personalarbeit auf die Philosophie des Personalmarketing zusammen, andererseits entstehen erfahrungsgemäß die höchsten Personalkosten durch falsche Personalbeschaffung. An dieser Stelle ist Personalmanagement gefordert: Es gilt durch geeignete Anwerbungs- und Auswahlinstrumente sicherzustellen, dass die „richtigen" Mitarbeiter mit vertretbarem Aufwand zeitgerecht beschafft werden. Instrumente wie Assessment-Center, Leistungsbeurteilung während der Probezeit, Potenzialanalysen bei Bewerbern werden in Zukunft an Bedeutung gewinnen. Aus Ansätzen des Human Resource Accounting ist bekannt, dass durch gezielte Personaleinstellungsmaßnahmen spätere Folgekosten in Form von Fluktuation, Know-how-Abfluss durch Mitarbeiter, die das Unternehmen vorzeitig verlassen, Anwerbungs- und Auswahlkosten usw. vermindert werden können (Quelle: Organisationsentwicklung, von Eiff, S. 218).

Vergütungssysteme

Früher	$\longrightarrow$	3,3
Heute	$\longrightarrow$	3,9
Zukünftig	$\longrightarrow$	4,6

In der Einschätzung der Befragten nimmt die leistungsorientierte und motivationsfördernde Gestaltung von Anreiz-Beitrags-Systemen insbesondere im Rahmen von Vergütungssystemen in Zukunft einen hohen Stellenwert ein. Die Wichtigkeit geeigneter Anreiz-Beitrags-Systeme zur Entwicklung und Stabilisierung einer kunden- und leistungsorientierten Unternehmenskultur ist auch auf Grund vorliegender Erfahrungen im industriellen sowie im dienstleistenden Bereich unumstritten.

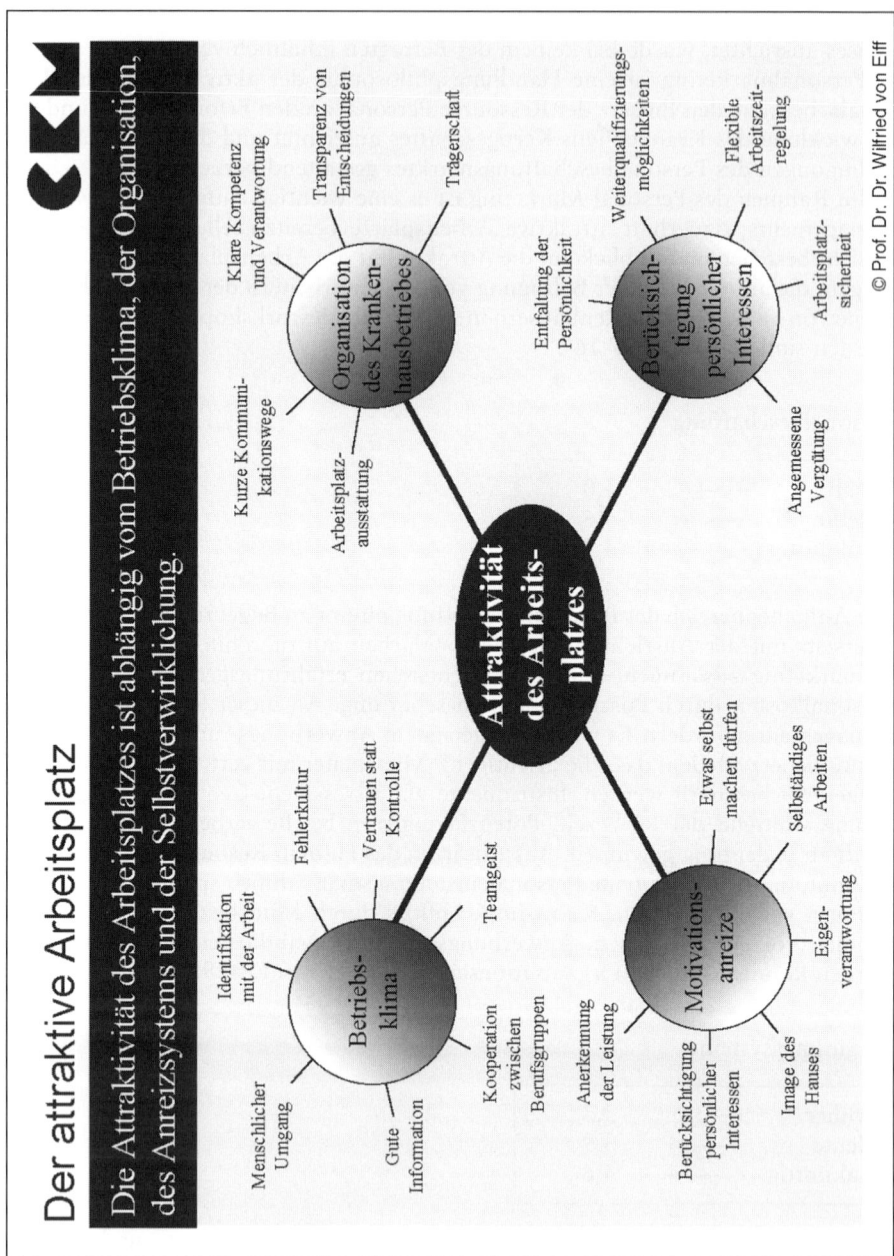

Abb. 7.16: Der attraktive Arbeitsplatz aus Sicht von 93 Mitarbeitern der mittleren Hierarchieebene aus 32 verschiedenen Krankenhäusern.

Die größte Herausforderung wird darin bestehen, die BAT-Strukturen in den Krankenhäusern aufzubrechen und gegen ein leistungsorientiertes Entgeltsystem zu ersetzen. Auffallend ist, dass die wenigsten Befragten das Vergütungssystem mit einem entsprechenden Leistungsbeurteilungssystem verbinden. Beide Komponenten bedingen sich aber gegenseitig.

Personalfreisetzung

Früher	$\longrightarrow$	2,8
Heute	$\longrightarrow$	4,3
Zukünftig	$\longrightarrow$	4,4

Personalfreisetzung wird von den Befragten zum gegenwärtigen Zeitpunkt als wichtiges Kerngeschäft der Personalabteilung gesehen. Hierin kommt die aktuelle Kostensenkungspolitik im Krankenhaus zum Ausdruck: Weil 70 % der Gesamtkosten eines Krankenhauses Personalkosten sind, werden kurzfristig Einsparerfolge durch Personalabbau angestrebt. In Zukunft sind aber die Krankenhäuser verstärkt in ihrer Dienstleistungsfunktion gefordert, die in erster Linie fachlich qualifiziertes und kundenorientiertes Personal verlangt. Umso mehr verwundert die Einschätzung der Personalleiter, dass auch in Zukunft Personalabbau in großem Stil erforderlich sein wird. Diese Einschätzung korrespondiert auch mit der zukünftigen Aufgabe Reorganisationsmaßnahmen durchzuführen und von der Personalabteilung verantwortlich zu begleiten.

Personalcontrolling

Früher	$\longrightarrow$	3,2
Heute	$\longrightarrow$	4,8
Zukünftig	$\longrightarrow$	5,3

Personalcontrolling nimmt in der Einschätzung der Befragten in Zukunft noch weiter an Stellenwert zu. Allerdings ist auch hier anzumerken, dass die meisten Befragten ein eingeschränktes Controllingverständnis haben, das die Zahlen des Rechnungswesens in den Mittelpunkt der Entscheidungsbildung stellt. Der Faktor Personal wird vorwiegend als Kostenfaktor betrachtet. Über Personalcontrolling-Aufgaben, die den Faktor Personal als Investitionsgut ansehen und auf die Steuerung zukünftiger Wertschöpfungsbeiträge der Ressource Personal abzielt, bestehen unter den Befragten kaum Ideen und Vorstellungen.

Um es deutlich zu machen: Personalcontrolling meint erst in zweiter Linie die Beeinflussung von Kosten, die rund um den Faktor Personal auftreten. In erster Linie zielt ein leistungsorientiertes Personalcontrolling darauf ab, die Problemlösungsfähigkeit der Mitarbeiter zu erhöhen und dadurch Effizienzverbesserungen im Kerngeschäft zu erreichen.

Auch Investitionen im Bereich Sozialqualität haben zum Ziel die Kundenorientierung zu verbessern und dadurch den Ruf des Hauses positiv im Meinungsbild der Öffentlichkeit zu verankern. Bisher sind die Vorstellungen der Personalleiter über Personalcontrolling noch zu dominant auf Budgetorientierung und z. B. auf Kontrollen von Nachtwachenumfängen ausgerichtet sowie von der Durchführung von Kostenreduktionsprogrammen im Personalbereich geprägt. Personalcontrolling im Sinne von leistungsorientierter und bedarfsgerechter Steuerung der Ressource Personal ist primär orientiert auf die Gestaltung der „Führungsbilanz" (siehe Abb. 7.17) und stellt „die Wertschöpfungs-Frage" (siehe Abb. 7.18).

Personalmanagement ist gefordert, ...

... der Philosophie eines leistungsorientierten Personalcontrolling zum Durchbruch zu verhelfen.

7.7 Die Evolution von der Personalverwaltung zum Personalmanagement

Ein aktives Personalmanagement als Gegensatz zur Personalverwaltung trägt zur Wertschöpfungsentwicklung des gesamten Unternehmens Krankenhaus bei. Die Aufgaben einer gestaltenden Personalabteilung resultieren aus dem so genannten Personal-Marketing-Ansatz: Personalmanagement beginnt bei der marketingmäßigen Profilierung des Unternehmens, das dauerhaft interessante Arbeitsplätze zu bieten hat, steuert Personalanwerbung, Auswahl, Personaleinsatz und Personalentwicklung bis hin zum Austritt des Mitarbeiters aus dem Unternehmen. Personalmanagement entwickelt darüber hinaus Anreizsysteme, personalpolitische Leitlinien und Führungsgrundsätze. Organisations-Entwicklungs-Beratung (Coaching), Entwicklung von Personalführungsinstrumenten, Problemlösungstraining und Controlling der Ressource Personal gehören weiterhin zum anspruchsvollen Aufgabenkanon „moderner" Personalarbeit.

Personalmanagement ist ganzheitlich orientiert. Unter Personalmarketing ist die Handlungsphilosophie der aktiv gestaltenden Personalarbeit zu verstehen, die den Einsatz und die Entwicklung der Ressource Personal an den Erfordernissen des Krankenhaus-Kerngeschäftes ausrichtet und dabei die Rahmenbedingungen des Personalbeschaffungsmarktes berücksichtigt (siehe Abb. 7.19).

In den Krankenhäusern wird dieser strategische Anspruch der Personalabteilung weitgehend nicht von der Akzeptanz durch Ärzte und Pflegekräfte getragen; bisher dominiert die klassische Verwalterrolle. Der Personalchef nimmt eine umstrittene Position im Spannungsfeld innerhalb des Krankenhauses ein: Er agiert im Rollenkonflikt zwischen Administrator, Kostenreduzierer und Manager der Human Resources.

Personalarbeit in deutschen Krankenhäusern mutet zwiespältig an: Auf der einen Seite mangelt es nicht an dem Anspruch, Personalarbeit müsse im Sinne von Human Resource Management eng mit der strategischen Entwicklung des Unternehmens gekoppelt sein. Auf der anderen Seite offenbart sich vielerorts eine traurige Realität: die Personalabteilungen administrieren den „Kostenfaktor: Personal" und realisieren als auftragnehmender Dienstleister der Betriebsleitung Personalreduktionsprogramme. Die Ressource Personal degeneriert vor dem Hintergrund

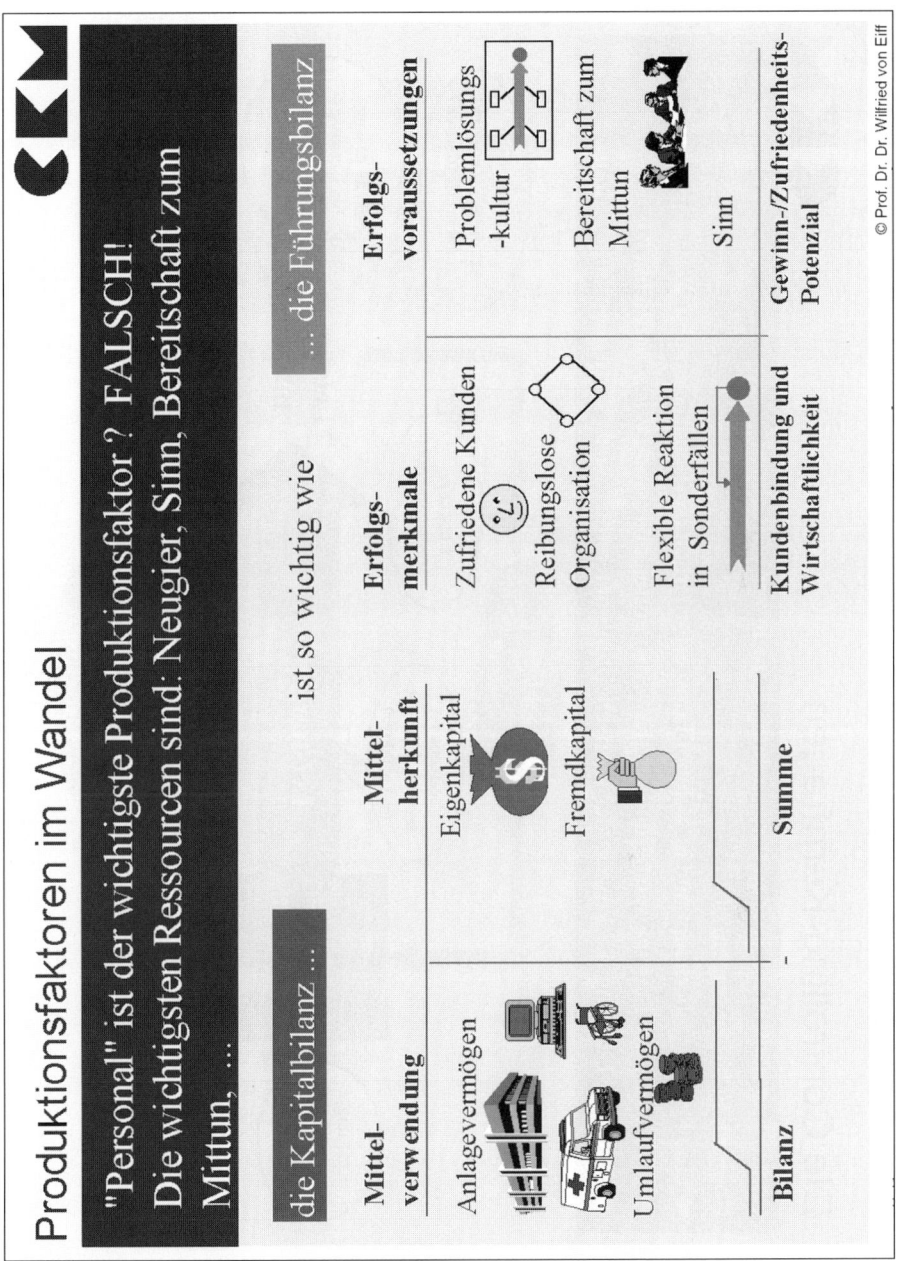

Abb. 7.17: Produktionsfaktoren im Wandel: Neugier, Sinn, Bereitschaft zum Mittun sind die Erfolgsfaktoren.

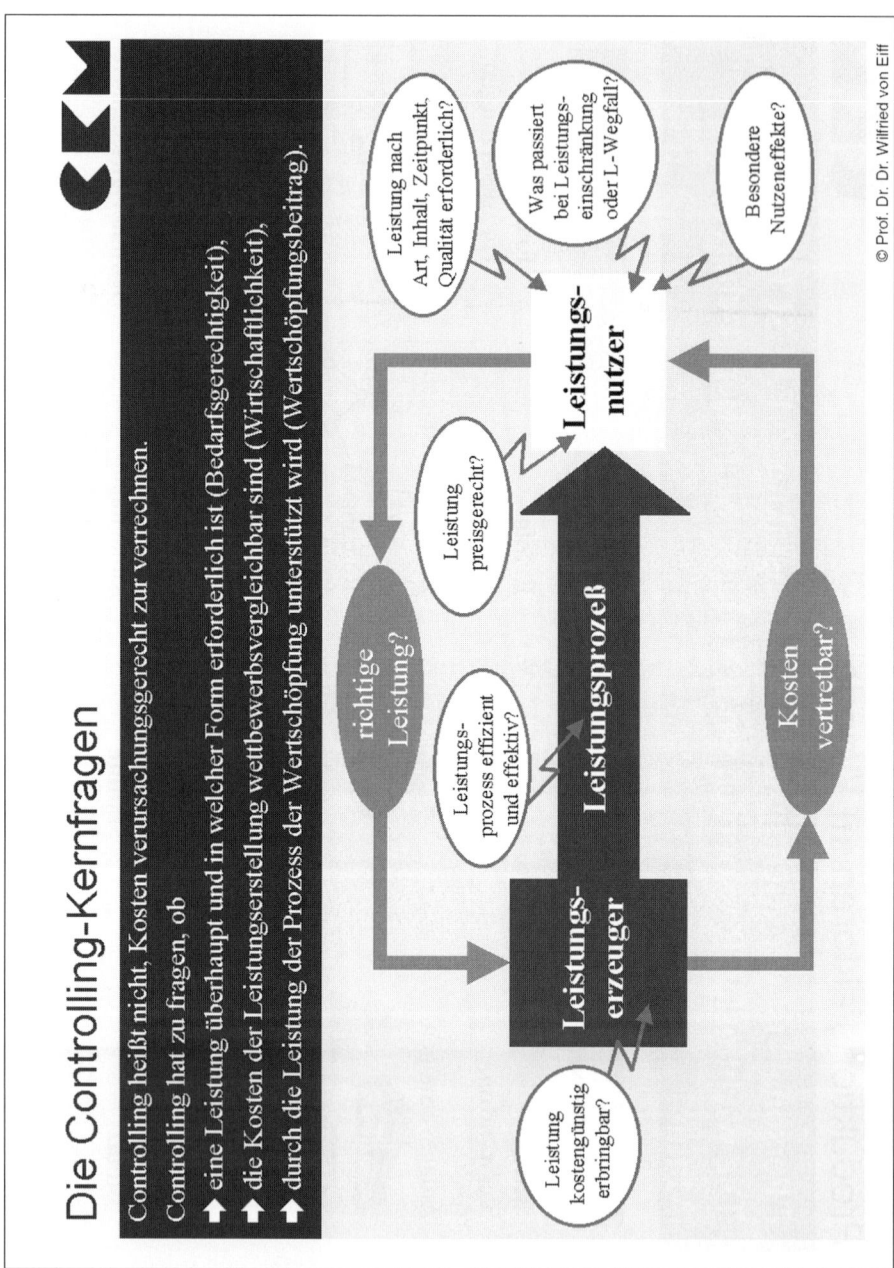

Abb. 7.18: Controlling „weiß es nicht besser", sondern „weiß, die richtigen Fragen zu stellen".

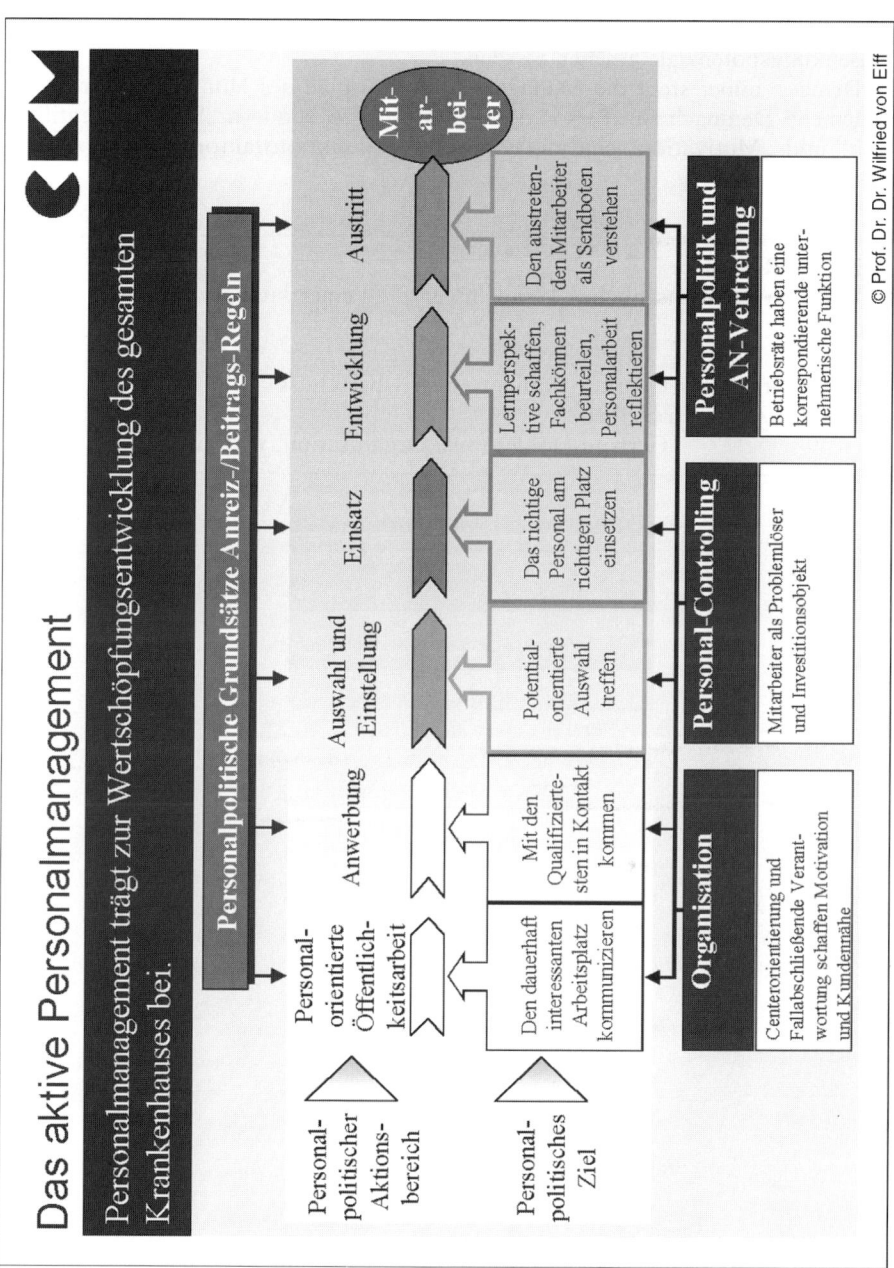

Abb. 7.19: Der prozessorientierte Ansatz: Das aktive Personalmanagement ist eine wertschöpfende Funktion im Unternehmen.

dieses Rollenverständnisses zum Rationalisierungsfaktor, in dem kurzfristige Kostensenkungspotenziale gesehen werden.

Demgegenüber steht die Management-Philosophie des Human Resource Management: Demnach ist „Personal" keine Resource, sondern „Sinn", „Identifikation" und „Motivation" sind die wirklichen Produktionsfaktoren, die es zu aktivieren gilt.

„ … "

Sinn als Ressource
„Der Sinn des menschlichen Handelns wird zu einer knapper werdenden Ressource."

Jürgen Habermas

„Eine Unternehmenskultur braucht einen Überschuss an Sinnangeboten, um überlebensfähig zu bleiben."

Gertrud Höhler (aus: Organisation, von Eiff (Hrsg.), 1991)

8 Erkenntnisse und Empfehlungen für die Personalarbeit auf dem Weg von der Personalverwaltung zum Personalmanagement

8.1 Tendenziell frustrierende Rahmenbedingungen

Organisationsstruktur sowie Sozialkultur sind in Krankenhäusern so angelegt, dass durch sie...

- ...Frustration erzeugt wird, obwohl die dort verrichteten Tätigkeiten, die wahrgenommenen Aufgaben, die ethisch anspruchsvolle Verknüpfung der Aufgabeninhalte mit humanen und ökonomischen Aspekten ein hohes Maß an Selbstmotivation und persönlicher Befriedigung ermöglichen;
- ...Engagementpotenziale von Mitarbeitern zu wenig genutzt werden, um Behandlungsqualität systematisch zu verbessern und Kosten zu senken;
- ...kaum Möglichkeiten geboten werden Führung zu lernen, da Organisation und Führungsprinzipien hierarchisch geprägt und durch Standes- und Berufsgruppendenken dominiert sind;
- ...Kunden- und Prozessorientierung Nachrang hat nach Funktions- und Abteilungsdenken: **die** Pflege, **der** Arzt, **die** Verwaltung, statt z. B. **der Beschaffungsprozess** von der Standardisierung über Beschaffungsmarketing bis zum bedarfsgerechten und wirtschaftlichen Produkteinsatz.

8.2 Handlungsbedarf für das Krankenhaus- und Personalmanagement

(1) Das Krankenhaus wird beeinflusst durch gestiegene Erwartungen und Anforderungen aller Anspruchsgruppen. Die ‚Neue Marktdynamik‘ löst einen Verdrängungswettbewerb im Gesundheitswesen aus.

(2) Die wenigsten Krankenhäuser sind organisationskulturell und von ihrem Führungs- und Organisationskonzept her gesehen ausreichend auf die Anforderungen der „Neuen Marktdynamik" im Gesundheitswesen vorbereitet: Center-Organisation, Cirkel-Kultur und Problemlösungsfähigkeit als „Standardfähigkeit" möglichst vieler Mitarbeiter sind nur ansatzweise erkennbar.

(3) Um die Sozialqualität in deutschen Krankenhäusern ist es offenbar schlecht bestellt. Gerade im Bereich Kommunikation und Zusammenarbeit werden von allen Berufsgruppen im Krankenhaus massive Nachholbedarfe reklamiert.

(4) In den meisten Krankenhäusern ist die Personalfunktion im Sinne einer aktiv gestaltenden Managementfunktion deutlich unterrepräsentiert; Personalabteilungen in Krankenhäusern haben eher verwaltende und ausführende Aufgabenstellungen und sind weniger mit innovativ gestaltenden Aufgaben ge-

fordert. Personalpolitische Aufgaben, wie z. B. Entwicklung von Anreizsystemen und Führungsgrundsätzen, Beratungskompetenz in Organisations-Entwicklungs-Projekten, im Rahmen von Konflikt-Management und Reorganisations-Beratung wird den meisten existierenden Personalabteilungen tendenziell nicht zugetraut. Insbesondere an den Informations- und Entscheidungsprozessen über die strategische Weiterentwicklung des Krankenhauses sind die Personalabteilungen in Krankenhäusern im Regelfall kaum qualifiziert beteiligt.

(5) Das Personalmanagement i. S. einer aktiv gestalteten Funktion, die gemeinsam getragen wird von Führungskräften, Personalabteilung sowie Arbeitnehmervertretern und auf dem Konzept der leistungsorientierten Führung basiert, hat in den Krankenhäusern noch einen zu geringen Stellenwert. Insbesondere von den Ärzten wird die Bedeutung für die Unterstützung des Kerngeschäfts unterschätzt.

(6) Die Verwendung von Personalführungstechniken, wie sie sich in der Industrie bewährt haben, steht im Krankenhaus erst am Anfang: Assessment Center, Bewertungssysteme, leistungsorientierte Vergütung, Führen im Entscheidungsprozess, Konferenztechnik, Führungstechnik, Zielvereinbarungen, Führungsverhalten müssen in den Personalabteilungen im Krankenhaus Einzug finden.

(7) Laufbahnsysteme mit geplantem Wechsel in Fach- und Führungslaufbahn, Job Rotation als Instrument zur Entwicklung einer lernenden Organisation usw. werden in den Krankenhäusern derzeit eher skeptisch betrachtet bzw. im Fall der berufsgruppenübergreifenden Job Rotation sogar abgelehnt.

(8) Die Bedeutung des „Erfolgsfaktors: Unternehmenskultur" wird noch zu gering eingeschätzt; hier existiert ein echter Nachholbedarf im Führungsverständnis vieler Krankenhausmanager (bzw. -verwalter). Konstruktive Fehlerkultur, fallabschließende Verantwortung, etc. sind noch Fremdworte.

(9) Die meisten Führungskräfte im Krankenhaus sind sich ihrer Führungsrolle nicht bewusst und die wenigsten sind auf diese Rolle fundiert vorbereitet. Die Chefarztkarriere ist dominant an der Fachqualifikation orientiert, häufig in Verbindung mit hoher Spezialisierung und in Kombination mit wissenschaftlichen Leistungen. Das der Realität entsprechende Karrierekriterium wird damit immer noch am Fähigkeitsprofil des fachlich hoch qualifizierten Einzelkämpfers festgemacht. Die Grenzen seiner individuellen Leistungsfähigkeit erlebt der „Fachmanager", wenn es gilt, ein Team, eine Abteilung, einen krankenhausweiten oder regionalen Leistungsverbund zu dirigieren. Im Krankenhaus ist es wie in der Industrie: Durch die Beförderung des besten Fachspezialisten in der Führungslaufbahn bekommt das Unternehmen eine schlechte Führungskraft und verliert gleichzeitig einen qualifizierten Fachmann.

(10) Im Verhältnis zum Ausland haben deutsche Krankenhäuser „kulturellen" Nachholbedarf. In deutschen Krankenhäusern dominiert derzeit noch der „3-K-Stil". Es kommt in Zukunft darauf an, in die Krankenhäuser schrittweise den „3-F-Stil" einzuführen (siehe Abb. 8.1).

(11) Die meisten Führungskräfte im Krankenhaus sind sich ihrer Führungsrolle nicht bewusst und die wenigsten sind auf diese Rolle fundiert vorbereitet. Folgende Anforderungen werden heute und in Zukunft an eine Führungskraft gestellt:

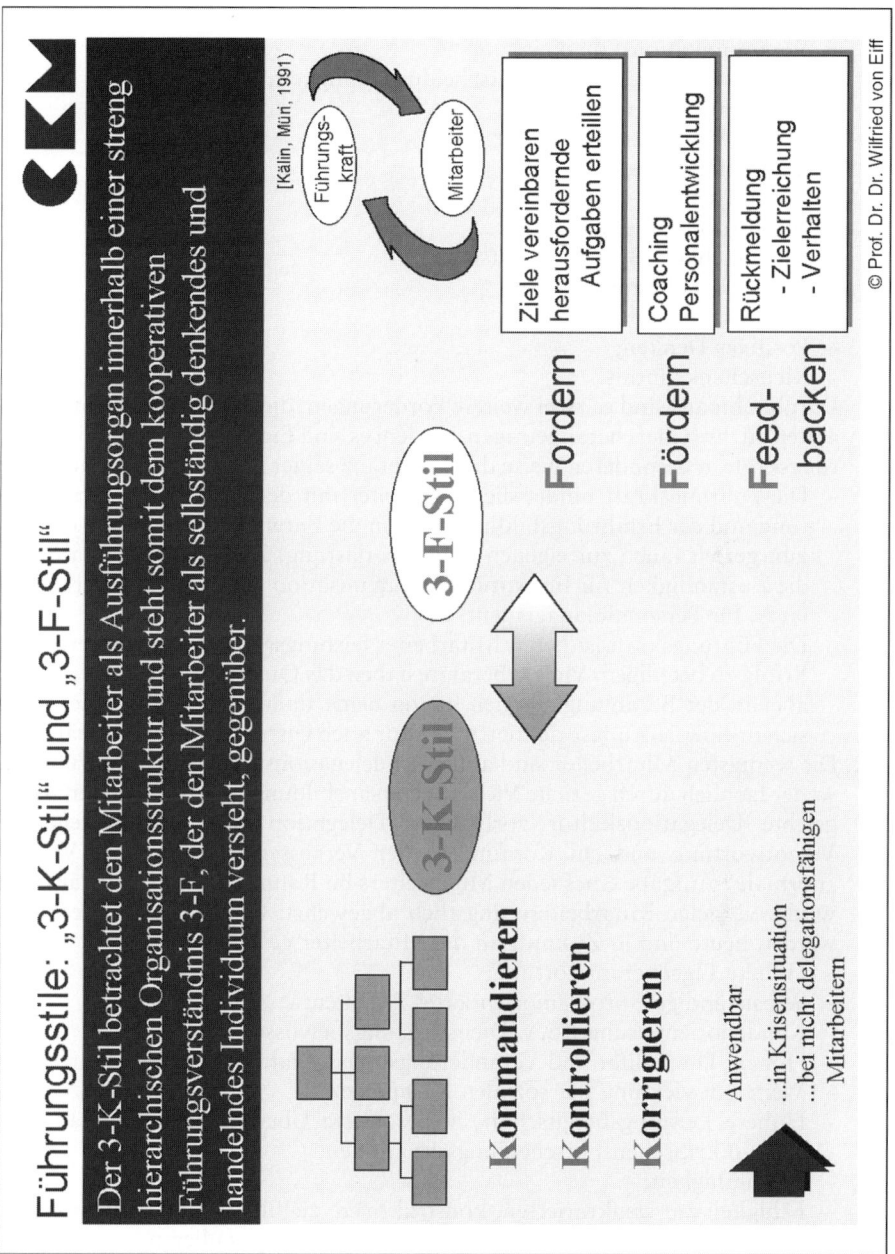

Abb. 8.1: Während der „3-K-Stil" nach Aussage von Krankenhausmitarbeitern noch häufig in den deutschen Krankenhäusern gepflegt wird, wirkt sich der „3-F-Stil" positiv auf die Unternehmenskultur aus, allerdings sind die Führungskräfte überwiegend der Meinung, die Mitarbeiter seien für diesen Stil nicht reif.

- Fachqualifikation;
- Kommunikationsfähigkeit;
- Durchsetzungsvermögen, Entscheidungsfähigkeit;
- Kooperationsfähigkeit;
- Coach-Fähigkeit;
- Innovationsfähigkeit;
- Vorbild sein;
- Motivationsfähigkeit;
- Persönlichkeit, Selbstbewusstsein;
- Ehrlichkeit, Beständigkeit;
- Organisationsfähigkeit;
- Positives Denken;
- Menschenkenntnis.

Darüber hinaus sind es zwei weitere Forderungen, die insbesondere von Oberärzten an ihre Chefs herangetragen werden; es sind Eigenschaften, die eine Führungskraft in besonderer Weise die Akzeptanz seiner Mannschaft garantieren:

- Die Führungskraft bindet die Mitarbeiter mit dem Ziel der Lernorientierung und der Erfahrungsbildung aktiv in die Entwicklungsprozesse ein und gibt gezielt (auch zur eigenen Arbeitsentlastung) Zuständigkeiten ab; z. B. die Zuständigkeit für Investitionen, Organisation des täglichen Betriebsablaufs, für Personalmanagement, etc.
- Die Führungskraft ist bereit Mitarbeiter leistungsgerecht auch materiell am Erfolg zu beteiligen. Viele Oberärzte haben das Qualitätsniveau ihrer Chefs, aber in der Bezahlung trennen häufig beide finanzielle Welten; dies muss sich in einer leistungsorientierten Kultur auch leistungsorientiert verändern.

(12) Die wenigsten Mitarbeiter sind auf einen delegationsorientierten Führungsstil weder fachlich durch gezielte Vielseitigkeitsausbildung noch mental durch eine gelebte Delegationskultur vorbereitet. Delegation von fallabschließender Verantwortung und ein Kontinuierlicher Verbesserungs-Prozess (KVP) als „normale" Aufgabe eines jeden Mitarbeiters im Rahmen seiner Stellenaufgabe wird von vielen Mitarbeitern ängstlich abgewehrt. Folgende Anforderungen werden heute und in Zukunft an die Mitarbeiter gestellt:

- Höhere Eigenverantwortung;
- Selbstständiges, problemorientiertes Arbeiten;
- Kundenorientierung i. S. v. Dienstleistungsbewusstsein;
- Höhere Flexibilität und Veränderungsbereitschaft;
- Weiterentwicklung der sozialen Kompetenz;
- Höhere Leistungsbereitschaft, insbesondere Übernahme von Verantwortung in kritischen Entscheidungssituationen;
- Teamfähigkeit;
- Fähigkeit zur strukturierten, konstruktiven, zielführenden Diskussion;
- Fähigkeit Probleme zu erkennen und präzise zu formulieren.

Diese Fähigkeitsstrukturen sind unverzichtbare Voraussetzungen zur Einführung von Organisations- und Führungsformen, die an Gruppenarbeitsstrukturen orientiert sind und zwei Gestaltungsrichtungen für die Krankenhausorganisation ermöglichen:

- Verbreiterung der Leitungsspanne,
- Verkürzung der Hierarchie (wie z. B. im Konzept des Primary Nursing).

(13) Welche Voraussetzungen sind zu erfüllen, um Mitarbeiter „delegationsfähig" zu entwickeln? Weder die regelmäßige Fachfortbildung noch wissensvermittelnde Seminare können dieses Lernziel unterstützen. Gefragt ist eine Personalentwicklung, durch die

– Problemlösungsfähigkeit in sog. „Organisationsfamilien" an konkreten Fragestellungen des Tagesgeschäfts trainiert wird;
– Lernen durch systematisches Probieren und aktives, verantwortliches Tun ermöglicht wird;
– der Geschäftsprozess als Lernfeld begriffen wird und nicht die aktuelle Funktion.

Die Weiterbildungsschwerpunkte müssen in Zukunft so ausgelegt sein, dass neben der fachlichen Professionalisierung insbesondere unternehmerische Kompetenz, Problemlösungsfähigkeit und Geschäftsprozessverständnis vermittelt werden. Kommunikations- und Problemlösungsfähigkeit sowie Kenntnis der Geschäftsprozesse sind die Ziele einer Lernkultur (siehe Abb. 8.2). Herausfordernde Führungskonzepte mit Kundenorientierung und Mitarbeiterengagement setzen zwei Vorleistungen voraus:

– die Delegation von ganzheitlicher Problemlösungsverantwortung nach dem Prinzip der fallabschließenden Verantwortung und
– die „Vielseitigkeitsausbildung" der Mitarbeiter, die notwendig ist, um die delegationsgeforderten Kollegen nicht unfair zu überfordern.

(14) Führung hat die Aufgabe den Mitarbeiter zu fordern, aber gleichzeitig auch die Verpflichtung alle notwendigen unterstützenden Rahmenbedingungen zu gewähren, durch die ansonsten der Arbeitserfolg gefährdet wäre. Führung muss den Mitarbeiter „loslassen", damit er aus eigener Erfahrung und aus eigenen Fehlern lernen kann. Aus Fehlern lernen heißt dem Mitarbeiter die Möglichkeit zu geben, den gemachten Fehler zu erkennen sowie durch selbst entwickelte Maßnahmen abzustellen.

(15) Die Weiterbildung muss in den Krankenhäusern ganzheitlich sein und insbesondere Kundenorientierung und den Umgang mit „geheimen Regeln" enthalten (siehe Abb. 8.3).

(16) In Zukunft müssen auch die Möglichkeiten von personalpolitischen Instrumenten wie Job Rotation, Trainee-Programme und Laufbahnsysteme konsequenter zur Erörterung von Vielseitigkeitsqualifikation ausgenutzt werden.

Die Qualifikationsanforderungen in der Arbeitswelt verändern in den nächsten Jahren ihren fachlichen und überfachlichen Anspruch: Problemlösungs- und Methodenkompetenz in Verbindung mit der Fähigkeit zielführend zu kommunizieren rangieren in Zukunft mit einem hohen Stellenwert sowohl bei Mitarbeitern als auch bei Führungskräften (siehe Abb. 8.4).

Entsprechend muss das Aufgabengebiet einer leistungsorientierten Personalarbeit auf solche Schwerpunkte gelegt werden, die dazu führen, dass von der Personal-Management-Funktion eine wertschöpfende Wirkung für das Kerngeschäft des Krankenhauses ausgeht.

Zukünftige Aufgabenschwerpunkte des Personalmanagements im Krankenhaus liegen in den Bereichen Weiterbildung, Organisation, Führung, Personalpolitik sowie Organisationsentwicklung (siehe Abb. 8.5).

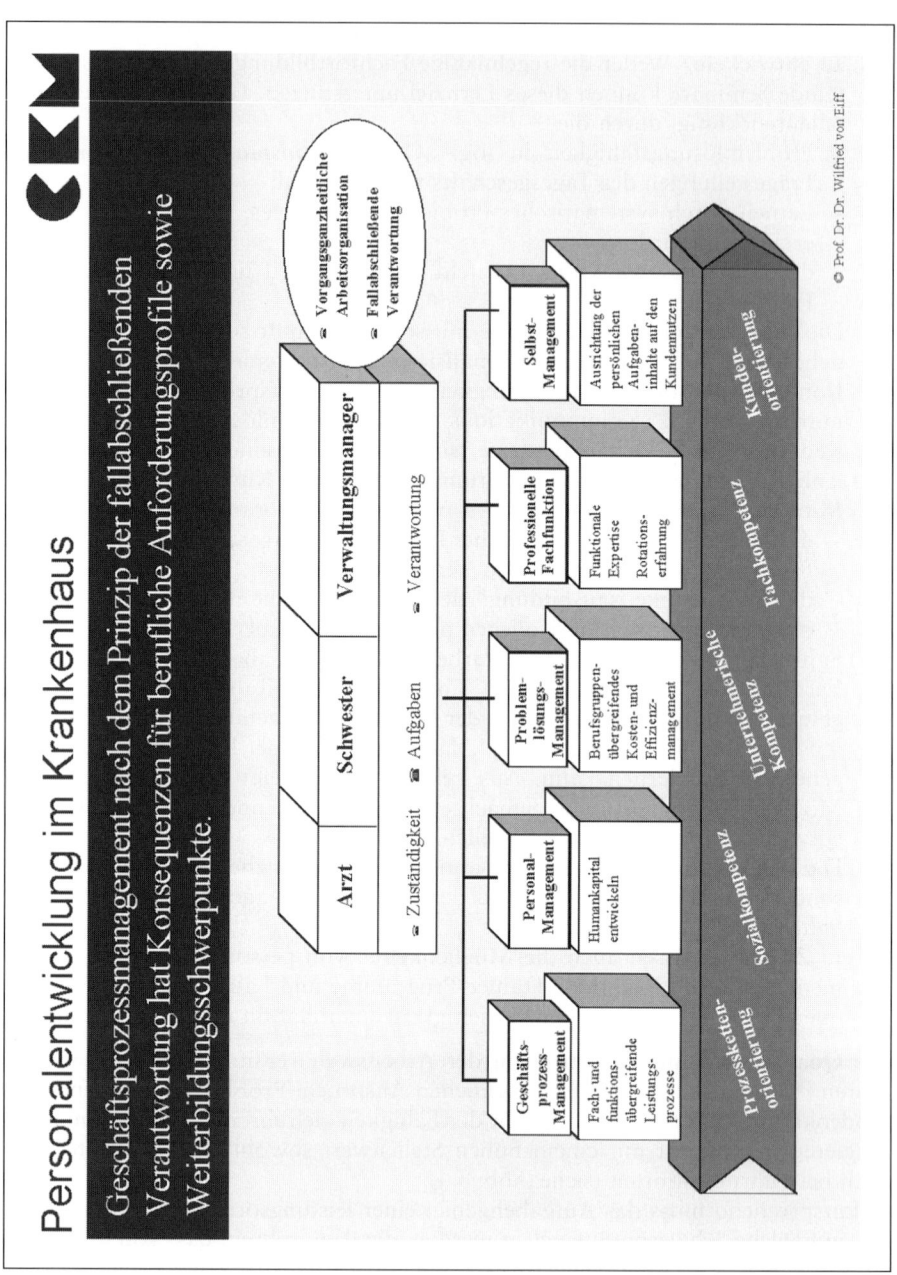

Abb. 8.2: Kommunikations- und Problemlösungsfähigkeit sowie Kenntnis der Geschäftsprozesse sind die Ziele einer Lernkultur.

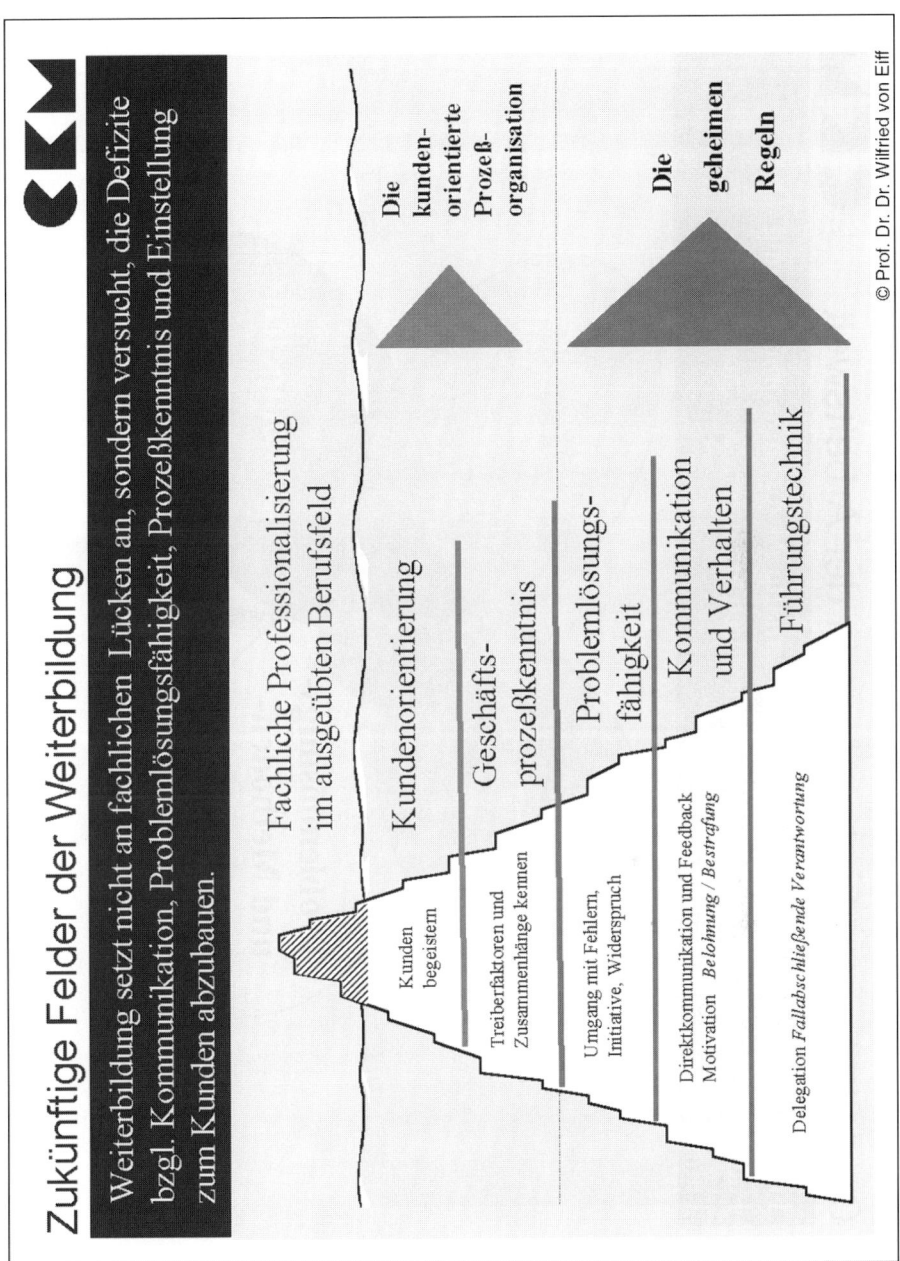

Abb. 8.3: Weiterbildungskonzepte müssen auf Vielseitigkeit und kulturelle Kompetenz ausgelegt sein, um Mitarbeiter und Führungskräfte auf Organisationskonzepte wie Gruppenarbeit und Center-Steuerung vorzubereiten.

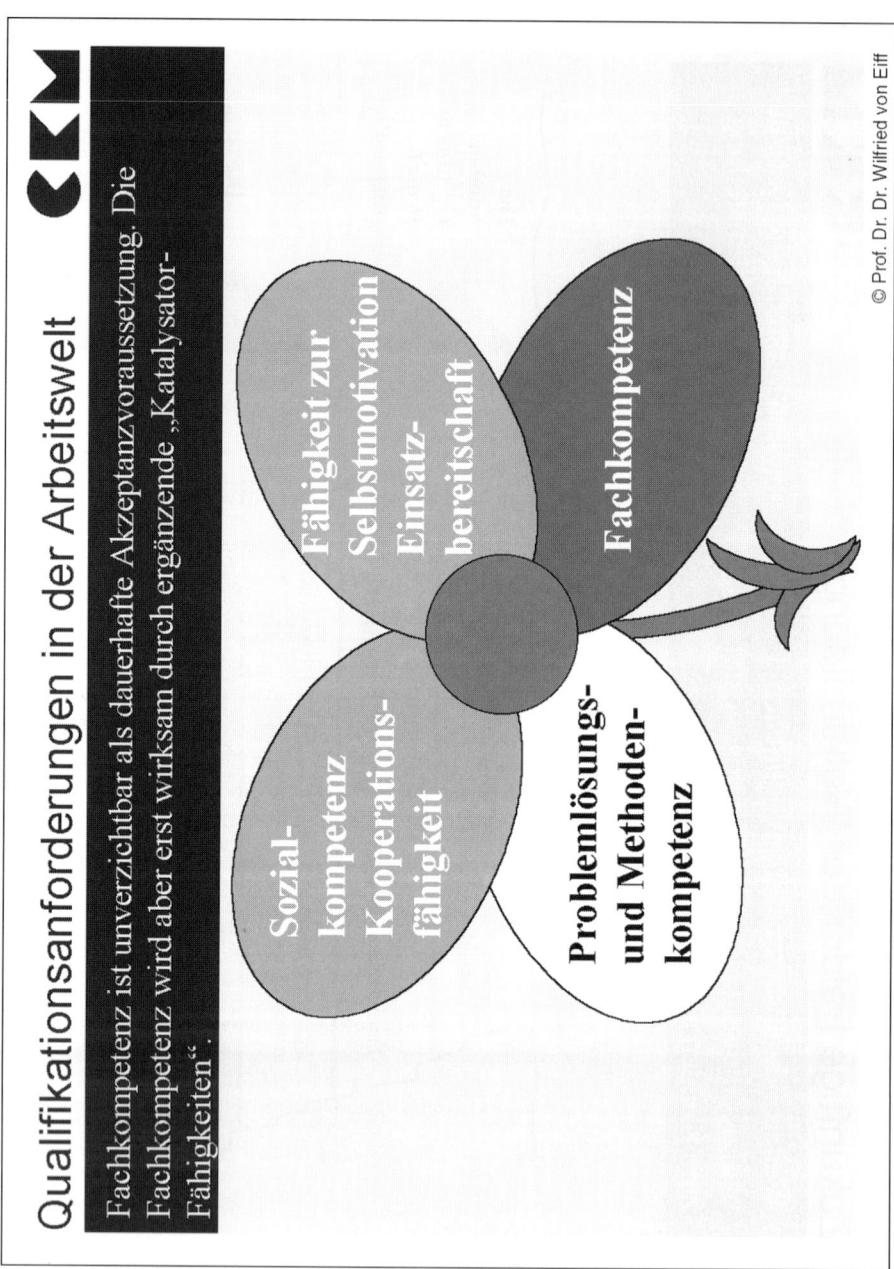

Abb. 8.4: Qualifikationsanforderungen in der Arbeitswelt werden in Zukunft breiter ausgeprägt sein.

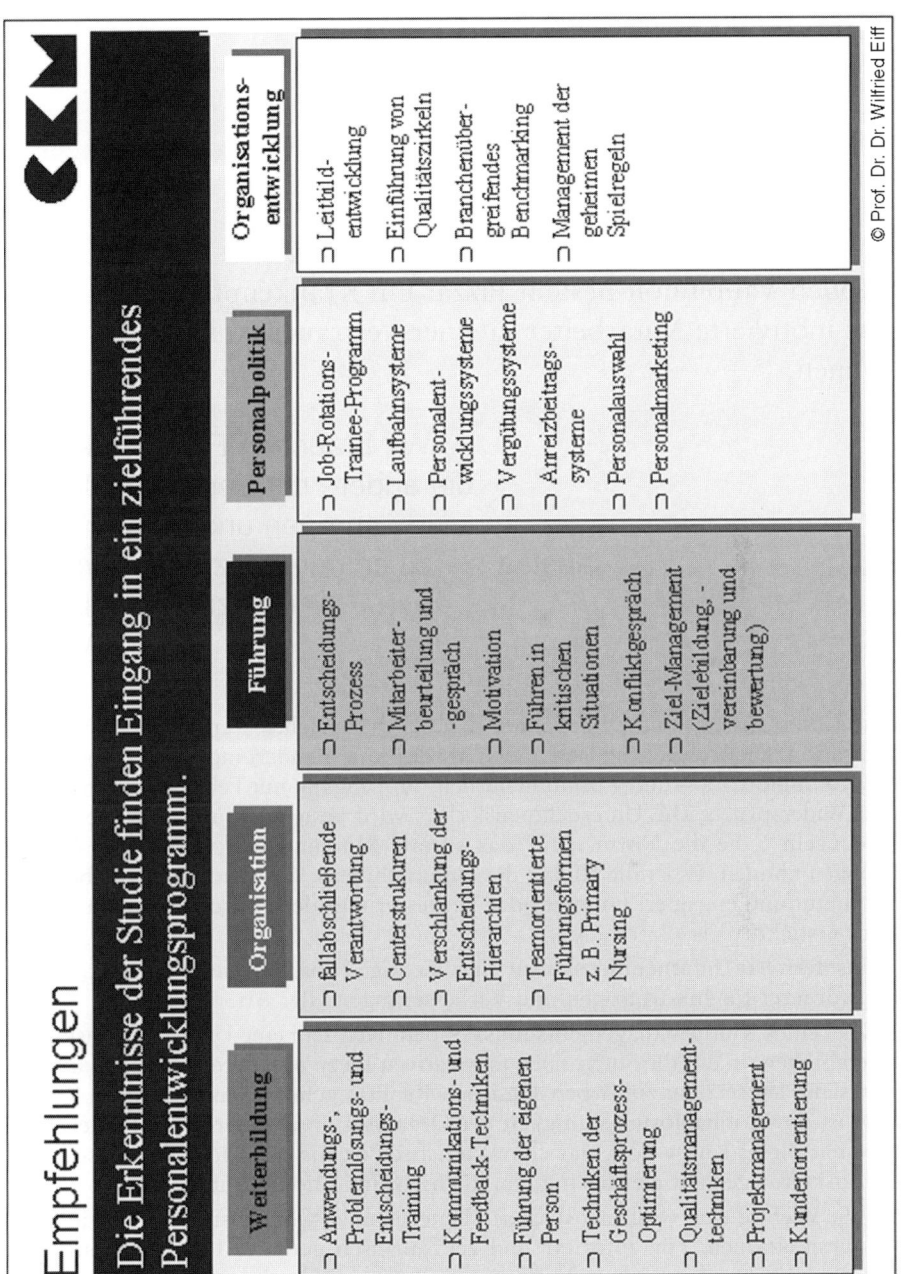

Abb. 8.5: Empfehlungen für die Schwerpunkte einer auf Wertschöpfung ausgelegten Personalarbeit.

Epilog

Stephan Vahrenholt bestellt Pizza: Ein Krankenpfleger zeigt, was motivierte Mitarbeiter in einer Vertrauenskultur bewirken können.

> Wir brauchen Führungskräfte,
> die andere mit Energie aufladen,
> anregen und unterstützen,
> anstatt sie zu entnerven, zu depremieren
> und zu kontrollieren.
> Jack Welch

Eine Unternehmenskultur bezeichnet das sichtbar gelebte Wertesystem einer Organisation. Die Kultur zeigt sich in der Art des Miteinanderumgehens, der gepflegten Kommunikation und Zusammenarbeit, im Umgang mit Fehlern, mit Initiative und Widerspruch. Die Unternehmenskultur wird gesteuert durch die „geheimen Spielregeln", die die Normen für das soziale Miteinander fixieren und Abweichungen ahnden. Es ist die Kultur des Unternehmens, die neue Konzepte begierig aufnimmt und engagiert umsetzt oder Verbesserungsideen durch Diffamierung im Kern erstickt.

Insofern hat Unternehmenskultur eine wichtige Funktion: sie ist der zentrale Erfolgsförderer für Innovationen und Verbesserungen aller Art.

Ziel eines Kulturmanagements muss es demnach sein eine Unternehmenskultur zu etablieren, in der die Suche nach innovativen Ideen und deren schnelle kundenwirksame Umsetzung zur arbeitstäglichen Realität gehört. Das wichtigste Knowhow ist die Problemlösungsfähigkeit der Organisation und der in ihr tätigen Mitarbeiter; dieses Know-how, das charakteristisch ist für eine Hochleistungsorganisationskultur genießt gleichzeitig den höchsten Imitationsschutz.

Wie wichtig eine vertrauensbasierte Unternehmenskultur ist, zeigt sich in Ausnahmesituationen. Für autoritär und zentralistisch geführte Unternehmen ist es charakteristisch, dass sich in kritischen Situationen (der Kunde konfrontiert uns mit einem peinlichen Fehler und verlangt einen sofortigen erheblichen Preisnachlass) kein Mitarbeiter traut ohne Rücksprache mit dem Chef eine kundengerechte Entscheidung zu treffen. Wie man aus verunsicherten, unzufriedenen Kunden solche mit Loyalität zum Unternehmen macht, hat Daimler-Benz im Nachgang zum Elchtest-Drama um die neue A-Klasse gezeigt. Man hat den Kunden ernst

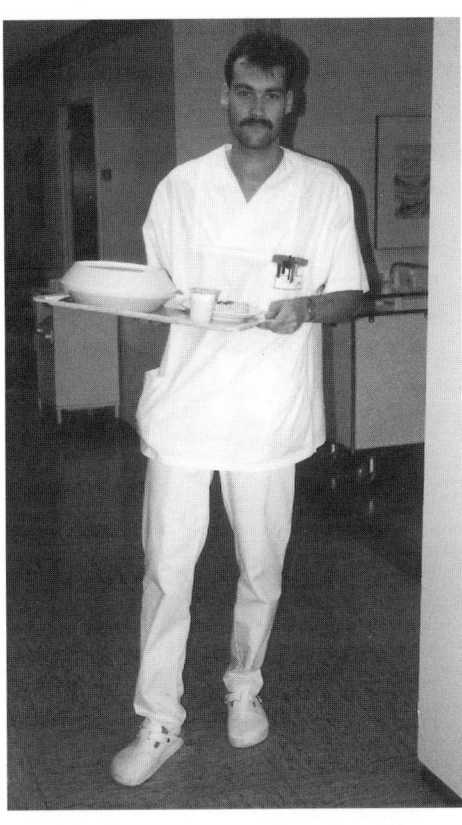

Foto 8:
Krankenpfleger Stefan Vahrenholt bestellte Pizza für alle Patienten und löste damit ein Versorgungsproblem der Küche kundenorientiert.
Foto: Evangelisches Krankenhaus Herne

genommen, sich öffentlich entschuldigt und die A-Klasse technologisch so aufgerüstet, dass völlig neue Maßstäbe für die A-Klasse insgesamt etabliert wurden; sehr zum Leidwesen der Konkurrenz, die nun zähneknirschend und renditefeindlich reagieren muss.

Was professionelles Dienstleistungsverständnis, uneingeschränkte Kundenorientierung und dezentrale Handlungsfreiheit sowie Entscheidungskompetenz in einem Krankenhaus bedeuten, demonstrierte der Krankenhauspfleger Stefan Vahrenholt: als die Küche abends wegen eines technischen Defekts kein Essen ausliefern konnte, lud er die 22 Patienten spontan zur Pizza ein; ... zunächst auf eigene Rechnung. Damit verhielt er sich kundenorientiert und seine Patienten waren begeistert von seinem Engagement. Die Patienten erlebten einen „Moment of Truth". Diesen Augenblick der Wahrheit über die gelebte Führungskultur im Evangelischen Krankenhaus Herne erlebte Stefan Vahrenholt am nächsten Tag, als er seine Geschäftsführer Tschirch und Bitter um Auslagenersatz bat! Jetzt waren seine obersten Chefs von ihm und seiner kundenorienterten Handlungsweise begeistert: Ein erlebbarer Beweis für eine Vertrauenskultur war durch die oberste Führung und einen Stationspfleger überzeugend erbracht.

Anmerkung: Nicht auszudenken, welche schädlichen und kaum reparablen Wirkungen im Hinblick auf die Entwicklung einer Vertrauenskultur eingetreten wären, wenn die Geschäftsführer den Stationspfleger Vahrenholt auf seiner Kundenorientierung hätten sitzen gelassen!

„Wir, das Management, trauen unseren Mitarbeitern zu für den Patienten die richtigen Entscheidungen zu treffen" kommentierte Walter Tschirch, Geschäftsführer der Krankenhäuser des Kirchenkreises Herne, die Führungsphilosophie seines Hauses.

Und was lernen wir daraus?

In einer kundenorientierten Unternehmenskultur entscheidet jeder Mitarbeiter im Zweifelsfall immer primär für den Kunden und sekundär im Hinblick auf die Kosten.

Abkürzungsverzeichnis

Abb.	Abbildung
BddW	Blick durch die Wirtschaft
CQI	Continous Quality Improvement
KVP	Kontinuierlicher Verbesserungsprozess
O.V.	Ohne Verfasser
OE	Organisationsentwicklung
PE	Personalentwicklung
QM	Quality Management
TQM	Total Quality Management
ISO	International Organization for Standardization

Abbildungen

Fotos

Literaturverzeichnis

Beatty, J.; Die Welt des Peter Drucker, Frankfurt/New York 1998.

Bennis, W.; Menschen führen ist wie Flöhe hüten, Frankfurt/New York 1998.

Bleicher, K.; Das Konzept integriertes Management: Visionen-Missionen-Programme, 5., rev. und erw. Aufl., Frankfurt 1999.

Brandes, D.; Konsequent einfach – Die Aldi-Erfolgsstory, 2. Auflage, Frankfurt/Main 1998.

Corell, W.; Menschen durchschauen und richtig behandeln – Psychologie für Beruf und Familie, 12. Auflage, München 1992.

Corell, W.; Vortrag Schloss Reinhartshausen, Erbach 1993.

De Bono, E.: Six Thinking Hats, London 1990.

Drucker, P.; Management in turbulenter Zeit, Düsseldorf/Wien 1980.

Eiff, W. von (Hrsg.); Krankenhaus-Betriebsvergleich, Neuwied/Kriftel/Berlin 2000.

Eiff, W. von (Hrsg.); Organisation – Erfolgsfaktor der Unternehmensführung, Landsberg/Lech 1991.

Eiff, W. von; Benchmarking im Krankenhaus: Qualität steigern und Kosten senken durch Best-Practices-Management, in: Krankenhaus Umschau, 11/1994, S. 859–869.

Eiff, W. von; Etiketten und Gurus. Gedanken zur Realisierungsnot von Management-Konzepten. In: Office Management, 11/1995, S. 14–18.

Eiff, W. von; Führung im Krankenhaus: Auf dem Weg zu einer leistungsorientierten Organisations- und Führungskraft, in: von Eiff, et. al. (Hrsg.), Der Krankenhaus-Manager – Praktisches Management für Krankenhäuser und Einrichtungen des Gesundheitswesens, Berlin/Heidelberg 2000.

Handy, C.; Die Fortschrittsfalle, Wiesbaden 1995.

Hinterhuber, H. H.; Strategische Unternehmensführung I, 6. neu bearb. und erw. Auflage, Berlin/New York 1996.

Höhler, G.; Spielregeln für Sieger, 3. Auflage, Düsseldorf 1992.

Likert, R.; Neue Ansätze der Unternehmensführung, Bern 1972.

Mohn, R.; Erfolg durch Partnerschaft, 4. Auflage, Berlin 1996.

Myers, M. Scott; Every Employee a Manager, 2nd Edition, New York et. al. 1981.

Nefiodow, L.A.; Der sechste Kondratieff – Wege zur Produktivität und Vollbeschäftigung im Zeitalter der Information, 3. überarb. Auflage, St. Augustin 1999.

Ono, T.; Das Toyota-Produktionssystem, Frankfurt/New York 1993.

Pansen, W./Stegmann, W.; Kostenfaktor Angst, Landsberg/Lech 1996.

Peters, T./Waterman jr., R. H.; In Search of Excellence, 15. Auflage, Landsberg/Lech 1993.

Scheelen, F. M.; So gewinnen Sie jeden Kunden, 2. Auflage, Landsberg/Lech, 2000.

Schwuchow, K./Gutmann, J. (Hrsg.); Jahrbuch Weiterbildung 1995 – Managementweiterbildung, Weiterbildungsmanagement, Düsseldorf 1995.

Scott-Morgan, P.; Die heimlichen Spielregeln: Die Macht der ungeschriebenen Gesetze im Unternehmen, Frankfurt/Main, 1994.

Senge, P. M.; Die fünfte Disziplin: Kunst und Praxis der Lernenden Organisation, 3. Auflage, Stuttgart 1996.

Simon, H.; Die heimlichen Gewinner (Hidden Champions) – Die Erfolgsstrategien unbekannter Weltmarktführer, 4. Auflage, Frankfurt/Main 1997.

226

Slater, R.; Wer führt, muss nicht managen – Die unschlagbaren Erfolgsstrategien von Jack Welch, Landsberg/Lech 1999.

Sprenger, R. K.; Mythos Motivation: Wege aus einer Sackgasse, 13. erw. und akt. Auflage, Frankfurt, New York 1997.

Trompenaars, F.; Riding the Waves of Culture: Understanding Cultural Diversity in Business, London 1995.

Womack, J.P./Jones, D.T./Roos, D.; Die zweite Revolution in der Automobilindustrie – Konsequenzen aus der weltweiten Studie des Massachusetts Institute of Technology, 8. durchges. Auflage, Frankfurt/Main 1994.

Angaben zum Autor

Prof. Dr. Dr. Wilfried von Eiff

Im Anschluss an das Studium der Wirtschaftswissenschaften an der Universität Gießen mit dem Abschluss Diplom-Ökonom (1972) war Wilfried von Eiff als Projektleiter am Institut für Industriewirtschaft der Universität Tübingen tätig; dort promovierte er 1977 zum Dr. rer. pol.

Von 1977 bis 1980 war Wilfried von Eiff Verwaltungsdirektor, Beauftragter für den Haushalt und Vorstandsmitglied am Universitätsklinikum Gießen.

In den Jahren 1980 bis 1994 hatte er diverse Führungspositionen im Bereich Organisation und Informations-Management in der Automobilindustrie inne und war Chefberater eines internationalen Consulting-Unternehmens.

Berufsbegleitend habilitierte er sich an der Universität Würzburg. Im Jahr 1993 promovierte Wilfried von Eiff im Fachbereich Humanmedizin der Universität Gießen zum Dr. biol. hom.

Seit 1994 ist er Professor für Allgemeine Betriebswirtschaftslehre, insbesondere Krankenhausmanagement an der Westfälischen Wilhelms-Universität Münster und Geschäftsführer des Centrum für Krankenhaus-Mangement, das 1994 von der Bertelsmann Stiftung Gütersloh gegründet wurde.

Er ist Mitglied mehrerer Aufsichtsräte von Industriebetrieben und Institutionen des Gesundheitswesens.

Wilfried von Eiff ist lizensierter EFQM-Assessor sowie akkreditierter IN-SIGHTS®-MDI-Trainer/Berater.